Wilhelm Traugott Krug

Briefe über die Perfektibilität der geoffenbarten Religion

Wilhelm Traugott Krug

Briefe über die Perfektibilität der geoffenbarten Religion

ISBN/EAN: 9783742890559

Hergestellt in Europa, USA, Kanada, Australien, Japan

Cover: Foto ©Lupo / pixelio.de

Manufactured and distributed by brebook publishing software (www.brebook.com)

Wilhelm Traugott Krug

Briefe über die Perfektibilität der geoffenbarten Religion

Philos. Relig. 2347.

Wilhelm Traugott Krug (1770-1842)
Privatdocent der Philosophie
zu Wittenberg

Briefe
über
die Perfektibilität
der
geoffenbahrten Religion.

Als Prolegomena zu einer jeden positiven Religionslehre, die künftig den sichern Gang einer vestgegründeten Wissenschaft wird gehen können.

Jena
im Akademischen Lese-Institut
und Leipzig
bey Joh. Ambros. Barth
1795.

Vorrede.

Wenn eine Sache von der einen Partey über alles verehrt und gepriesen, von der andern aufs äufserste verachtet und herabgesetzt wird, beyde aber sich unaufhörlich darüber mit grofser Erbitterung streiten, ohne dafs eine die andre von dem Werthe oder Unwerthe der bestrittenen Sache zu überzeugen im Stande wäre: so steht allemal zu befürchten, dafs ein gemeinschaftliches Misverständnifs zum Grunde liege, das beyde Theile, weil sie von einer und ebenderselben Voraussetzung nach ganz entgegengesetzten

Vorrede.

Richtungen ausgehen, nothwendig von einander entfernt halten, und fie in einen Streit verwickeln mufs, der nicht eher beygelegt werden kann, als bis die gemeinfchaftliche Quelle des Irrthums entdeckt, und die wahre Befchaffenheit der Sache durch eine gründliche Deduktion ihres Urfprungs und Endzweckes dargelegt ift. So ging es bisher in der Philofophie, fo ging es auch in der Theologie, zweyen Wiffenfchaften, die, fo wie fie ftets gegen einander in einer bald friedlichen, bald feindfeeligen Wechfelwürkung begriffen waren, oft auch in Anfehung ihres innern Zuftandes gleiche Schickfale hatten. So wie in jener zwey Hauptparteyen, die Dogmatiker und Skeptiker, fich unaufhörlich bekriegten, indem fie beyde vorausfetzten, die philofophifche Einficht müffe eine Kenntnifs der Dinge an fich feyn, die Einen aber eine folche Kenntnifs zu befitzen wähnten,

die

Vorrede.

die Andern hingegen, weil sie die Möglichkeit derselben nicht begreifen konnten, alles Wissen und Erkennen für ein täuschendes Scheinen hielten, mithin von nichts Geringerem die Rede war, als von dem Grund oder Ungrund, Werth oder Unwerth der ganzen philosophischen Wissenschaft: so kämpften auch in der Theologie zwey Parteyen einen Kampf, der gleichfalls nichts Geringeres betraf, als den Grund oder Ungrund, Werth oder Unwerth der gesammten theologischen Wissenschaft, und ihres Objekts, der geoffenbahrten Religion selbst. Die eine Gewalt habende oder doch von den Gewalthabern unterstützte Partey behauptete, die Religion zu welcher sie sich bekennete, sey als eine durch unmittelbare Würksamkeit der Gottheit entsprungene Religion die beste und vollkommenste, die sich nur denken lasse, weit erhaben über alle Erfindungs- und Fas-

sungskraft der menschlichen Vernunft, die
weiter nichts zu thun habe, als die Belehrungen der Gottheit gläubig anzunehmen.
Die andre zwar nicht durch öffentliche Au,
ctorität privilegirte, aber wegen geheimen
Anhangs und innerer Stärke nicht minder
mächtige Partey gab zu, dafs, wenn die Gottheit selbst sich offenbahre, eine auf solchem
Grunde erbaute Religion völlig untadelhaft
und höchst vollkommen seyn müsse. Allein
bey der vorgeblich geoffenbahrten Religion
sey diefs keineswegs der Fall; mithin sey sie
nichts weniger, als eine solche, sey völlig
ungöttlich, falsch, blofs auf menschlichen
Wahn, ja wohl gar auf Betrug gegründet.

Man begreift leicht, dafs, so lange beyde
Parteyen von dieser Voraussetzung der absoluten Vollkommenheit einer geoffenbahrten
Religion ausgingen, sie nie zusammenkom-
men

men konnten. Jene behauptete die Vollkommenheit der Religion, weil sie geoffenbahrt sey; diese läugnete die Geoffenbahrtheit derselben, weil sie nicht vollkommen sey. Man begreift aber auch eben so leicht, dafs die Religion selbst, über deren Grund und Werth so hartnäckig gestritten wurde, durch diesen Streit und durch das Vorurtheil, woraus er entsprang, an Nutzbarkeit für die Welt, und die Theologie, an Brauchbarkeit für die Religion, die sie bearbeiten sollte, gar sehr verlieren mufste. Denn vorausgesetzt, dafs die geoffenbahrte Religion ursprünglich bestimmt war, sich erst in den Köpfen und Herzen der Menschen, denen sie anvertrauet wurde, nach und nach zu vervollkommnen, und nur die selbstthätige Entwickelung der in der menschlichen Vernunft gegründeten moralischen und religiösen Begriffe zu befördern: so mufste die Religion, wenn sie bereits

für

für absolut vollkommen und unverbesserlich gehalten wurde, nothwendig die eigne Thätigkeit des menschlichen Geistes hemmen, und ihn zum blinden Glauben an unbegreifliche Lehrsätze gewöhnen; die Theologie aber muste als ein künstliches Instrument zur Handhabung dieses Glaubens selbst wieder das Ihrige zur Verunstaltung der Religion beytragen.

Es war daher unter den vielen Verdiensten des unsterblichen Semler's um alle Theile der Theologie gewiss keiner der geringsten, dass er der Erste den grossen Gedanken von der fortschreitenden Vervollkommnung der geoffenbahrten Religion als Grundsatz in Bearbeitung derselben frey und öffentlich aufstellte. Dieser Grundsatz war es eigentlich, durch welchen in der zweyten Hälfte unsers Jahrhunderts die

die Wiedergeburt der Theologie, wieferne
fie die Lehren der Offenbahrung nicht blofs
von Zufätzen reinigen, fondern auch weiter
entwickeln, und ihr felbft zur Schutzwehr
gegen naturaliftifche Angriffe dienen foll, fo
glücklich eingeleitet wurde; fo wie im letzten Viertel ebendeffelben Jahrhunderts durch
die Aufftellung des Grundfatzes, die menfchliche Erkenntnifs könne und folle keine Kenntnifs der Dinge an fich feyn, die
Wiedergeburt der Philofophie, wieferne fie
fowohl fpekuliren, als auch die praktifchen
Ueberzeugungen des gemeinen und gefunden
Verftandes begründen, und ihm felbft eine
Schutzwehr gegen fkeptifche Einfälle feyn
foll, fo fchön begonnen hat.

Wie es aber immer neuen Grundfätzen zu
gehen pflegt, dafs fie, bevor fie gründlich erwiefen und vollftändig entwickelt find, von

den Anhängern der ihnen entgegenstehenden
ältern Grundsätze misverstanden, bestritten
und verketzert werden: so ging es auch
dem Semlerschen Perfektibilitäts-
grundsatze und dieses Schicksal muste
ihn um so mehr treffen, da die Sprache, in
der er zuerst vorgetragen wurde, dunkel
und verworren war, da er in Gesellschaft so
vieler andern neuen Behauptungen, unter
denen manche vielleicht nur allzukühn
und weniger haltbar waren, auftrat, da der
Urheber selbst keinen durchgängig richtigen
und nach vesten Principien bestimmten Gebrauch davon zu machen wuste, und da
endlich die Sache selbst, die dadurch in Untersuchung kam, von der gröfsten Wichtigkeit und allgemeinem Interesse war. Nicht
nur blinde Eiferer, denen nicht die Wahrheit, sondern ihr eigenes Interesse am Herzen zu liegen pflegt, nicht blofs träge Gemüther,

Vorrede. XI

ther, denen alles Neue verhaſst iſt, weil es
ſie in ihrer behaglichen Ruhe ſtört; ſondern
ſelbſt wahrheitliebende, helldenkende und
gutgeſinnte Männer verkannten und verdammten einen Grundſatz, der an ſich eben ſo
richtig und wahr, als er an heilſamen Folgen
für Religion und Theologie reich und fruchtbar iſt. Einen merkwürdigen Beleg zu dieſer Behauptung kann der Ausſpruch eines
Mannes abgeben, dem man keines jener ehrenvollen Prädikate abſprechen kann, und
deſſen Verdienſte um ſo manchen Theil der
Wiſſenſchaft und Kunſt allgemein anerkannt
werden. „Hat man," ſagt er in einer ſeiner Schriften, die ganz auf Beförderung eines gründlichen und liberalen Studiums der
Theologie abzweckt, mit ſeiner gewohnten
Energie, „hat man Chriſtum ſelbſt nicht oft
„ſo aufgeputzet, und putzt ihn zum Theil
„noch auf? Gnoſiſch, Alexandriniſch, Scho-
„laſtiſch

„laſtiſch, Ariſtoteliſch, zuletzt, ich mag nicht
„ſagen, wie? hat man nicht gar das Syſtem
„aufgebracht, daſs man das Chriſtenthum ſo
„ausſchmücken müſſe? Denn was Chriſtus
„und die Apoſtel gepredigt, ſey nur Kind-
„heit des Chriſtenthums, Anfang:
„wir, wir ſeyen in den männlichen Jah-
„ren. Man hat dazu zwo verſchiedene Lehr-
„begriffe (nicht Lehrarten) erdacht, deren
„Einer für die Schwachen, der andre für die
„Starken ſey, und die ſich gar nicht ähn-
„lich ſeyn dörfen. So wird der Irrthum, die
„Lüge, der Betrug beveſtigt, und Chriſtus
„und die Apoſtel zum Theil ſelbſt zu Magiern,
„zu doppelſinnigen Betrügern erniedrigt."
Der Verfaſſer ereifert ſich hierauf über diejenigen, welche dergleichen behaupten, ſo gewaltig, daſs er das Wehe über ſie ausruft,
ſie mit jenen Herr, Herr, Sagern in Parallele
ſtellt, und ihnen ankündigt, Jeſus werde, ſo

wie

wie er diese Leute schon bey Lebzeiten hasste, so auch am letzten Tage sie nicht kennen. Diess ist nun freylich ein wenig hart; indessen kann man es niemanden verdenken, dem das Christenthum theuer und werth ist, wenn er jenen Grundsatz für verdächtig hält oder gar verabscheut, so lange er blofs als eine unbestimmte Hypothese aufgestellt, von unstatthaften Meynungen nicht abgesondert, und weder die W a h r h e i t, noch die U n s c h ä d l i c h k e i t, noch die A n w e n d b a r k e i t desselben gründlich erwiesen ist.

Ist es vielleicht zu viel gesagt, wenn ich behaupte, dafs, ungeachtet des Beyfalls, den jener Grundsatz bereits unter den aufgeklärtesten und edelsten Männern gefunden zu haben scheint, die genannten drey Eigenschaften desselben noch immer nicht in dasjenige Licht gestellt seyen, welches erforderlich

lich ift, wenn er allgemeinen Eingang finden, und nicht im Kopf' und Herzen vieler Verehrer des Chriftenthums mannichfaltige Widersprüche antreffen foll? Ift es vielleicht zu viel gewagt, wenn ich es übernehme, ihm diefes Licht geben, ihm diefen Eingang verschaffen, diefe Widersprüche heben zu wollen? — Doch ich fühle es felbft nur allzuwohl, wie fchwer ein folches Unternehmen fchon an fich — noch mehr fühle ich's, wie fchwer es für mich feyn würde, wenn ich es ganz ausführen, ganz vollenden wollte. Nur ein Verfuch foll gegenwärtige Schrift feyn, das grofse Problem aufzulöfen, ob und inwieferne man eine fortfchreitende Vervollkommnung der geoffenbahrten Religion behaupten könne? Mehr um felbft belehrt zu werden, als um andre zu belehren, wagte ich es, meine Gedanken darüber öffentlich mit-

Vorrede.

mitzutheilen. Man erwarte alſo hier nicht lauter neue und bisher unerhörte Dinge; man wundre ſich aber auch nicht, wenn ich von manchen ſelbſt in den neueſten Zeiten aufgebrachten und ziemlich herrſchend gewordenen Vorſtellungsarten abgewichen bin. Ich habe mir es bey dieſer ganzen Unterſuchung zum unverbrüchlichen Geſetze gemacht, mich in keinem Punkte derſelben an irgend eine öffentliche oder Privatauktorität, wäre ſie auch von noch ſo groſsem Gewichte, zu binden, ſondern überall meiner eignen Ueberzeugung zu folgen, und das, was ich auf dieſem Wege fand, es mochte neu oder alt, recipirt oder kondemnirt ſeyn, freymüthig und offenherzig darzulegen. Ich hoffe, billig denkende Leſer werden mir dieſs nicht übel deuten. Wo es die Wahrheit gilt, darf kein Anſehen der Perſon gelten, und wenn ich mir die Freyheit genommen habe,

habe, andrer Meynungen und Urtheile zu prüfen, zu berichtigen oder zu verwerfen, so gestehe ich damit einem jeden eben das Recht in Ansehung meiner eignen Urtheile und Meynungen zu.

Um aber den Leser in den Stand zu setzen, gegenwärtigen Versuch aus dem rechten Gesichtspunkte zu betrachten und zu beurtheilen, so wird es nöthig seyn, den Zweck und Plan desselben noch etwas genauer zu charakterisiren. Beydes liegt zwar für einen aufmerksamen Leser sehr offen da; indessen kann es zuweilen nützlich seyn, sich im voraus mit dem Gange und den Hauptideen einer Schrift etwas näher bekannt zu machen.

Der Grundsatz der fortschreitenden Vervollkommnung der geoffenbahrten Religion, oder, wie ich ihn zuweilen der Kürze wegen

Vorrede.

gen genannt habe, der **Perfektibilitäts-grundsatz**, (indem **Perfektibilität** sowohl die **Fähigkeit** als das **Bedürfnis** einer solchen Vervollkommnung andeuten soll,) muss vor allen Dingen genau erklärt, deutlich bestimmt und gründlich erwiesen werden, damit er nicht für eine blosse Meynung, für eine scheinbare Hypothese gehalten, sondern für das, was er ist, für einen allgemeinwahren und nothwendigen Grundsatz anerkannt werde. Diess auszuführen, war der Zweck der ersten Abtheilung dieser Briefe, wo es also blos darauf ankam, die Beweise, auf welchen die Wahrheit jenes Satzes beruht, an und für sich auseinanderzusetzen, ohne auf die Folgerungen, die man daraus herleiten und wodurch man ihn verdächtig machen könnte, Rücksicht zu nehmen. Hier musste demnach die Maxime auf das strengste beobbachtet werden, welche schon von andern angepriesen und bewährt gefunden worden ist: „in jeder wissenschaftlichen Untersuchung „mit aller möglichen Genauigkeit und Offen- „heit seinen Gang ungestört fortzusetzen, oh- „ne sich an das zu kehren, wowider sie auf- „ser ihrem Felde etwa verstossen möchte, son- „dern sie für sich allein, so viel man kann, „wahr und vollständig zu vollführen," Aber freylich war damit bey weitem noch nicht alles geschehen. Man kann einen Satz auf das gründlichste erwiesen haben, und wird doch vergeblich auf den Beyfall andrer hof- fen, wenn man nicht zugleich theils gewisse Vorurtheile aus dem Wege räumt, auf wel- che sich die entgegengesetzte Meynung grün- det, theils zeigt, dass das praktische Inter- esse nichts bey unserem Satze verliere, wenn er für gültig angenommen wird. Das mensch- liche Herz weiss oft die irrigsten Grundsätze

mit

mit feinem praktifchen Intereffe fo innig zu verweben, dafs derjenige, welcher fie beftreitet, für einen Feind der Religion und Moralität, der Ruhe und Wohlfahrt der Menfchen gehalten wird, weil er ihnen etwas zu rauben fcheint, was ihnen bisher Muth im Tugendkampfe, Troft im Unglücke, und Beruhigung wegen der Zukunft gegeben hatte. Es mufsten alfo auch in dem vorliegenden Falle, der in fo vielfacher Beziehung auf das Praktifche fteht, nicht nur die Vorurtheile, die der vollen Ueberzeugung hinderlich feyn möchten, bey Seite gefchafft, fondern auch alle Beforgniffe gehoben werden, welche gutgefinnte Gemüther von der Annahme eines neuen Grundfatzes zurückfchrecken könnten. In diefer Abficht find die Briefe der zweyten Abtheilung gefchrieben; und mithin haben die beyden erften Abtheilungen den gemeinfchaftlichen Zweck, die Allgemeingültigkeit des Perfektibilitätsgrundſatzes zu zeigen, ſowohl in poſitiver, als negativer Hinſicht. Sollte aber die Materie wenigſtens einigermaaſsen erſchöpft werden, ſo bedurfte es drittens noch einer allgemeinen Darſtellung des Einfluſſes, welchen der angegebne Grundſatz auf die geſammte Theologie und auf theologiſche und religiöſe Denkart überhaupt haben müſste, wenn er würklich zu einem allgemeingeltenden Grundſatze würde. Hier war es alſo nöthig, manche ſowohl ältere als neuere Meynungen und Verfahrungsarten in der Theologie, durch Anwendung des Perfektibilitätsgrundſatzes auf dieſelben, gleichſam unter einen einzigen Geſichtspunkt zu ſtellen, und aus demſelben nach ihrer Wahrheit, Zuläſslichkeit und Brauchbarkeit zu betrachten.

Frey;

Freylich ist mit diesem allen weiter nichts geliefert, als eine vorläufige allgemeine Erörterung der Grundregel, nach welcher die systematische Theologie in ihrem theoretischen und praktischen Theile bearbeitet werden muſs, wenn sie auf vesten Principien beruhen, und die Aufführung eines brauchbaren und möglichst vollkommnen Lehrgebäudes derselben einen glücklichen Fortgang haben soll. Es sind — wie ich es auch gleich auf dem Titel nicht aus stolzer Anmaaſsung, sondern im lebhaften Gefühle, wie wenig eigentlich durch diese Schrift noch geleistet sey, angedeutet habe — es sind nur Prolegomena zu einer künftigen Wissenschaft der christlichen Religion, und auch diese nur im allgemeinen Abriſse. Hätte der vorliegende Gegenstand in seinem ganzen Umfange ausgeführt werden sollen, so würde noch eine Darstellung, Prüfung und Läuterung

rung jedes einzelnen Hauptſtücks der geoffenbahrten Religion nach dem Grundſatze der Perfektibilität haben hinzugefügt werden müſſen. Dieſs würde eine Art von **Propädeutik** der Religionswiſſenſchaft geweſen ſeyn; aber ſie hier und jetzt ſchon zu verſuchen, ſchien mir ein zu voreiliges Unternehmen zu ſeyn. Zu einer ſolchen Arbeit fehlen noch die höheren Prinzipien, welche nur die Philoſophie geben kann; und ſo lange auf dem Felde dieſer Wiſſenſchaft in ihrem reinen Theile die Stürme ſich nicht gröſstentheils gelegt haben, kann man auf dem Felde der kritiſchen Theologie nur ſehr unſichere Schritte thun. Wäre aber gar keine Hoffnung vorhanden, daſs jene Stürme ſich jemals legen ſollten, ſo müſste die ganze Theologie immer und ewig ein ſchwankendes Rohr bleiben, das der Wind der Leidenſchaften und ſubjektiver, individueller Meynungen hin und

und her wehete. Wer diese Aeusserung als eine Thorheit mitleidig belächeln, oder vor ihr, als einem Aergernisse furchtsam zurückbeben kann, für den schrieb ich nicht. Er lege mein Buch weg, und ziehe sich ruhig hinter seine Verschanzungen zurück. Niemand wird ihn aus denselben zu vertreiben begehren, wenn er nur selbst keine Ausfälle wagt, und andern ein Plätzchen ausserhalb derselben auf dem freyen Felde vergönnt. Wer aber Kraft, Muth und guten Willen hat, selbst Hand ans Werk der Vervollkommnung zu legen, der lese, und unterwerfe jede meiner Behauptungen der strengsten Prüfung. Dass sie nicht alle dieselbe aushalten werden, kann ich im voraus ahnden. Ist und bleibt aber nur der Hauptsatz wahr, so darf ich ja wohl Nachsicht wegen der Fehltritte im Einzelnen hoffen. Und sollte selbst jener nach einer sorgfältigen Prüfung als falsch und un-

ge-

gegründet befunden werden, fo würden die reinen Abfichten, welche mir die Feder in die Hand gaben, Beruhigung genug für mich feyn, und es würde mir, den Vortheil der eignen Belehrung ungerechnet, doch wenigftens das neidlofe Verdienft bleiben, andern zur Ausrottung eines in feinen Folgen fo wichtigen Irrthums Veranlaſſung gegeben zu haben.

Druckfehler.

S. 4. Z. 12. v. ob. ftatt: fie, lies: Sie.
S 49. Z. 5 v. ob ftatt jener, l. jenes.
S. 61. Z. 8. v. unt ftatt desgleichen, l. desgleichen.
S. 61. Z. 4. v. unt. ftatt nachgebete, l. nachgebetete.
S. 70 Z. 10. v. unt. ftatt nennen, l. kennen.
S. 78. Z. 7. v. ob. ftatt zu fehen, l. zufehen.
S. 91 Z 5. v. ob. ftatt hatte, l. hat.
S. 107. Z. 2. v. ob. ftatt unmittelbar, l. mittelbar.
S. 109. Z. 12. v. ob. ift hinter: würden; das Wort: oder einzufchalten.
S. 114 Z 5. v. unt. ftatt aus, l. von.
S. 140. Z. 7. v. ob. ftatt der, l. die.

Inhaltsanzeige.

Erste Abtheilung

Erklärung und Erweis des Grundsatzes der fortschreitenden Vervollkommnung der geoffenbahrten, insonderheit der christlichen Religion.

Erster Brief. Darstellung der gewöhnlichen Vorstellungsart von dem Werthe und der Bestimmung der geoffen-

Inhaltsanzeige.

geoffenbahrten, insonderheit der christlichen Religion. — S. 3.

Zweyter Brief. Historische Deduktion des bisherigen Verfahrens in der Theologie in Rücksicht auf diese Vorstellungsart, und der allmähligen Entwickelung der entgegengesetzten. — — — S. 11.

Dritter Brief. Beweis des angegebnen Grundsatzes: 1) aus der vernünftigen und moralischen Natur des Menschen; 2) aus der Geschichte der Offenbahrung selbst; 3) aus den eignen Aeusserungen der Schrift darüber. — — S. 42.

Vierter Brief. Fortsetzung des Beweises: 4) aus dem Zwecke a) einer

Offen-

Inhaltsanzeige.

Offenbahrung überhaupt, b) der chriftlichen infonderheit. — S. 59.

Fünfter Brief. Befchlufs des Beweifes: 5) aus der Art, a) wie Jefus feine Lehre vortrug, b) wie für die weitere Verbreitung und Fortpflanzung derfelben geforgt wurde. — — S. 78.

Zweyte Abtheilung.

Vertheidigung des Perfektibilitätsgrundfatzes gegen mögliche Zweifel und Einwendungen.

Sechster Brief. Beantwortung des Einwurfs, der von der Infpiration hergenommen werden könnte, nebft

Inhaltsanzeige.

nebst einer Untersuchung über unmittelbare und mittelbare Offenbahrung. — — S. 95.

Siebenter Brief. Beurtheilung der Jerusalem'schen Gedanken über unmittelbare und mittelbare Offenbahrung, nebst einer Betrachtung über Wunder und Weissagungen, und deren Beweiskraft für eine unmittelbare Offenbahrung. — S. 133.

Achter Brief. Beantwortung des Einwurfs, der von den gefährlichen Folgen jenes Grundsatzes für Ruhe, Einigkeit und Sicherheit in Glaubenssachen hergenommen werden könnte. — — S. 164.

Inhaltsanzeige.

Neunter Brief. Beantwortung des Einwurfs, den man etwa vom Alter der entgegengesetzten Meynung hernehmen könnte, nebst einer Erörterung von zwey andern darauf sich beziehenden Fragen. — S. 206.

Dritte Abtheilung.

Darstellung des Einflusses des Perfektibilitätsgrundsatzes auf die gesammte Theologie, und auf theologische und religiöse Denkart überhaupt.

Zehnter Brief. Vortheilhafter Einfluss des angegebnen Grundsatzes auf die unverfälschte Auslegung der Urkunden der geoffenbahrten Religion. — — S. 217.

Eilf-

Inhaltsanzeige.

Eilfter Brief. Fortsetzung, in Beziehung auf die Frage, ob Jesus und die Apostel die Stellen des Alten Testaments, welche sie in ihren Reden und Schriften anführen, blofs ackommodirt haben. S. 231.

Zwölfter Brief. Fortsetzung, in Beziehung auf den Gebrauch, welchen Kant in seiner Schrift über die reine Vernunftreligion von den Ausprüchen der Bibel macht.
— — — S. 246.

Dreyzehnter Brief. Vortheilhafter Einfluss des angegebnen Grundsa-

tzes

Inhaltsanzeige.

tzes auf die systematische Bearbeitung der christlichen Glaubenslehre. - - - S. 269.

Vierzehnter Brief. Fortsetzung, in Beziehung auf die Frage, ob und inwieferne sich Jesus und die Apostel in ihrem Unterrichte nach den Irrthümern und Vorurtheilen des Volks bequemt haben. S. 304

Funfzehnter Brief. Vortheilhafter Einfluss des Perfektibilitätsgrundsatzes auf die systematische Bearbeitung der christlichen Sittenlehre. S. 326.

Sechszehnter Brief. Vortheilhafter Ein-

Inhaltsanzeige.

Einfluſs eben deſſelben Grundſatzes auf theologiſche und religiöſe Denkart überhaupt. - - S. 346.

Briefe

Briefe
über
die Perfektibilität
der
geoffenbahrten Religion.

Erste Abtheilung

enthaltend

die Erklärung und den Erweis des Grundsatzes von der fortschreitenden Vervollkommnung der geoffenbahrten, insonderheit
der christlichen Religion.

Ce n'etoit pas le deffein de Jefus Chrift et des Apôtres de préfenter aux hommes un fyftème complet des verités à croire et des preceptes à pratiquer. Ils ne voulurent point marquer à la raifon les limites invariables, au delà desquelles elle n'oferoit plus fe hazarder. Ils voulurent feulement lui donner la premiére impulfion ; ils voulurent la réveiller de cette profonde lethargie, dans laquelle elle avoit été plongée ; ils voulurent lui indiquer le chemin, dans lequel il falloit marcher pour ne point f'égarer, et pour arriver d'un pas plus ferme, d'une manière plus fûre vers le terme de la perfection et de la felicité.

HAFFNER *de l'éducation literaire*. p. 52.

Erster Brief.

Sie haben Recht, lieber Freund! Der Gedanke, dafs Gott das menschliche Geschlecht nach und nach zu immer höhern Stufen der Sittlichkeit und Glückseeligkeit erzieht, ist ein herzerhebender Gedanke; und die ganze Geschichte, insonderheit die Geschichte der Entwickelung des menschlichen Geistes ist der beste und lehrreichste Kommentar hierüber. Wenn aber religiöse und moralische Kultur die grofsen Mittel jener Erziehung sind, so ist die allmählige Entwickelung und Ausbildung religiöser und moralischer Begriffe, oder aller der Wahrheiten, die zur Kenntnifs und

Verehrung des höchſten Weſens und zur Beſſerung des menſchlichen Herzens durch Tugend und Rechtſchaffenheit gehören, ganz vorzüglich ein augenſcheinlicher Beweis jener Bemerkung. Ich will mich hier nicht auf die Bemühungen der groſsen Männer des Alterthums berufen, die ſich ſelbſt überlaſſen über jene groſsen Wahrheiten nachdachten, und durch das viele Schöne und Gute, was ſie darüber ſagten, Lehrer und Wohlthäter des menſchlichen Geſchlechts wurden. Nur bey dem will ich ſtehen bleiben, was ſie ſelbſt anführen, nehmlich, daſs ſelbſt **die geoffenbahrte Religion**, durch welche Gott dem menſchlichen Geſchlechte bey dieſem wichtigen Geſchäfte zu Hülfe kommen wollte, nach und nach zu gröſserer Deutlichkeit, Reinigkeit, Vollſtändigkeit, Brauchbarkeit — kurz, zu immer höherer Vollkommenheit erhoben wurde. Nicht auf einmal ſtellte ſie ſich dem menſchlichen Auge im vollen Lichte dar, ſondern ſie wurde nach dem weiſen Erziehungsplane der Gottheit nur allmählig bis zum höchſten Gipfel erhoben, wo ſie ſich, wie Sie ſagen, in dem reinſten und helleſten Glanze zeigen, und in der Hand des groſsen Weltregenregenten das würkſamſte Mittel der Veredlung und Beglückung des Menſchengeſchlechts auf alle Ewigkeiten hinaus ſeyn ſollte.

Den hiſtoriſchen Nachrichten zufolge, welche wir hierüber in dem Buche ſelbſt finden, das dieſe verſchiedenen Offenbahrungen Gottes enthalten ſoll, und theils wegen ſeines hohen Alterthums, theils wegen des Charakters ſeiner Urheber oder anderer äuſsern und innern Merkmale der Aechtheit allen Glauben verdient, waren die Begriffe der Patriarchaliſchen oder Urwelt von dem höchſten Weſen, ſeinen Eigenſchaften, Werken, Geſinnungen und Handlungen, von dem Verhältniſse, in welchem die Menſchen gegen daſſelbe ſtehen, und der daraus entſpringenden Verehrung deſſelben, von der Natur und Beſtimmung des Menſchen und ſeinem daher ſich ergebenden pflichtmäſsigen Verhalten gegen ſich und andre, noch äuſserſt roh und unvollkommen, und trugen ganz ſichtbar das Gepräge des Zeitalters, in dem ſie ſich entwickelt hatten. Es waren nur unausgebildete Elemente der Religion und Moralität,

Mofes that einen ziemlichen Schritt weiter. Er, obgleich eigentlich nur politifcher Gefetzgeber, der einem bisher ganz rohen und unterjochten Nomadenvolke durch Einführung weifer Difciplinarverordnungen beffere Sitten zu geben fich bemühte, ftellte doch gewiffe veftbeftimmte mit Religion und Moralität verwandte Grundwahrheiten auf, die wenigftens in der Folge bey einer ordentlichen Staatsverfaffung und allmähliger durch Civilifirung herbeygeführten Entwickelung des moralifchen Gefühls Keine vollkommnerer Einfichten werden konnten; daher er fie auch durch viele und harte, aber gröfstentheils zweckmäfsig gewählte Cerimonien vor den Verderbniffen des immer weiter um fich greifenden Aberglaubens der Abgötterey zu fchützen fuchte. Aber feine Religion war doch immer noch eine Kinder — oder vielmehr, weil dabey alles auf feinen neugebildeten Staat kalkulirt war, eine blofse Staats — Religion; fein Jehovah nur ein Nationalgott, obwohl zugleich Weltherrfcher; die Verehrung deffelben ein Sklavendienft; die Tugend, die er empfohl und empfehlen konnte, eine politifche, eigennützige Tugend, die mit wahrer

rer Herzens- und Lebensbesserung wenig oder gar keinen Zusammenhang hatte.

Unter dem von ihm so gebildeten Volke ließ die Fürsehung nach und nach eine Menge begeisterter Herrscher, Seher, Dichter und Lehrer auftreten, die zum Theil für die Erhaltung der Mosaischen Religionseinrichtung eifrig wachten, und sie vor den Verunreinigungen des heydnischen Aberglaubens zu verwahren strebten; zum Theil sie weiter ausbildeten und besonders durch Aufstellung des Grundsatzes: „Nicht auf Opfer und heilige Gebräuche, sondern auf Gehorsam, Mildthätigkeit, Treue- und Gerechtigkeit gründe sich das Wohlgefallen Gottes," sehr veredelten, und auf den Zweck der Herzens- und Lebensbesserung mehr anzuwenden suchten; zum Theil endlich auch noch eine größere Revolution der Israelitischen Gottesverehrung ahndeten, und künftige Geschlechter darauf vorbereiteten und aufmerksam machten.

Nachdem endlich die Periode dieser Religionsveränderung gekommen, und das menschliche

liche Gefchlecht fo weit herangewachfen war, dafs es nun in die Geheimniffe Gottes, foweit es fterblichen Augen in diefer irdifchen Hülle fie zu fchauen vergönnt ift, gleichfam völlig eingeweyhet werden konnte: fo trat der längft verheifsene und, wiewohl unter falfchen Bildern, fehnlichft erwartete Menfchenbeglücker, Jefus, genannt Meffias oder Chriftus, auf, zerftreute die vorige Dunkelheit, und liefs das helle Tageslicht anbrechen. Er bekämpfte mit glücklichem Erfolge allgemeinherrfchende höchft fchädliche Vorurtheile und Irrthümer, gab den Menfchen die herrlichften Belehrungen über Gott und ihr Verhältnifs gegen ihn, lehrte fie, ihn auf die würdigfte Art verehren, zeigte ihnen die erfreulichften Ausfichten in die Ewigkeit, gab ihnen infonderheit Anleitung zur reinften gottgefälligften Tugend, die er felbft durch fein erhabenes Beyfpiel fo nachdrücklich empfohl — mit einem Worte, er machte den Menfchen eine Religion bekannt, die alles enthält, was fie zu ihrer geiftigen und ewigen Wohlfahrt zu wifsen nöthig haben, alles, was die Vernunft über die Natur und Verehrung des höchften Wefens, über die Natur und Be-

ftimſtimmung des Menſchen, über die Natur und den Werth der wahren ſittlichen Vollkommenheit Groſses, Wahres und Gutes denken und ausfindig machen kann; eine Religion, die jedem Alter, jedem Geſchlechte, jedem Stande, jedem Himmelsſtriche, jeder Verfaſſung angemeſſen iſt, und nie von einer vollkommnern verdrängt werden ſoll und kann.

Dieſs, lieber Freund, war bisher und iſt groſsentheils noch die gewöhnliche Vorſtellungsart von dem abſoluten ſowohl als komparativen Werthe der chriſtlichen Offenbahrung, von ihrer Vollkommenheit an ſich, und in Beziehung auf die vorhergehenden Offenbahrungen Gottes; eine Vorſtellungsart, welcher auch Sie nach einigen Aeuſserungen in Ihrem letzten Briefe beyzuflüchten ſcheinen. Nach derſelben würde alſo das Wachsthum und die Vervollkommnung der geoffenbahrten Religion mit dem Chriſtenthume als der letzten Offenbahrung Gottes, geſchloſſen, und dem menſchlichen Verſtande nichts weiter übrig gelaſſen ſeyn, als dieſe Offenbahrung ſich bekannt zu machen, anzunehmen, und zu ſeinem Nutzen zu verwenden. Soll ich Ihnen aber meine

Meynung unverhohlen sagen, so halte ich diese Vorstellungsart für durchaus falsch und ungegründet, und glaube, daſs man ohne der Vernunft und selbst der Schrift Gewalt anzuthun, die christliche Religion, wieferne sie in den neutestamentlichen Urkunden enthalten ist, schlechterdings nicht als das non plus ultra religiöser und moralischer Einsichten ansehen könne, sondern auch ihr noch in mancher Hinsicht Fähigkeit und Bedürfniſs einer weitern Vervollkommnung zugestehen müsse. Die Gründe dieser Behauptung will ich, wenn Sie es erlauben, im nächsten Briefe Ihnen vorlegen.

A.

Zweyter Brief.

Sie haben meine, am Schluſſe des vorigen Briefes aufgeſtellte, Behauptung ſehr mißverſtanden, wertheſter Freund! Einmal, ſagen Sie, habe noch Niemand daran gezweifelt, daſs wir in der Erkenntniſs und Verehrung Gottes, und in der Beſſerung unſers Herzens und Lebens unaufhörlich wachſen und fortſchreiten müſsten; andern Theils habe es aber auch immer Leute gegeben, die an der Offenbahrung mancherley auszuſetzen gehabt, und daher wegen der vermeyntlichen Mängel entweder auf ihre Falſchheit geſchloſſen und ſie verworfen, oder wenigſtens ſich das Recht angemaaſst hätten, ſie nach Gefallen um-

zu-

zuändern, und — fi. Diis placet — zu verbeſſern.

Weder das Eine zu behaupten, noch das Andre zu billigen, iſt meine Meynung geweſen. Um Ihnen dieſes begreiflich zu machen, ſo erlauben Sie mir, daſs ich Sie an die bekannte Eintheilung erinnere, vermöge welcher man annimmt, die Religion könne entweder objectiv als die Summe aller religiöſen und moraliſchen in der Schrift enthaltenen Wahrheiten angeſehen, oder ſubjectiv von der Kenntniſs, die ein jeder Chriſt von jenen Wahrheiten beſitzt, und der dieſer Kenntniſs gemäſsen Geſinnung verſtanden werden. Daſs es nun kein Menſch in der Erkenntniſs Gottes als moraliſchen Geſetzgebers und aller ſeiner Pflichten als göttlicher Gebote, nebſt der praktiſchen Anwendung dieſer Erkenntniſs zur Beförderung ſeiner moraliſchen Vollkommenheit bis zu einem höchſten und letzten Punkte bringen könne, wo er dann ſtille ſtehen dürfte; daſs alſo immer fortgeſetztes Nachdenken über die darauf ſich beziehenden Lehren der Offenbahrung und ſtetes Bearbeiten zur immer gründlichern und

rei-

reinern Einficht in diefelben für jeden ächten Chriften unnachläfsliche Pflicht, mithin unaufhörliches Wachsthum religiöfer Erkenntnifs und dadurch beförderter fittlicher Vollkommenheit möglich und nöthig fey — wird freylich Niemand zu läugnen begehren, dem nicht Eigendünkel und Stolz auf feine vermeyntlich tiefe Einficht und unbefleckte Tugend die Augen ganz verblendet haben; und doch würde auch ein folcher wenigftens bey andern Subjekten, denen nicht eine gleiche Erleuchtung und Frömmigkeit zu Theil geworden wäre, die Möglichkeit und Nothwendigkeit des Wachsthums in der Religion zugeben müffen.

Aber eine ganz andre Frage ifts, ob die geoffeubahrte Religion *blos* Inftrument der Vervollkommnung, oder Inftrument und Objekt derfelben *zugleich* fey? d. h. ob die geoffenbahrte Religion an und für fich betrachtet unverbefferlich, und mithin blos das Mittel fey, durch welches den Menfchen Religionseinfichten mitgetheilt, und ihre moralifche Vollkommenheit befördert werden folle, oder ob felbft die Summe

ib.

religiöser und moralischer Kenntnisse, die in der Schrift gleichsam niedergelegt sind, durch menschliches Nachdenken erhöht und berichtigt werden könne, dürfe und müsse, wenn der *Zweck der Offenbahrung* erreicht werden soll?

Nun hat man zwar diese wichtige Frage gewöhnlich gar nicht erst aufgeworfen, und besondere Untersuchungen darüber angestellt; allein aus dem, was geschehen ist, kann man sehr deutlich abnehmen, wie man darüber gedacht hat. Man hat nehmlich allgemein vorausgesetzt, die Religion, wieferne sie in der Schrift geoffenbahrt ist, müsse nothwendig die reinste, vollkommenste und beste seyn, wenn sie anders eine göttliche Religion, und zwar eine solche, seyn solle, die für alle Zeiten und Länder tauge. Dies thaten nicht nur die Freunde, sondern selbst die Feinde derselben. Jene, um sich bey dem uns von Gott durch seine Gesandten, und besonders durch Jesum und dessen Schüler mitgetheilten Unterrichte völlig beruhigen; diese hingegen, um die Göttlichkeit der Schrift und

und die Wahrheit der auf fie gegründeten Religion defto glücklicher beftreiten zu können, wenn fich Meynungen und Sätze darin auftreiben liefsen, die jener Vorausfetzung zuwider zu laufen fchienen. Denn drehen fie fich nicht — diejenigen ausgenommen, welche die Möglichkeit aller Offenbahrung oder gar die Religion überhaupt beftreiten — bey ihren Angriffen faft alle um den einzigen Schlufs: Eine geoffenbahrte Religion darf durchaus nichts Mangelhaftes, Falfches und Unvollkommnes enthalten, fonft ift fie Gottes unwürdig; fie mufs auch mehrere und beffere Belehrungen enthalten, als uns fchon die Betrachtung der Natur und das eigne Nachdenken der Vernunft geben kann, fonft ift fie überflüfsig. Nun aber enthält eure vorgebliche Offenbahrung diefen und jenen einer aufgeklärten Vernunft zuwider laufenden Lehrfatz, diefe und jene anftöfsige Gefchichte und Behauptung; die philofophirende Vernunft hingegen verfchafft uns weit richtigere, erhabnere, deutlichere und vollftändigere oder wenigftens eben fo richtige u. f. w. Begriffe über religiöfe und moralifche Gegenftände; alfo —

Da

Da man glaubte, daſs man nur den Unterſatz läugnen dürfe, und es ſich nicht beyfallen liefs, daſs man ſalva ſua theſi auch den Oberſatz läugnen könne: ſo gab man dem Feinde ſchon halb gewonnenes Spiel, und bereitete ſich ſelbſt einen harten Kampf. Daſs man aber würklich von Seiten der Offenbahrungsfreunde die abſolute Vollkommenheit und daraus folgende Unveränderlichkeit der in der Schrift enthaltenen Religionswahrheiten von jeher behauptet habe, und groſsentheils noch behaupte, davon können Sie nicht nur faſt alle über die geoffenbahrte Religion entworfenen Syſteme, ſondern ſelbſt viele der neuern Verſuche, die Ehre derſelben zu retten, und die dabey vorkommenden Schwierigkeiten aufzulöſen, überzeugen. Es würde viel zu weitläuftig und auch unnöthig ſeyn, wenn ich dies ausführlich zeigen wollte. Laſſen Sie mich daher einige wichtige Punkte, die hierher gehören, zur Erläuterung berühren, weil wir dadurch vielleicht einiges Licht auf unſere ferneren Unterſuchungen werfen könen.

Ich berufe mich zuerſt auf einige **dogmatiſche Begriffe und Grundſätze,** wie

wie sie gewöhnlich in den Prolegomenen zur Dogmatik, vornehmlich, was die frühern Lehrbücher derselben betrift, angegeben werden. Da dieselben auf das ganze System den ausgebreitetsten Einfluss haben, und der hier inwohnende Geist alle Glieder und Artickel des dogmatischen Körpers beseelt: so wird sich aus einer aufmerksamen Betrachtung jener Begriffe und Grundsätze leicht entdecken lassen, wie diejenigen, welche sie aufstellten, über die Religion dachten, deren systematischem Vortrage sie dieselben vorausschickten.

Schon der vorhin erwähnte Unterschied zwischen objektiver und subjektiver Religion nach den Bestimmungen, die man hinzuzufügen pflegt, gründet sich auf die Voraussetzung einer absoluten Vollkommenheit der geoffenbahrten Religion. Jene, sagt man, sey nur einzig und wahr; diese könne nach Maafsgabe der Subjekte gar verschieden, und durch mancherley Zusätze und Irrthümer entstellt, niemals aber der objektiven adäquat seyn, viel weniger sie je übertreffen.

B Eben

Eben darauf bezieht sich auch die gewöhnliche Vorstellung von den verschiedenen Stufen der göttlichen Offenbahrungen, die ich bereits im vorigen Briefe ausgeführt habe. Denn eben dadurch erklärt man die christliche Offenbahrung für die absolut höchste und letzte, und mithin für die vollkommenste, durch Christum uns bekannt gemachte Art, Gott zu erkennen und zu verehren; und eben deswegen behauptet man auch, sie müsse Universalreligion werden, und ewig dauern; woraus denn auch wohl die in neuern Zeiten so oft wiederhohlte und so sehr übertriebene Herabwürdigung der alttestamentlichen Religionsurkunden zum Theil zu erklären seyn mag.

Man erhebt ferner die Klage, die Religion habe bald ihre ursprüngliche Reinheit und Vollkommenheit verlohren, nachdem man darüber zu philosophiren angefangen und sie durch menschlichen Witz weiter auszubilden versucht habe. Daraus sey die Theologie — eigentlich das theologische Sy-

Syſtem über die Religion — entſtanden, welche dann von der Religion ſelbſt in ſo vielerley Rückſicht unterſchieden wird, dafs, wer dieſe Unterſchiede aufmerkſam betrachtet, verſucht wird, zu glauben, Religion und Theologie ſeyen wie Himmel und Erde, wo nicht gar wie Himmel und Hölle von einander entfernt. Jene, ſagt man, ſchöpfe aus der einzig ächten Quelle der Schrift; dieſe nehme auch Philoſophie und andere gelehrte Kenntniſſe zu Hülfe. Jene enthalte blos die zur Seeligkeit zu wiſſen nöthigen Wahrheiten; dieſe aber gar viele unnütze Speculationen. Jene ſolle ebendeswegen die Menſchen zur Weisheit und Tugend bilden, und ſey deshalb für alle beſtimmt; dieſe ſchade oft ſogar der wahren Weisheit und Tugend, und ſey nur das Werk und Geſchäft ſolcher Männer, die vom Staat als Lehrer der Religion in Kirchen und auf hohen Schulen angeſtellt wären. Jene ſey ſo alt, als das Chriſtenthum, oder gar, als die Welt, und darum deſto ehrwürdiger und unverletzbarer; dieſe ſey weit ſpäter entſtanden, und man könne auch an ihr, wie an der wächſernen Naſe der

Juriſten, ohne Nachtheil für die Religion nach Belieben manches anders drehen und wenden. Jene endlich müſſe ihrer hohen Einfalt, Würde und allgemeinen Brauchbarkeit wegen ganz kunſtlos dargeſtellt werden; dieſe könne durch ſpitzfindige Erklärungen, feine Diſtinctionen, tiefſinnige Demonſtrationen, u. ſ. w. mancherley Verzierungen oder Verunſtaltungen, ſey es als Bollwerk für die reine Lehre, oder als Spielzeug für müſsige Köpfe erhalten.

Man unterſcheidet ferner **Grundartikel** und **Nichtgrundartikel** der Religion, und theilt jene von neuem ein in Artikel vom **erſten** und **zweyten Range**, um anzuzeigen, die geoffenbahrte Religion beſitze eine ſo hohe Vollkommenheit, daſs man ohne Verluſt der Seeligkeit gewiſse Lehren derſelben — welche und wie viele? darüber iſt man nicht recht einig — nicht einmal ignoriren, geſchweige denn läugnen, oder ſich nur auf eine andre als die einmal recipirte Art vorſtellen dürfe. Auch redet man von einer, aus dieſen Grundlehren entſpringenden

den, Glaubensanalogie, der man beym Auslegen der Schrift sowohl, als beym eignen Nachdenken über die Religionswahrheiten durchaus folgen müsse, wenn man nicht auf gefährliche Abwege gerathen wolle.

Man gibt die Schrift selbst für die einzig sichere und vollständige Glaubens- und Lebensregel aus, und weil dies von keinem menschlichen Werke gesagt werden kann, so beruft man sich auf die Inspiration der Verfasser derselben, die — wiewohl man nicht bestimmt angeben kann, worinn sie eigentlich bestanden, und wie weit sie sich erstreckt habe, ob blos auf die Sachen oder auch auf die Worte, ob auf alles, was gesagt und geschrieben wurde, oder nur auf manches, ob nur auf den mündlichen und ersten Vortrag oder auch auf den schriftlichen und fortgesetzten, ob die heiligen Männer dabey selbstthätig würkten, oder musikalischen Instrumenten glichen, die nur von einem Andern behaucht oder berührt entzückende Melodien von sich geben? — die bey dem allen doch soviel bewürkt haben soll, daſs die heiligen Schriftsteller von allem Irrthume frey waren, und die vollkommensten Einsichten in Sachen der Religion besassen.

Darauf baut man nun ferner die sogenannten **Affectionen** der Schrift, und schreibt ihr nicht nur volle **Zulänglichkeit**, sondern auch ein **richterliches** und **regulatives Ansehen** zu, vermöge welcher Vorzüge sie eines Theils alles enthält, was zur Seeligkeit zu wissen nöthig ist, andern Theils auch einzig und allein entscheiden kann, was und wie viel zur Seeligkeit erforderlich, und in Religionssachen wahr oder falsch, gut oder verwerflich ist?

Endlich ergiebt sich aus allem diesen als nothwendige Folge der Grundsatz: **es müsse die Vernunft unter dem Gehorsam des Glaubens gefangen genommen werden**, und diesen erklärt man dahin, dass, wenn gleich jene die Schrift auslegen, und allenfalls auch die Aussprüche derselben gegen ihre eignen Grundsätze halten dürfe, um sich von der Wahrheit der ersteren zu überzeugen, sie dennoch von den aus der Schrift richtig abgeleiteten Sätzen etwas

was zu verwerfen, oder daran zu ändern durchaus nicht befugt sey, sondern alles, was sie nicht begreifen und mit ihren sonstigen Grundsätzen und Einsichten nicht vereinigen könne, gläubig annehmen müsse, weil die vollkommenste Religion gewiss nichts Fehlerhaftes enthalten werde.

Wenn in unsern Tagen nicht alle hier aufgezählten Begriffe und Grundsätze mit derjenigen Strenge und Härte in den dogmatischen Lehrbüchern und andern, die Religion betreffenden, Schriften aufgeführt werden, womit sie hier charakterisirt sind, und ehedem beynahe von dem ganzen Heere der Theologen vertheidigt wurden; wenn man vielmehr schon seit geraumer Zeit angefangen hat, sie entweder ganz bey Seite zu legen, oder wenigstens anders zu bestimmen, und ihnen einen mildern Sinn unterzulegen; so bitte ich Sie, lieber Freund, zu bedenken, eines Theils, wie vielen Antheil an dieser veränderten Denkart entweder Gleichgültigkeit gegen die Offenbahrung überhaupt, oder richtigere Einsicht in die wahre Bestimmung derselben haben möge; andern Theils, dafs, wo nicht alle, doch die meisten jener Begriffe und Grundsätze noch immer in vielen Köpfen die herrschenden, und manche derselben erst in neuern Zeiten auf die Bahn gebracht, und so bestimmt worden sind, dafs die Idee einer absoluten Vollkommenheit der geoffenbahrten Religion sehr deutlich durchschimmert.

Bey so bewandten Umständen konnte es auch nicht fehlen, dafs diese Vorstellungsart auf Erklärung der Schrift und Ableitung der Religionswahrheiten aus derselben angewendet, einen merklichen, zum Theil sehr nachtheiligen Einflufs auf Exegese, Dogmatik, Moral und auf die ganze theologische und religiöse Denkart haben musste.

Von jeher gab es eine Menge Bibelfreunde, die, wenn sie gleich nicht allemal mit den gehörigen Hülfsmitteln den Sinn der Schrift zu erforschen, versehen waren, und nach richtigen Grundsätzen verfuhren, dennoch glaubten, weil sie es würklich gut meynten, mit aufrichrichrigem Herzen Wahrheit fuchten, und alles, was fie fanden, gläubig annahmen, den richtigften Weg in der Schriftauslegung zu gehen. Nach der Vorausfetzung, dafs die Schrift den vollftändigften, richtigften, durchaus göttlichen Religionsunterricht enthalte, verweilte man bey jedem Wort', Ausdruck' und Gedanken der Schrift, prefste ihn, foviel man konnte, und fand wohl gar wegen der hohen Fruchtbarkeit derfelben und um das Mangelhafte, Anftöfsige, Kindifche, das man in gewifsen Vorftellungen und Erzählungen nicht verkennen konnte, wegzuwifchen, weil es mit jener Vorausfetzung ftritt, einen zwey-drey-vierfachen Sinn in ihren Worten. Man bildete fo fort jeden Ausdruck oder Gedanken der Schrift weiter aus, und machte, ohne zu überlegen, ob er würklich einen pofitiven, allgemein gelten follenden Unterricht, oder nur eine, auf Zeit und Ort fich beziehende, Vorftellungsart, eine beyläufige Erläuterung und entfernte Anfpielung auf gangbare Ideen, eine im freundfchaftlichen Gefpräche oder im Streite mit Gegnern, wo nicht jedes Wort forgfältig abgewogen wird, hingeworfene

Aeufserung enthalte, einen eignen Glaubens-artickel daraus. Und um nun die gefundene abfolut vollkommene Lehre nicht wieder zu verlieren, fo wurde fie hinter die Pallifaden einer künftlichen Terminologie verfteckt, vor welchen der gefunde Verftand zurückbeben mufste; es wurden Symbole und Glaubensformeln gemacht, um das Kleinod der vermeyntlich in ihrer wahren und vollkommnen Geftalt entdeckten, und eben darum allein feeligmachenden Religion auch für die Nachwelt aufzubewahren; und um es den Verfälfchungen der Irrgläubigen nicht Preifs zu geben, erfand man auch eine eigne Streittheologie, vermittelft welcher man nach Regeln und Grundfätzen alle die bekämpfen, mitunter auch befchimpfen konnte, welche von dem einmal angenommenen Sylleme abgewichen, und deshalb mit dem ehrenvollen Ketzernahmen gebrandmarkt waren.

Hatte gleich die grofse Kirchenverbefferung des 16ten Jahrhunderts denen, welche ihr zugethan waren, den Weg zur Einficht in die wahre Beftimmung der geoffenbahrten

Reli-

Religion fehr glücklich eröffnet, und es ihnen, als gegen jeden infallibeln Glaubensrichter Proteftirenden, zur Pflicht gemacht, in der Religionsvervollkommnung immer weiter fortzuschreiten: fo verliefs man doch leider jenen Weg nur allzubald wieder, verkannte die wahre Beftimmung der Offenbahrung, und das Vorurtheil von ihrer abfoluten Vollkommenheit, (worunter man durch eine fonderbare Verwechfelung die Vollkommenheit des Lutheranifmus oder Kalvinifmus verftand,) nebft allen den nachtheiligen Folgen, die es zugleich mit diefer Verwechfelung auf Wiffenfchaft und Denkart haben mufste, herrfchte mit der gröfsten Allgemeinheit über die Gemüther der Gläubigen. Nachdem aber ein geläuterter Gefchmack in den fchönen Künften und Wiffenfchaften, gründliche Sprachkenntniffe, allgemeinere Verbreitung philofophifcher Einfichten und Räfonnements, und felbft die Angriffe heftiger Offenbahrungsfeinde angefangen hatten, die theologifchen Köpfe von dem alten Wufte zu fäubern: fo merkte man wohl, dafs auf dem bisherigen Wege, das Anfehen der Offenbahrung

rung zu behaupten, nicht weiter fortzukommen fey. Man fchlug daher obwohl bey gleichem vorgefteckten Ziele einen ganz andern Weg zur Erreichung deffelben ein. Weil man nehmlich einfahe, dafs viele Sätze des theologifchen Syftems fich mit den Wahrheiten der philofophirenden Vernunft nicht wohl in Einftimmung bringen liefsen, und doch nicht annehmen konnte oder geftehen wollte, der Grund zu manchen irrigen, mangelhaften, der Vernunft anftöfsigen Vorftellungen und Lehren möchte wohl zum Theil in der Schrift felbft liegen: fo fiel man über das Syftem her, und behauptete, man müffe, da das Chriftenthum durch das Syftem fo verfälfcht und verunftaltet worden fey, wieder rückwärts gehen, und die Religion in ihrer urfprünglichen Einfalt, Reinheit und Vollkommenheit herzuftellen fuchen. Man ftürmte alfo auf das Syftem los, und rifs mit aller Gewalt ein, um, wie man fagte, durch Preifsgebung der Aufsenwerke die Veftung felbft zu retten. Zum Theil gab nun eine gefündere Exegefe manches gute Inftrument dazu her. Doch fchien man mit diefer allein

nicht

nicht völlig ausreichen zu können. Man versuchte also zwey andre Mittel. Einmal suchte man an den Worten der Schrift so lange zu drehen und zu wenden, bis man einen vernünftigern Sinn unterschieben konnte, als man bisher darin zu finden geheynt hatte. „Man exegesirte weg, was man zuvor wegräsonnirt hatte," wie ein neuerer Moralphilosoph sehr treffend sagt [1].

Man

---

[1] SCHMID, im Versuch einer Moralphilos. §. 12. S. 43. der 2 Ausg. Man könnte diese Art zu exegesiren, die vernünftelnde nennen, zum Unterschiede von der gesünderm, auf richtige Grundsätze der Hermeneutik gebauten Schrifterklärung. Sehr richtig urtheilt der Verf. von jener, wenn er gleich darauf hinzusetzt: „Nachdem man eine Zeitlang diesen Weg betreten hat, und nunmehr anfängt, dieses Mittel redlich und unbefangen für die nächste historische Absicht ohne Hinblick auf die entferntern Zwecke, zu gebrauchen, so wird sichs deutlicher zeigen, dass jener Weg zu diesem Ziele nicht führt." Dass man aber gleichwohl die Spur dieses Weges, durch willkührliche Deutungen einen reinvernünftigen Sinn in die Aussprüche der Schrift zu legen,

noch

Man fing, ſtatt, daſs man ehedem ſo vieles in die Schrift hineingetragen hatte, wovon ſie kein Wort wuſste, nun an, manches herauszutragen, was in ihr, wenn man die Augen nicht mit Fleiſs verſchlieſsen will, mit unverkennbaren Zügen geſchrieben ſteht. Weil man aber wohl merkte, daſs man nicht ſo ganz auf rechten Wegen ſey, und weil das Geſchrey der Gegenpartey zu lebhaft wurde: ſo bediente man ſich einer andern noch künſtlichern Methode, die abſolute Vollkommenheit der geoffenbahrten Religion zu retten. Man gab vor, Jeſus und die Apoſtel hätten zwar dieſes und jenes geſagt, aber ganz anders darüber gedacht. Sie a'ccommodirten ſich nur weislich nach den Vorurtheilen des Volkes, lieſsen Irrthümer deſſelben ſtehen, weil es zu einfältig, zu ungelehrig, zu ſinnlich war, weil es zu veſt daran hing, weil ſie

noch nicht ganz verlohren habe, davon zeigen die neueſten phi'oſophiſchen Verſuche, Harmonie zwiſchen Schrift, Syſtem und Vernunft, oder zwiſchen den bibliſchen, kirchlichen und rationalen **Lehrſätzen der Religion zu bewirken.**

fie felbft viel andre und wichtigere Dinge zu
thun hatten, als jene Vorurtheile und Irrthümer zu bekämpfen, weil fie dadurch auch ihrer beffern Lehre den Eingang in die Herzen
ihrer Zeitgenoffen erfchwert haben würden,
u. f. w. Nun ift zwar nicht zu läugnen, dafs
bey diefem Vorgeben allerdings etwas Wahres zum Grunde liege; allein in der Anwendung, die man von einer an fich richtigen
Bemerkung machte, hat man fich gar häufig
grofse Uebertreibungen zu Schulden kommen
laffen; und die Urfache davon lag meiftens
in einer falfchen Vorausfetzung, welcher felbft
ein grofser Theil derjenigen Heterodoxen, deren Bemühungen reine Abfichten zum Grunde lagen, eben fowohl als die orthodoxe
Partey ergeben war. Denn man bemerkt
bald, dafs bey aller Verfchiedenheit der Meynungen doch zuletzt alles darauf hinauslief, die
Offenbahrung, vornehmlich die chriftliche —
als auf welche allein fich die eine Partey ein-
fchränkte, da die andre auch die judäifche
für einen vollkommenen Religionsunterricht
anfahe, von dem das neue Teftament nur
eine Art von Supplement oder Appendix fey

ent-

enthalte, recht verstanden, die vollkommenste Religionslehre, und lasse der menschlichen Vernunft nur das Bestreben übrig, sie in ihrer wahren Gestalt zu erkennen, und in ihr Eigenthum zu verwandeln. Von diesem gemeinschaftlichen Punkte ging alles aus, obgleich die Wege, die man nachher betrat, sehr divergirend waren, und oft einander gerade entgegen liefen.

Nach dem gewöhnlichen Gange, welchen der menschliche Geist bey seinen Fortschritten in der Erkenntnifs zu nehmen pflegt, dafs er nur dann erst den richtigen, gerade zum Ziele führenden Weg auffindet, wenn er lange Zeit hindurch mancherley Um- und Abwege vergebens versucht hat, geschahe es auch hier, dafs man endlich zu ahnden anfing, der Standpunkt, von welchem man bisher ausgegangen war, möchte wohl nicht der einzig mögliche, und die absolute Vollkommenheit der geoffenbahrten Religion mehr willkührlich vorausgesetzt, als gründlich erwiesen seyn. Eine solche Ahndung war es vielleicht, als der würdige JERUSALEM

SALEM sagte: 2) „Die Welt ist zwar noch nie so glücklich gewesen, dafs sie die volle Wohlthätigkeit dieser Religion empfunden hätte; aber auch sie, diese Religion, ist noch in ihrem Anfange;" und: „es ist eine irrige Einbildung, dafs das Christenthum bey seinem Anfange das erleuchtetste und lauterste habe seyn müssen." Zwar scheint es, wenn man seine Worte im Zusammenhange ansieht, als wenn er

2) In seinen Betrachtungen über die vornehmsten Wahrheiten der Religion. Th. I. Betr. 5. Abfch. 2: S. 169 und 170 der Braunschw. Ausg. v. J. 1785. Wenn Jerusalem in der nach seinem Tode erschienenen Fortsetzung dieser Betrachtungen der christlichen Religion so oft das Prädikat der allervollkommensten, allerreinsten giebt, so scheint der edle Mann vermöge einer sehr begreiflichen Illusion mehr das vor Augen gehabt zu haben, was das Christenthum in seinem Kopf' und für sein Herz war, als was es in der Bibel und nach der ursprünglichen Form für alle Zeiten ist und seyn kann.

er dabey mehr an die fubjektive Erkenntnifs und Würkfamkeit der Religion in den Herzen ihrer Bekenner gedacht hätte; und durch das Gleichnifs vom Lichte der Sonne, das an fich beym Aufgange derfelben fo rein und heiter als im Mittage fey, aber beym Fortgange den Horizont immer weiter erleuchte und mehr in die Augen falle, fcheint er fo gar, wenn man es genau nehmen will, die objectiv keiner Vervollkommnung fähige Natur der geoffenbahrten Religion zu verftehen zu geben. Indeffen bleiben jene Worte doch immer ein bedeutender Wink, der nur vielleicht mit etwas zu grofser Schüchternheit hingeworfen war.

Eben fo hat CRICHTON in einer eigenen Schrift 3) es fich unter andern auch zum Zwecke gemacht, das Vorurtheil von der Un-

---

3) Sie führt den Titel: Ueber die Unverbefferlichkeit der Religion, des Gottesdienftes und der Liturgie freyer Chriften. Halle 1782. Man fehe Abfchn. 2-4. S. 4-12.

Unverbefferlichkeit der Religion zu beftreiten;
und die darüber geäufserten Grundfätze des
Verfaffers verdienen Beyfall und Beherzigung.
Gleichwohl fcheint auch hier fchon der Titel
zu verrathen, dafs nur von der Verbeffer-
lichkeit des kirchlichen Lehrbegriffs, oder
wenigftens, wenn man die Erklärung des
Verfaffers erwägt, er verftehe unter Religion die fortgefetzte Anwendung der richtigen Erkenntnifs Gottes zur immer gröffern
Befferung und Beruhigung des Herzens —
nur von der Vervollkommnung des erkennen-
den Subjects durch die Religion, die fchon
als richtig vorausgefetzt wird, die Rede fey.

Weit deutlichere und fehr lehrreiche Winke über die Perfektibilität der geoffenbahrten Religion enthalten die Schriften des fee-
ligen SEMLER's, der unter fo vielen neuen,
obgleich nicht immer genug entwickelten und
genau beftimmten Begriffen und Grundfätzen,
die er im ganzen Felde der Theologie auf
die Bahn brachte, auch diefe Idee zuerft fo
lebhaft ergriffen, und fo nachdrucksvoll zur
öffentlichen Prüfung aufgeftellt hat, als er-

forförderlich war, um ein altes, tief eingewurzeltes Vorurtheil nur erſt zu erſchüttern. So redet er z. B. an einem gewiſſen Orte 4) von dem Schaden, den die Fortſetzung und Einmiſchung jüdiſcher und heidniſcher Begriffe der chriſtlichen Religion, die unaufhörlich hätte wachſen ſollen, ſo viele Jahr-

---

4) Man ſehe S. 22. 28. u. 29. der Vorr. zu Hugh Farmers Briefen an D. Worthington über die Dämoniſchen u. ſ. w. Halle 1783. So ſagt er auch Br. 3. Zuſ. 50. S. 132. „Es iſt ein alter Fehler ſogenannter locorum theologicorum — als hätten nun die Ausdrücke der Schrift eine ewig währende, richtige Belehrung für alle Menſchen in allen Zeiten, die doch nicht jene Leſer ſind, für welche dieſs die recht fruchtbaren Ausdrücke waren: ſie können es aber nicht immer unverändert bleiben, weil nicht eben die lokalen Stellungen der Leſer fortdauern können.“ und Br. 4. Zuſ. 101. S. 224. „Die Bibel iſt kein Regiſter aller in aller Zeit möglichen Kenntniſſe, wenn gleich ihre Abfaſſung in manchen Schriften den Anfang geſunder Kenntniſſe durch Berichtigung und Ausbeſſerung damaliger Vorurtheile ſehr glücklich gemacht hat.“

Jahrhunderte lang zugefügt habe; und behauptet kurz darauf, alle Schriften der Apostel seyen blofs da, um die geistliche Erkenntnifs und Uebung der Christen zu befördern; nicht dafs die Christen alle Theile derselben, eins wie das andre, in ein unabänderliches, schon beendigtes, vollkommenes Ganze zusammensetzen, und hiermit dem Wachsthum' ihrer gegenwärtigen Erkenntnifs, die also noch nicht da gewesen ist, ein Hindernifs zubereiten, und also Gott andichten sollten, er habe im ersten Jahrhunderte solche Kenntnisse und Verbindungen derselben erschaffen, welche nun die Erkenntnisse und Verknüpfungen in allen Christen aller Zeiten ein für allemal wieder ausmachen, und in diesem einmaligen Maafs und Gewichte für alle Gemüther ewig passen und fortdauern müfsten; die Offenbahrung sey vollkommen zu ihrem Endzwecke; aber der Endzweck, der bey den künftigen Christen in ihrer Lokalität statt finden könne, sey nicht schon bey den Christen des ersten Jahrhunderts bewerkstelligt worden; folglich seyen auch ihre damaligen Kenntniſſe nicht das vollkommene und unabänderliche Maaſs für alle Chriſten aller Zeiten. — Dieſen groſsen Gedanken hat nun zwar SEMLER oft genug wiederhohlt, ihn auch wohl in andere Ausdrücke und Formeln eingekleidet, z. B. wenn er Milch und ſtarke Speiſe, Geiſtliche und Fleiſchliche in der Erkenntniſs, das Allgemeine und Lokale, den Geiſt und die Hiſtorie, das Innere und Aeuſſere in Rückſicht religiöſer Vorſtellungen und Geſinnungen ſehr ſorgfältig unterſcheidet, und dieſen Unterſchied in vielen ſeiner Schriften, und zuletzt noch in ſeinem Glaubensbekenntniſſe über die natürliche und chriſtliche Religion ſehr nachdrücklich einſchärft. Allein, ſo wie er überhaupt nicht gewohnt oder nicht im Stande wär, ſeine Gedanken präzis und lichtvoll darzuſtellen, ſo hat er auch inſonderheit dieſe Idee von der fortſchreitenden Perfektibilität der chriſtlichen Religion, ſo viel ich weiſs, nirgends ganz genau beſtimmt und ausführlich entwickelt vorgetragen, ſondern ihr vielmehr durch

durch die Eigenthümlichkeiten feiner Schreibart, und durch die Verbindung mit manchen andern zu gewagten Behauptungen den Eingang erfchwert, den fie unter andern Umftänden vielleicht gefunden haben würde.

Es war daher kein geringes Verdienft, welches fich TELLER um das Chriftenthum erwarb, indem er jene Idee mit gröfserer Beftimmtheit, Deutlichkeit und Ausführlichkeit entwickelte. Bereits in den Vorerinnerungen zur dritten Auflage feines vortrefflichen Wörterbuchs hatte er über das **nationell gewordene Chriftenthum** oder das **männliche Alter** deffelben einige Vermuthungen, wie er es nennt, von dem **zu immer höherer Vollkommenheit fich erhebenden Chriftenthume**, das nicht mehr ift und feyn kann, was es in feinem erften Anfange war, geäuffert, und unter andern die wichtige Frage aufgeworfen: „Was ift das Chriften-„thum? Was follte es feyn, felbft nach dem „eigenen Unterrichte feines hohen Stifters? „Sollte es etwas anders feyn, als die befte

„Weis-

„Weisheitslehre zu einer immer höher|ſteigen-
„den Glückſeeligkeit; mithin vielleicht unſer
„Unterricht damit anfangen, womit Chriſtus und
„die Apoſtel ſelbſt den Ihrigen endigten?" —
Und dieſe Frage hat er in ſeiner neueſten
Schrift über dieſen Gegenſtand 5) ſo beant-
wor-

5) Die Religion der Vollkommnern;
als Beylage zu deſſen Wörterbuch und Beytrag
zur reinen Philoſophie des Chriſtenthums. Ber-
lin 1792. Auſſerdem hat auch der ungenannte
Verf. einer kleinen Schrift, die im Jahre 1792
zu Jena unter dem Titel erſchien: Ueber die
heutige und künftige Neologie,
von einem proteſt. Theol. — den Gedanken von der Perfectibilität der geoffenbahrten
Religion auszuführen und zu erhärten geſucht.
Sein Hauptzweck iſt nehmlich, zu zeigen, daſs
wir bey allen neuern Aufklärungen über die
chriſtliche Religion noch lange nicht zur
möglich vollkommenſten Einſicht darin gelangt
ſeyen, und behauptet S. 87. ausdrücklich, die
Neologie — in dem guten Sinne, den er
dieſem verrufenen Worte vindicirt — werde
nie ſtille ſtehen, ſondern müſſe mit den Zeiten
immer fortrücken. Gleichwohl wird man wieder etwas irre an ihm, wenn er als den Grund
davon angiebt, daſs man die Schrift
nie

wortet, dafs ich mich gerade zu darauf berufen könnte, wenn Sie nicht ausdrücklich verlangt hätten, Ihnen meine eigenen Gedanken über einen so wichtigen Gegenstand mitzutheilen, und wenn ich nicht hoffen dürfte, einerseits Ihnen die Sache aus einigen Gesichtspunkten zu zeigen, welche der würdige Verfasser jener Schrift, vielleicht absichtlich, übergangen hat; andererseits aber durch Ihre Bemerkungen und Gegenerinnerungen neue Belehrung und kräftige Unterstützung zum Fortwandeln auf dem zwar schon seit geraumer Zeit betretenen, aber, wie mich dünkt, noch lange nicht durchaus geebneten Wege zu erhalten.

nie erschöpfen werde; denn dieser Ausdruck kann doch eigentlich nichts anders heifsen, als die Schrift sey die vollständige Quelle, das non plus ultra unsers Wissens und Glaubens in Sachen der Religion und Moralität. Auch erklärt er S. 17. die Orthodoxie als ächte und wahre Lehre, für rein, wieferne sie von allen Zusätzen — frey sey, und für alt, wieferne sie vor allen Zusätzen — hergehe. Aber in einer perfektibeln Religion ist nicht jeder Zusatz unächt und falsch.

Dritter Brief.

Wenn ich von einer Perfektibilität der geoffenbahrten Religion fpreche, fo verftehe ich darunter diejenige Befchaffenheit derfelben, vermöge welcher fie in fich felbft das Princip, d. h. die beftimmte Möglichkeit einer fteten dem Zweck' ihres Urhebers und dem Endzweck' ihrer Bekenner gemäfsen Fortbildung und Entwickelung hat. Aus diefer Erklärung ergiebt fich die Behauptung, dafs keiner Offenbahrung überhaupt, mithin auch der chriftlichen nicht, eine abfolute, fondern blos eine relative nur in Beziehung theils auf vorhergegangene Offenbahrungen, theils auf das

Be-

Bedürfniſs gewiſser Menſchen ſtatt findende
Vollkommenheit zukommen könne; daſs folglich ſelbſt die durch Jeſum bekannt
gemachte Religion nichts Veſtſtehendes und Unabänderliches, ſondern etwas Fortſchreitendes und Wach-
ſendes, daſs ſie einer unaufhörlichen
Vervollkommnung fähig, und derſelben auch bedürftig ſey, wenn ſie anders
der Menſchheit einen dauerhaften, dem
ſittlichen Intereſſe derſelben entſprechen-
den, mithin den von Gott bey ihrer Bekanntmachung beabſichtigten Nutzen gewähren ſolle.

Um nun dieſe Behauptung zu erhärten,
gehe ich zuerſt von dem Satze aus, den Sie
mir hoffentlich ohne Widerſpruch zugeben
werden, daſs alle vernünftige einge-
ſchränkte Weſen einer unendlichen Vervollkommnung fähig ſind.
Fortdauernder Stilleſtand oder gar ein allmähliger Rückgang laſſen ſich gar nicht denken, ohne Gott alle Weisheit und Güte bey
Hervorbringung eines Geſchöpfes abzuſpre-
chen, das als ein vernünftiges Weſen, weil Ver-

nunft

nunft in allen ihren Beſtrebungen aufs Unbedingte geht, zwar immer mit raſtloſer Thätigkeit auf die Erweiterung der Schranken ſeiner Endlichkeit hinarbeiten würde, aber durch den Willen ſeines Schöpfers genöthigt ſich ewig in einem beſtimmten Kreiſe herumtreiben müſste. Denken wir uns aber jenes vernünftige Weſen noch überdies als moraliſch — und wenn gleich Vernunft und Moralität als zwey verſchiedene Anlagen im Menſchen, und in endlichen Weſen überhaupt betrachtet werden können, ſo ſcheinen doch beyde nothwendig mit einander verknüpft zu ſeyn 6) ſo würde jener Stilleſtand

oder

6) Die Frage, ob wir als vernünftige Weſen nothwendig auch moraliſche Weſen ſeyn muſsten, iſt, wie der Verf. der Krit. aller Offenb. (S. 75. der 2. Ausg.) bemerkt, durchaus dialektiſch, weil wir erſt den Begriff der Moralität aus uns hinwegdenken, und uns dann doch noch als ebendieſelben annehmen müſsten. Ob aber überhaupt Vernünftigkeit nothwendig mit Perſönlichkeit d. h. mit Anlage für die Sittlichkeit verbunden ſeyn müſſe, iſt eine Frage, die ſowohl verneint, als bejaht werden kann. Denke ich

mir

oder **Rückgang** gar der Heiligkeit des höchsten Gesetzgebers widersprechen. Denn durch das Sittengesetz ist uns ein Endzweck als nothwendig aufgegeben, der nur durch unendlichen Fortschritt, durch allmählige Annäherung erreichbar gedacht werden kann. Diese Annäherung muſs also möglich seyn; und soll-

mir nehmlich bey dem Worte **V e r n u n f t** die **g a n z e** Vernunft, so wie sie sich in uns durch das Bewuſstseyn ankündigt, d. h. als theoretisch und praktisch zugleich; so muſs sie nothwendig bejaht werden. Trenne ich aber in der Vorstellung diese beyden Vermögen, oder vielmehr Aeuſserungen der Vernunft, und nehme ein eignes, einer jeden von ihnen korrespondirendes Grundvermögen des Gemüths an, so läſst es sich wohl als möglich denken, daſs es Weltwesen gebe, die blos theoretische Vernunft ohne praktische (Sittengesetzgebende) besitzen, wie Kant behauptet in der **R e l i - g i o n i n n e r h a l b d e r G r ä n z e n d e r b l o ſs e n V e r n u n f t.** S. 14. in der Anmerk. Auf allen Fall würde aber die Anlage für die **M e n s c h h e i t** beyde Vermögen begreifen, indem wir uns als Menschen nothwendig zugleich als moralische, freye Wesen denken müssen.

sollte sie es nicht seyn , so müsste die Gottheit ein moralisches Geschöpf durch einen unbedingten Rathschluss zum ewigen Stillestand' oder Rückgange verdammt haben, welches sich von ihr als einem heiligen Wesen ohne Widerspruch nicht denken läfst. Ist also keins von beyden möglich, so müssen auch alle unsere Kenntnisse, und besonders die, welche religiöser und moralischer Art sind, als das vorzüglichste Mittel unserer Vervollkommnung, eines unaufhörlichen Wachsthumes fähig seyn, und es muss sich schlechterdings kein Punkt denken lassen, wo wir sollten aufhören können, über Gott und unser Verhältnifs gegen ihn, und über unsere moralische Natur und Bestimmung richtigere, deutlichere und vollständigere Einsichten zu erhalten. Denn obgleich dem menschlichen Erkenntnifsvermögen überhaupt seine bestimmten Grenzen angewiesen sind, die es ohne Gefahr dialektischer Selbsttäuschung nicht überschreiten kann: so sind ihm doch innerhalb dieses Feldes keine Schranken gesteckt, d. h. wenn unsere Erkenntnifs gleich über einen gewissen Punkt hinaus keiner extensiven

ven Erweiterung fähig ift, fo ift doch eine unaufhörliche intenfive Vervollkommnung derfelben möglich und nothwendig. 7) Es kann daher felbft die Gottheit nicht einem Menfchen eine Erkenntnifs von jenen Dingen mittheilen, die abfolute Vollkommenheit hätte; weil fie fonft entweder einen endlichen Geift in einen unendlichen umfchaffen, oder ihn mit Gewalt hindern müfste, diefe mitgetheilte Erkenntnifs von neuem zur Erlangung höherer Einfichten anzuwenden. Jenes ift an fich unmöglich, diefes Gottes unwürdig, mithin moralifch unmöglich. Es fcheint alfo, als

7) So können wir z. B. das Dafeyn Gottes und fein inneres Wefen nie, fo lange wir auch darüber grübeln und nachdenken mögen, erkennen; aber unfere Begriffe von dem Verhältnifse Gottes gegen uns, als moralifchen Gefetzgebers, find einer beftändigen Läuterung, Berichtigung, Verdeutlichung und Vervollftändigung fähig, und unfere Ueberzeugung von dem Vorhandenfeyn eines letzten und höchften Grundes des Natur- und Sittengefetzes, und der Einftimmung beyder zum letzten und vollftändigen Zwecke der Vernunft kann dadurch mit jedem Tage vefter werden.

als wenn die Idee, abfolute Vollkommenheit einer geoffenbahrten Religion, fchon in fich felbft einen Widerfpruch enthielte. Eine mitgetheilte Erkenntnifs zu irgend einer Zeit kann nicht abfolut vollkommen feyn.

Aber, fagen Sie vielleicht, das hat auch Niemand behauptet. Jedermann giebt zu, dafs wir in einem andern Leben, in einer andern Verbindung der Dinge eine weit vollkommnere Erkenntnifs erhalten werden. Der Apoftel fagt ja felbft: Unfer Wiffen ift Stückwerk; jezt fehen wir nur durch einen Spiegel; in jenem Leben werden wir die Geheimniffe Gottes, die unferer Vernunft jetzt unbegreiflich fcheinen, durchfchauen lernen. — Alfo, die chriftliche Religion foll nur für diefes Erdeleben abfolute Vollkommenheit haben! In diefer Verbindung der Dinge foll der menfchliche Geift nicht im Stande feyn, reinere und beffere Kenntniffe in der Religion fich zu verfchaffen, als ihm Gott vor beynahe zweytaufend Jahren bekannt machen liefs! Wir wollen zufehen!

Man

Man hat das menschliche Geschlecht im Ganzen sehr oft, und wie ich glaube, sehr treffend mit dem einzelnen Menschen verglichen, und die verschiedenen Alter von diesem auf die Stufen angewendet, die jener laut der Geschichte in seiner Entwickelung durchlaufen ist. So wie also jeder einzelne Mensch von der Wiege an bis zum Grabe eines beständigen Wachsthums fähig ist, so muss es auch das ganze Geschlecht der Menschen von dem Augenblick' an seyn, wo Gott das erste Menschenpaar auf diese Erde setzte, bis zu jenem Zeitpunkte, da nach der gemeinen Erwartung die gegenwärtige Verbindung der Dinge und das jetzige System der Menschenwelt, wo Geburt und Tod sich immer vor einander hertreiben, aufhören wird. Nun kann es freylich Menschen geben, die entweder aus Mangel an Fähigkeit und Unterweisung die Vorstellungen ihrer Kinderjahre mit in das Grab nehmen, oder die aus Einbildung und Gemächlichkeit in einem gewissen Jahre des Lebens ihr System schliefsen, und es sich recht angelegen seyn lassen, dafs die einmal vestgekettete Gedankenreihe durch

D kei-

keinen neuen Ankömmling, der auf ein Plätzchen in derselben Anspruch machen könnte, unterbrochen werde. Aber kein Vernünftiger wird glauben, daſs es würklich einen Zeitpunkt des Lebens geben könne, wo man seine Kenntniſſe nicht mehr erweitern, berichtigen und vervollſtändigen könnte. Und ſelbſt für den, welcher im trägen Stolze wähnte, das abſolute perfectiſſimum in ſeiner Wiſſenſchaft erreicht zu haben, und keiner Belehrung weiter zu bedürfen, würde doch kein Tag vorübergehen, an welchem er nicht, ſey es auch ohne ſein Zuthun durch bloſse ſinnliche Erfahrung oder hiſtoriſche Erzählung, irgend eine Eroberung im Reiche der menſchlichen Erkenntniſs machen ſollte, wenn er auch in gewiſsen Theilen und Gegenden deſſelben nicht weiter vorgedrungen, ſondern auf einem beſtimmten Plätze ſtehen geblieben oder wohl gar rückwärts gegangen wäre. So kann es auch in dem Leben eines Menſchen Zeitpuncte geben, wo äuſſerliche Hinderniſſe die Kultur ſeines Geiſtes aufhalten, und ſeinen Vervollkommnungstrieb beſchränken; ſind aber jene Hinderniſſe beſiegt, und dieſe

Schran-

Schranken durchbrochen, so wird er mit verdoppelter Kraft das Versäumte nachzuhohlen, und auf dem Wege zur Weisheit immer weiter vorzudringen streben.

Gerade so ists auch beym ganzen menschlichen Geschlechte. Es kann Zeiten und Länder geben, und hat deren gegeben, wo es stille stand, oder zurück gieng; aber immer wurde dieser Stillestand oder Rückgang im Einzelnen Ursache oder Vorläufer eines desto schnellern und herrlichern Fortgangs im Ganzen. Es konnte Zeitpuncte geben, wo es nicht möglich oder nicht erlaubt war, weiter zu gehen, als die lieben Vorfahren, ja, wo man selbst die Spur von ihren Fusstritten verlohr; aber die klügere oder glücklichere Nachwelt zerbrach doch endlich die Fesseln, die ihr gleichsam erblich angelegt waren, suchte den verlohrnen Weg wieder auf, und wandelte frey und ungehindert immer weiter darauf fort. Wie wäre es denn nun möglich, daſs dem menschlichen Geschlecht' in irgend einem Falle, und zu irgend einer Zeit eine Summe von Wahrheiten, sie komme auch woher sie wolle, könnte mitgetheilt werden, die nicht nach und nach extensiv oder intensiv an Vollkommenheit gewinnen könnte? Wird es nicht eben darum, weil der Fortschritt des menschlichen Geschlechts an innerer Vollkommenheit zwar unbegränzt ist, aber nicht durch Sprünge, sondern nur allmählig und stetig geschiehet, immer Zeitpuncte geben müssen, wo es noch nicht reif und vorbereitet genug ist, gewisse Wahrheiten anzunehmen, wo gewisse Mängel und Irrthümer mit seiner ganzen Art zu denken, zu empfinden und zu handeln so innig verwebt sind, dafs, woferne diese nicht plötzlich durch ein ungeheures und undenkbares Wunder umgeschaffen werden soll, es nicht möglich ist, jene Unvollkommenheiten von der bessern Erkenntnifs, die den Menschen mitgetheilt werden soll, zu trennen? Mufs aber auch nicht diese Trennung von selbst über kurz oder lang erfolgen, wenn durch die mitgetheilte Erkenntnifs nach und nach bey jenen Menschen Empfänglichkeit für höhere Vollkommenheit erzeugt worden ist? Und mufs nicht die eigne Thätigkeit der Menschen, wofern sie nicht durch andere Um-

stände

ftände gehemmt wird, diefe höhere Vollkommenheit herbeyführen?

Könnten Sie aber noch an der Wahrheit
diefes Räfonnements zweifeln, und es für
eine leere Speculation, für eine blofse
Schwärmerey der fich felbft erhebenden, immer aufs Erweitern ihrer Gränzen gehenden
Vernunft halten: fo bitte ich Sie, die Gefchichte der Offenbahrung felbft
damit zu vergleichen. Sie und alle ver-
ftändigen Freunde der Offenbahrung geben
zu, dafs die Offenbahrungen Gottes vor Chri-
fto unvollftändig waren, und dafs die auf
diefem Wege erlangten Religionseinfichten
immer nach und nach vollkommner wurden,
weil Gott den Menfchen nur immer fo viel
zufliefsen liefs, als fie nach ihrer anderweiten Befchaffenheit und jedesmaligen Lage be-
durften und annehmen konnten. Wie? follte nun zu Jefu Zeiten auf einmal das menfchliche Gefchlecht, und vorzüglich derjenige
Theil deffelben, welcher dabey zunächft in-
tereffirt war, das jüdifche Volk, den hohen
oder höchften Grad von Receptivität erhalten
haben, dafs ihm nun das non plus ultra

alles

alles religiöfen Wiffens für diefes Erdeleben hätte mitgetheilt werden können? Ift es nicht aus den chriftlichen Religionsurkunden felbft notorifch gewifs, dafs felbft Jefus fo viele Hinderniffe bey feinen eignen auserlefenen Schülern fand, dafs er ihnen nicht fogleich alles mittheilen konnte? Springt es nicht aus der ganzen Gefchichte der Entftehung und erften Verbreitung des Chriftenthums, fo weit wir fie aus dem neuen Teftamente kennen, fehr deutlich in die Augen, dafs die Apoftel felbft, und nahmentlich P a u l u s, weiter, als ihr Herr und Meifter, gingen, und feine Lehre in einigen wichtigen Punkten erweiterten? — Wollte man darauf erwiedern, fie hätten diefe vollkommnern Einfichten ebenfalls durch Jefum während der geheimnifsvollen Periode zwifchen feiner Auferftehung und Himmelfahrt, und befonders an jenem wundervollen Tage der Gloffolalie erhalten; hier aber fey ihr religiöfes Syftem völlig gefchloffen worden, hier habe ihnen der Geift alles mitgetheilt, was fie und alle Menfchen nach ihnen in Sachen der Religion auf Erden wiffen follten: fo möchte ich wohl fürs erfte wiffen, woher man fo

ge-

genaue und bestimmte Nachrichten über die Gemüthslage und Geistesentwickelung der Schüler Jesu hätte? Sodann widerspricht aber auch das Zeugniſs der heiligen Geschichte. Diese enthält in den obwohl sehr unvollständigen Erzählungen von den Thaten und Schicksalen der Apostel und übrigen Schüler Jesu dennoch Beweise genug, daſs selbst nach jenem Zeitpunkte die ersten Lehrer des Christenthums in ihren religiösen Einsichten unvollkommen waren; daſs sie über gewisse Dinge erst noch neue Aufschlüsse erhielten; daſs sie miteinander in Rücksicht mancher, die Religion betreffenden, nicht unwichtigen Dinge uneins waren 8); daſs einer weiter ging,

8) Ich begreife nicht, warum man sich so viele Mühe giebt, Einstimmung zwischen Paulus und Jacobus herauszukünsteln. Luthers geübtes und feines exegetisches Gefühl betrog ihn wohl nicht, wenn er sagte, Jacobus schreibe directe contra Paulum; aber seine Augustinsche Dogmatik betrog ihn, wenn er dessen Epistel stramineam nannte, und ihr die indolem evangelicam absprach. — Auch
die

ging, als der andre. Und wie konnte diefs auch anders feyn bey dem natürlichen Unterfchiede ihrer Fähigkeiten, der felbft aus ihren Schriften fehr deutlich hervorleuchtet, und alfo von Gott nicht aufgehoben feyn konnte. Diefer Unterfchied aber fchlofs eben fowohl alle Gleichheit, als alle abfolute Vollkommenheit der Erkenntnifs aus.

Setzen Sie zu diefem allen noch hinzu, dafs nirgends in der Schrift von einer folchen Vollkommenheit der Religion, welche Jefus und die Apoftel vortrugen, ein Wort fteht. Wo fagt Jefus, dafs er eine Religion offenbahren wolle, die den menfchlichen Verftand aller Mühe des weitern Nachdenkens und Forfchens über religiöfe Gegenftände überheben, die fo vollkommene Belehrungen über Gott und göttliche Dinge enthalten folle, dafs fchlechterdings kein höherer Grad von Einficht den Menfchen auf Erden erreichbar feyn werde? Dafs er die Wahrheit

die Apoftelgefchichte enthält bekanntlich Belege zur obigen Behauptung. Man fehe Kap. 11. und 15.

heit lehre, fagt er. Aber werden damit alle mögliche Wahrheiten der Religion, alles, was fich darüber fagen läfst, als Inhalt feines Unterrichts angegeben? Wird dadurch alles Erweitern und Entwickeln der von ihm bekanntgemachten Wahrheiten ausgefchloffen und verboten? — Dafs das Gefetz erfüllen, diefes andeuten folle, wird wohl niemanden beyfallen. Aber gefetzt, es hiefse foviel, als, die Mofaifche Religionsverfaffung, oder überhaupt die ältern Offenbahrungen Gottes vervollkommnen; ift nun damit der Grad der Vervollkommnung beftimmt? ift damit jede andre Vervollkommnung durch eigne Kraft und Thätigkeit für überflüfsig und widerrechtlich erklärt? Und wenn der Apoftel verlangt, alles zu prüfen, und das Gute zu behalten: fo müffen unter diefem allen auch die eignen Lehren Pauli, die er dort und überall vortrug, und nicht nur diefe, fondern auch die Ausfprüche und Lehrfätze aller übrigen Apoftel und Jefu felbft fammt und fonders begriffen feyn; fo mufs das Gute, oder, welches hier eben foviel heifst, das Befste dasjenige bedeuten, was jeder

nach

nach dem jedesmaligen Maaſse ſeiner Einſichten für das Richtigſte und Vollkommenſte halten muſs; und wenn wir alles **prüfen** ſollen, ſo können wir nichts anders als die Vernunft überhaupt zum Maasſtabe bey dieſer
Prüfung nehmen, ſonſt iſt es keine **vernünftige** Prüfung. Damit es aber auch **eigne**
Prüfung ſey, und wahre **Ueberzeugung**
daraus entſpringe, ſo muſs jeder befugt ſeyn,
der Fähigkeit, Zeit und Luſt dazu hat, ſeine Vernunft dabey zu gebrauchen. Das Erſte
hat die Natur keinem ganz verſagt; das
Zweyte muſs er ſich nehmen; und das Dritte
ſollte wenigſtens ein jeder haben! — Daraus
ergiebt ſich aber die unmittelbare Folge, daſs
weder Jeſus ſelbſt, noch ſeine Schüler an
eine abſolute Vollkommenheit ihrer Lehre
gedacht haben. Denn da wäre alles Prüfen,
Forſchen, und Nachdenken nicht nur überflüſsig, ſondern auch höchſt gefährlich 9).

Vier-

---

9) Man vergl. die **Tellerſchen** Gedanken
hierüber im 6 Kap. der Religion der Volllkomm-
nern,

Vierter Brief.

Alle und jede Offenbahrung hat nach dem einmüthigen Geständnifs ihrer Freunde den Zweck, dem menschlichen Verstande zu Hülfe zu kommen, weil er, wenn er sich selbst überlassen worden wäre, die zu seiner geistigen Wohlfahrt nöthigen Wahrheiten entweder

nern. S. 5o. ff. nebst S. 18. ff. und im 9 Kap. S. 64. ff. — Es erhellet zugleich aus der obigen Bemerkung dafs kein kirchliches Glaubensfystem bey der Voraussetzung einer absoluten Vollkommenheit der geoffenbahrten Religion konsequenter sey, als das katholische. Ein unfehlbarer Glaubensrichter und blinde Unterwerfung unter die Aussprüche desselben ist erforder-

der gar nicht, oder nicht fobald, oder nicht
fo deutlich und einleuchtend gefunden haben
würde. Wie Gott fich dabey gegen diejenigen verhalte, durch die er fich den übrigen
Menfchen offenbahrt, davon ift jetzt die Rede nicht. Blos das Verhältnifs unterfuchen
wir, in welchem Gott gegen die fteht, denen
er fich durch gewiffe Mittelsperfonen offenbahrt. Unftreitig, inwieferne er fich offenbahrt, d. h. gewiffe vorhin unbekannte, oder
doch nicht recht erkannte Wahrheiten mittheilt, in dem nehmlichen, in welchem die
Werkzeuge feiner Offenbahrung gegen die
übrigen Menfchen ftehen, d. h. in dem Verhältnifs eines Lehrers, der unterrichtet und
erzieht. Nun ift der Zweck jedes vernünftigen Unterrichts, die Fähigkeiten des Lehr-
lings

forderlich, um eine folche Religion in ihrer
Aechtheit zu erhalten. Das Proteftiren gegen
folche Anmaafsungen ift die gröfste Inkonfe-
quenz von der Welt, wenn man nicht zugleich
das Fundament wegreifst, auf welchem fie beruhen. Aber freylich mufs erft dafs Gebäude
niedergeftürzt feyn, ehe man den Grund deffelben entdecken und zerftören kann.

lings zu üben und zu ſtärken, und eben dadurch das ſucceſſive Wachsthum ſeiner Erkenntniſs ſo zu befördern, daſs der Lehrling nach und nach immer fähiger werde, durch die eigne Thätigkeit ſeines Geiſtes ſeine Einſichten zu erweitern, zu verbeſſern und zu erhöhen. Man will ihm nicht auf einmal die vollkommenſte Erkenntniſs, die man ſelbſt hat, oder die für den Lehrling je erreichbar iſt, gleichſam eingieſsen. Denn wenn man auch dazu einen Trichter hätte, ſo würde doch dieſe Erkenntniſs eben darum, weil ſie nicht durch eigne Geiſtesübung erlangt, nicht auf ſeinem eignen Grund und Boden eingepflanzt und erzielt, nicht von der Natur erzeugt, ſondern von der Kunſt erzwungen wäre, dem Lehrlinge, wie eine ausländiſche, nicht für Menſchen desgleichen Bodens und Klimas gewachſene, im Treibhauſe erkünſtelte Frucht, wenig geſunde, kräftige, ſeiner Natur angemeſſene Nahrung geben. Nur ſelbſtgedachte, nicht nachgebete Erkenntniſs, nur ſolche Wahrheiten, die in das Gedankenſyſtem eines Menſchen gleichſam eingewebt, aber nicht demſelben nur angeflickt ſind, können

hen ihrem Befitzer einen wahren, wefentli:
chen und dauerhaften Nutzen gewähren:
Denn Kraftübung und Krafterhöhung, die
ohne folche Erkenntnifs fehr unbedeutend
feyn wird, ift doch unftreitig der vornehmfte
Zweck unfers ganzen irdifchen Strebens nach
Wahrheit, da wir von dem Materialen, das
uns hier gegeben wird, um unfrer Kräfte uns
bewuft zu werden, und fie daran zu üben,
wohl äufserft wenig mit in jenes Leben hin-
über nehmen möchten, weil wir dort immer
neuen und ganz andern Stoff, unfre Kraft
zu üben, und durch die Uebung vollkommner
zu werden, vorfinden dürften. Es fcheint
alfo fchon der Zweck aller Offenbahrung überhaupt jede abfolute Vollkommenheit des Geoffenbahrten auszufchliefsen, weil jede Hülfs-
leiftung fich nach dem Bedürfniffe deffen,
dem geholfen wird, und jeder Unterricht
fich nach den Fähigkeiten deffen, der belehrt
wird, richten mufs, wenn beydes zweckmäf-
fig und brauchbar feyn foll; oder mit andern
Worten: weil das Gefetz der Stetigkeit und
Sparfamkeit, wie in der ganzen fichtbaren

Na-

Natur, fo auch in der Geifterwelt alle Sprünge und allen unnützen Aufwand ausfchliefst.

Was nun von jeder Offenbahrung überhaupt gilt, das mufs auch von der chriftlichen insbefondere, und da fie die vollkommenfte feyn foll, von ihr ganz vorzüglich gelten. Ich könnte fie alfo gleich unter die obige allgemeine Regel fubfumiren. Indeffen wird es doch vielleicht nicht unnütz feyn, in das Wefen der criftlichen Religion, und in den Zweck, den Jefus bey feinem Unterrichte hatte, etwas tiefer einzudringen, weil fich hieraus Refultate ergeben dürften, die jener Betrachtung, mehr, Gewicht geben könnten.

Es ift über den Zweck Jefu, und über den Plan, den er zur Ausführung deffelben entwarf, fo mancherley räfonnirt und deräfonnirt worden, dafs man beynahe furchtfam werden follte, fich an eine neue Unterfuchung diefer unter den denkendften Köpfen fo ftrittigen Sache zu wagen. Bald follte Jefus ein irdifches Reich aufzurichten zur Abficht gehabt;

habt, und feine Lehre nur als Mittel und Vorbereitung zu diefem politifchen Zwecke gebraucht haben. Bald follte fein Plan blos moralifcher Natur fein. Auch diejenigen, welche das letztere behaupteten, fchränkten entweder denfelben bald mehr, bald weniger, ein, oder gaben ihm die weitefte Ausdehnung. Gemeiniglich aber drückt man fich hierüber fo aus: Jefus habe eine neue Religion ftiften, und dadurch dem menfchlichen Gefchlecht, über Gott und deffen Verhältnifs gegen die Menfchen, über die Beftimmung derfelben zu einer ewigen Glückfeeligkeit, und über die Mittel fie zu erlangen, folche Auffchlüffe und Belehrungen geben wollen, die alles, was vor ihm von den weifeften und beften Menfchen über jene Gegenftände gefagt worden, weit überträfen, und daher dem menfchlichen Geifte, wenigftens für die Periode diefes Lebens, weiter nichts zu wünfchen oder zu erwarten übrig liefsen. Ich für meine Perfon ftimme von ganzem Herzen der Behauptung bey, dafs der Zweck und Plan Jefu allgemein und moralifcher

Natur

Natur war 10); auch will ich nichts gegen den

10) Daſs man beydes mit vollem Rechte annehmen könne oder vielmehr müſſe, iſt wohl nach dem, was der Verf. des vortreflichen Werkes über den Plan, den der Stifter der chriſtlichen Religion zum Beſten der Menſchen entwarf, (Wittenb. u. Zerbſt. 1789.) darüber, beſonders S. 11 — 51. geſagt hat, keinem Zweifel unterworfen. Wenn man ſich, um zu beweiſen, der Plan Jeſu habe ſich blos auf Paläſtina, aber neben der judäiſchen Religionsverfaſſung zugleich auch mit auf die damit innigſt verwandte Staatsverfaſſung erſtreckt, auf Matth. 5, 17. 18. beruft, ſo bedenkt man nicht, daſs 1) den Ausleger nichts zwingt, νομος blos von der judäiſchen Verfaſſung, dem Judenthume zu verſtehen, als habe Jeſus dieſem blos eine vollkommnere Geſtalt ertheilen wollen; vielmehr leitet uns 2) der Ausdruck νομος και προφηται V. 18. auf die Idee der in den Schriften des A. T. enthaltenen Religionsgrundſätze, die freylich mit dem politiſchen Zuſtande der Nation genau verbunden waren. Jeſus konnte alſo 3) wohl ſagen, er ſey nicht Willens, jene Grundſätze ganz aufzu-

E

„den Ausdruck erinnern, Jesus habe eine neue Reli-
zuheben, sondern blos zu vervollkommnen;
denn theils erwartete man diefs vom Meffias,
theils erhielten auch würklich die ältern Offenbahrungen Gottes durch die neuern eine voll-
kömmnere Geftalt. Will man aber deffen ungeachtet an die religiöspolitifche Verfaffung
der Juden denken, fo bemerke man 4) dafs
Jefus felbft anfangs feine Abfichten — wenn fie
anders auf gänzliche Abfchaffung des Judenthums gerichtet waren — nicht deutlich zu
erkennen geben durfte, um die Herzen der
Juden nicht gleich von fich zu entfernen; dafs
5) Jefus hier vorzüglich mit feinen Jüngern
redet, und ihnen eine Anweifung zu geben
fcheint, wie fie fich anfangs bey ihrem Lehr-
amte verhalten, und nicht gleich mit ftürmi-
fchen Angriffen auf das Judenthum beginnen
follten; dafs 6) die Worte, ἕως πάντα γένηται
fich auf die Vollführung feines Werkes auf
Erden erftrecken (vergl. Joh. 19, 30.) und der
ganze V. 18. nach einer bey den Juden gewöhnlichen Hyperbel überfetzt werden kann: „Vor
meinem Tode wird und darf die jüdifche Re-
ligions- und Staatsverfaffung, die fich auf die
Schriften des A. T. gründet, durchaus nicht
aufgehoben werden;" und dafs endlich 7)
weit deutlichere Stellen im N. T. vorkommen,

wo

Religion ſtiften wollen 11). Aber aus bey-
dem

wo Jeſus die Allgemeinheit und den blos moraliſchen Zweck ſeines Plans unläugbar andeu-
det. Man ſehe die angezogene Schrift. S. 15. ff.

11) Es iſt nehmlich immer noch eine groſse Frage, ob denn Jeſus würklich eine eigne, von
den beyden übrigen damals vorhandenen got-
tesdienſtlichen Hauptgeſellſchaften verſchiedene
und abgeſonderte Religionspartey habe
ſtiften wollen. Nothwendig brachte dieſs ſeine Lehre keineswegs mit ſich; denn ſie war
ganz auf Beförderung innerer praktiſcher Weisheit gerichtet, und verhielt ſich alſo dem Weſentlichen nach ganz gleichgültig gegen das
Aeuſserliche in Religionsſachen. Taufe und
Abendmahl waren, wenigſtens nach der Abſicht des Stifters, gar nicht ſolche Gebräuche,
die einen eignen Gottesdienſt, eine eigne religiöſe Geſellſchaft (eine Kirche) vorausſetzten
oder hervorbringen muſsten. Auch finden wir,
daſs die erſten Chriſten aus den Juden ohne
Widerſpruch der Apoſtel, ja die Apoſtel zum
Theil ſelbſt, immerfort Juden blieben, und
erſt Paulus das Judenthum von dem Chriſtenthume ganz abſonderte. Aber freylich war es
nach der Natur des menſchlichen Herzens, das
ſich in Religionsſachen ſo gern an Statuten und

Obſer-

dem folgt doch gar nicht nothwendig, daſs Jeſus

Obſervanzen hängt, und nach der Lage der Umſtände nicht anders möglich, als daſs ein Chriſtenthum im Gegenſatze des Heyden- und Judenthums entſtehen muſste. Der ausſchlieſſende Beſitz eines hochgeſchätzten Gutes trennt immer die Gemüther. Auch brachten die Chriſten aus dem vorigen Unchriſtenthume ſo ſeltſame, zum Theil ſchwärmeriſche und aberglaubiſche Begriffe von Religion und Gottesdienſt mit, daſs ſich daraus leicht begreifen läſst — nicht nur, warum überhaupt die Lehre Jeſu bey ihren erſten Bekennern nicht ſo gute Früchte brachte, als man hätte erwarten ſollen, und warum ſie ſobald in Aberglauben überging, ſondern auch — warum jene erſten Bekenner zum Parteymachen ſo geneigt waren. Indeſſen muſs man auch geſtehen, daſs ſelbſt das Verhältniſs der chriſtlichen Lehre zum Heyden- und Judenthume eine gewiſſe Abſonderung nöthig machte. Der, deſſen religiöſe Ueberzeugungen und moraliſche Geſinnungen nach dem Unterrichte Jeſu gebildet waren, konnte unmöglich ferner am unſittlichen Götzendienſte Theil nehmen, oder am geiſtloſen Judenthume Geſchmack finden, und in dieſer Rückſicht iſt Pauli Verfahren vollkommen gerecht.

Jefus die vollkommenfte Religion lehren muſste. Jener Zweck ließ sich eben so gut erreichen, wenn er die herrschenden, einer allgemeinen

rechtfertigt. Da nun Jeſus dieſe Lage der Sachen und das menſchliche Herz ſehr gut kannte, ſo konnte er leicht vorausſehen, daſs man
ihm bald als den Stifter einer neuen Religion
und eignen Sekte betrachten würde; und inſoferne dieſe Vorſtellung ſogar einige Vortheile, wenigſtens für die weitere und schnellere
Verbreitung ſeiner religiöſen und moraliſchen
Grundſätze gewährte: ſo ſcheint er ſie, da er
ſie einmal nicht verhindern konnte, durch Aufſtellung einiger Zerimonien ſelbſt begünſtigt
zu haben. Aber eben darum, weil das Parteymachen nicht ſeine Abſicht war, ſondern
er es nur als ein Mittel zur Erreichung höherer
Zwecke zuließ, führte er nur zwey, und noch
dazu äuſserſt ſimple und ſelbſt wieder auf moraliſche Beſſerung hinweiſende Gebräuche ein,
damit jene Vorſtellung ſo unſchädlich als möglich würde, und es ſeinen Verehrern immer
gegenwärtig bliebe, es komme bey der neuen
Religion, zu der ſie ſich bekenneten, gar
nicht auf das Aeuſserliche an. Leider hat man
aber auch hier ſeine weiſen Abſichten ganz
verkannt!

meinen Verbefferung des Menfchengefchlechts entgegenftehenden Hinderniffe wegräumte, und dem menfchlichen Verftande den Weg zeigte, auf welchem er nur immer fortwandeln durfte, um die Abfichten Gottes und Jefu zu erfüllen. Auch ift ganz offenbar, dafs die Bekämpfung fchädlicher Vorurtheile das Erfte und Nothwendigfte war, was Jefus zu thun hatte, wenn die beabfichtigte religiöfe Erleuchtung und moralifche Befferung erfolgen follte. Und wenn wir nur einen flüchtigen Blick auf die damals unter den Juden und Heyden herrfchende religiöfe Denkart und fittliche Gefinnung, fo weit wir fie hiftorifch nennen, werfen, und die Lehre Jefu dagegen halten: fo ergiebt es fich von felbft, dafs Wegräumung jener Hinderniffe die Hauptabficht Jefu war.

Es herrfchten nehmlich zu den Zeiten Jefu vorzüglich zwey **theoretifche** und zwey **praktifche** Irrthümer, die aller vernünftigen Gottesverehrung und wahren Herzensbefferung entgegen waren. Jene waren
1) die Gottheit ift ein furchtbares leidenfchaft-

schaftliches Wesen; 2) sie hat ebendeswegen für gewisse Menschen eine gewisse Vorliebe. Diese waren 1) Man muſs und kann die Gunst der Gottheit durch Opfer und Geschenke suchen. Daraus entstand willkührliche, auf abergläubische Furcht gegründete Werkheiligkeit, (εθελοθρησκεια, δεισιδαιμονια,) ohne Besserung des Herzens und mit Vernachläſsigung deſsen, was wir uns selbst als vernünftigen und moralischen Wesen schuldig sind. In despotischen Staaten vergiſst der niedergedrückte Geist sehr leicht seine eigenthümliche Würde und seine Vervollkommnung. 2) Jeder suche sein eigenes Glück so gut als möglich, zu befördern. Daraus entsprang niedrige Selbstsucht, die sich zum Zwecke und andre zum Mittel macht, (φιλαυτια, μισανθρωπια,) mit Vernachläſsigung deſsen, was wir andern Menschen, als Geschöpfen von gleicher Natur und Würde schuldig sind. In despotischen Staaten erlischt auch der wahre Patriotismus, oder die vernünftige auf Gefühl der Pflicht gegründete Theilnahme am öffentlichen Wohl. Diese Vorurtheile, Irrthümer oder Fehler, wie man's nennen will, die mehr oder weniger, je nachdem es gewisse günstige oder un-

günsti-

günstige Umstände mit sich brachten, im Alterthume nicht nur bey der niedern Volksklasse, sondern selbst bey einem grossen Theile derer, welche durch Geburt, Amt, Vermögen oder Kenntnisse über dieselbe erhaben waren, herrschten, musste also Jesus vor allen Dingen bekämpfen und auszurotten suchen, wenn sein Plan gelingen sollte; und er that es, that es auf die zweckmäfsigste glücklichste Weise. Er trug nehmlich hauptsächlich solche Wahrheiten vor, die jenen fehlerhaften Grundsätzen entgegen waren, und unterstützte sie mit so nachdrücklichen und doch populären Vorstellungen und Gründen, dafs sie selbst dem gemeinsten Verstande einleuchten, und auf jedes unverdorbene Menschenherz den lebhaftesten Eindruck machen mussten [12]). Gott ist ein heiliges, liebevol-

---

[12]) Die Frage, ob Jesus über Religion und Moralität etwas ganz Neues bis dahin Unerhörtes gesagt habe, dürfte, wenn man blos auf die Materie sieht, wohl verneint werden müssen. Nicht leicht möchte wohl jemand einen Ausspruch Jesu aufweisen können, zu dem sich nicht ein Gegenstück auffinden liefse, wenn man

bevolles und gerechtes Wesen — seine Liebe erstreckt sich auf alle Menschen ohne Unterschied — die Menschen müssen ihn

man deshalb alle Philosophen, Historiker, Redner und Dichter des griechischen und römischen Alterthums nebst den heiligen Schriften andrer Völker, als Juden, Perser, Sinesen u. s. w. durchsuchen wollte. Sieht man aber auf die Form der Lehre Jesu, auf die innige Beziehung derselben auf das, was der Menschheit damals Noth war, auf ihre Zweckmäfsigkeit zu seinen wohlthätigen Absichten, wie er gerade diejenigen Sätze heraushob und urgirte, die damals am allgemeinsten verkannt waren, wie er sie gerade mit solchen Gründen unterstützte, welche am meisten auf seine Zeitgenossen würken mufsten, wie er sich immer an den gemeinen Menschenverstand und das in jedem auch dem rohesten Herzen nicht ganz erstorbene moralische Gefühl wandte, um seiner Lehre Eingang zu verschaffen: so wird man, wenn man auch ganz von dem geheimnifsvollen Charakter seiner Person und dem erhabnen Tugendmuster, das er in Leben und Tod aufstellte, abstrahirt, sich dennoch nicht enthalten können, ihn als den weisesten und gröfsten Volkslehrer aller Zeiten und Nationen zu bewundern und zu verehren.

ihn alſo wieder lieben, aus Liebe (nicht aus ſklaviſcher Furcht) ſeinen Willen thun, und ihn im Geiſt' und in der Wahrheit, durch heilige Geſinnungen ehren — ſie müſſen auch alle andern Menſchen, als Kinder Eines Vaters, als ihre Brüder lieben, an ihrem Wohle thätigen Antheil nehmen — — dieſes waren die Hauptſätze ſeiner, und auch ſeiner Schüler, Lehre, ſo weit die letztere auf bloſse reine Lehrſätze und Vorſchriften, und nicht zugleich auf gewiſſe Thatſachen gegründet war.

Aber war denn nun hiermit alles erſchöpft, was in Rückſicht der Religion und Moralität gethan und geſagt werden konnte? Setzte Jeſus nicht die groſsen Wahrheiten, ohne die keine poſitive Religion Grund und Veſtigkeit haben, ohne welche überhaupt keine religiöſe und moraliſche Geſinnung ſtatt finden kann — Gott, Unſterblichkeit, und Freyheit — blos voraus, ohne ſie nach ihren Gründen und Folgen gehörig zu entwickeln? Wahr iſts — und wehe der Menſchheit, wenn es nicht ſo wäre! — dieſe se Wahrheiten liegen unserem Herzen so nahe, daſs sie ihm nur in ihrer Reinigkeit gezeigt werden dürfen, um es sogleich zur Annahme derselben geneigt zu finden. Jesus bedurfte daher als Volkslehrer keiner weit her gehohlten Beweise, keiner tiefsinnigen Zergliederungen der Begriffe, brauchte nicht die künstlichen Wendungen einer dialektischen Metaphysik, nicht die gründlichen Deductionen einer kritischen Moralphilosophie oder Theologie, um seine Zuhörer von jenen Wahrheiten zu überzeugen. Er durfte nur den gemeinen Verstand von den Vorurtheilen und Irrthümern befreyen, an denen er krank lag, durfte nur das halb erstorbene moralische Gefühl wieder aufwecken, und sich dann an diese beyden Leitsterne alles unsers Wissens und Glaubens, Thuns und Lassens wenden, um von seinen Zuhörern verstanden zu werden, und seine Ueberzeugungen zu den ihrigen zu machen. Wollen und sollen wir nun aber bey dem stehen bleiben, was Jesus seinen in Hinsicht auf Religion und Moralität noch so ungebildeten Zeitgenossen vorzulegen für gut fand? Ist es genug, wenn der Zweck aller Religion, und vorzüglich der geoffen-

bahr-

bahrten erreicht werden soll, jene Wahrheiten auf das blosse Wort eines Mannes anzunehmen, der sich durch mächtige Thaten als einen Bothen der Gottheit ankündigte? Dürfen wir nicht nach den Gründen dessen, was er lehrte, fragen, nicht es weiter zu entwickeln, unsern Bedürfnissen und anderweiten Einsichten gemäs zu modificiren, und so auf dem Wege, den er uns zeigte, immer weiter fortzugehen streben? Ist denn durch Jesu und seiner Schüler Unterricht der Umfang und die Beschaffenheit unsrer moralischen und religiösen Kenntnisse so genau, so unabänderlich bestimmt, dass wir kein Jota hinwegnehmen oder hinzuthun, keine Verbesserung daran versuchen können und dürfen? Und ist wohl irgend eine vernünftige, veste, weder durch Reitzungen des Lasters, noch durch Drohungen des Unglücks erschütterliche Ueberzeugung von den Wahrheiten der Religion möglich, wenn es uns nicht möglich oder nicht erlaubt ist, uns durch eigne Thätigkeit des Geistes zur immer höhern Vervollkommnung derselben zu bearbeiten, und sie dadurch ganz in unser Eigenthum zu verwandeln? —

Doch,

Doch, lieber Freund, ich will Sie nicht durch endlose Fragen bestürmen, und Ihre Einstimmung gleichsam mit Gewalt zu erringen suchen. Ueberlegen Sie selbst die Sache mit kaltem Blute und ohne alle vorgefaßte Meynung, und ich bin überzeugt, Sie werden eingestehen müssen, daß der Zweck Jesu unmöglich ein andrer seyn könnte, als dem menschlichen Verstande durch Wegräumung der vornehmsten Hindernisse blos den Weg zu bahnen, auf welchem er sich nach und nach zu einer vollkommnern Erkenntniß und Sittlichkeit erheben könnte; keineswegs aber eine in jeder Rücksicht vollendete Religionstheorie aufzustellen, und hiermit den menschlichen Geist der Mühe alles weitern Nachdenkens und fernern Bearbeitens zur höhern Vervollkommnung derselben zu überheben.

Fünfter Brief.

Laſſen Sie uns einmal alles bisher über unſern Gegenſtand Geſagte vergeſſen, wertheſter Freund! Laſſen Sie uns annehmen, es ſey die Abſicht Jeſu geweſen, eine abſolut vollkommene Religion aufzuſtellen, und blos zu ſehen, welche Mittel und Maaſsregeln er ſelbſt oder die ihn ſendende Gottheit ergriffen habe, um dieſe Abſicht zu erreichen. Ich glaube, ſie könnten nicht ſchlechter und zweckwidriger ausgewählt ſeyn, als ſie uns bey jener Vorausſetzung erſcheinen müſſen. Denn weder die Art und Weiſe, wie Jeſus ſeine Lehre bekannt machte, noch die Art und Weiſe, wie
Gott

Gott für die weitere Verbreitung,
Erhaltung und Fortpflanzung derselben sorgte, wäre jenem angenommenen Zwecke gemäſs, und nicht nur nicht
gemäſs, sie wäre ihm schnurstracks zuwider
gewesen.

Der Mensch besitzt bey aller Neigung zur
Trägheit, bey aller Anhänglichkeit an das
Alte dennoch, besonders wenn er in seinen
natürlichen Talenten und den äuſsern Umständen Anreitz und Gelegenheit dazu findet,
einen unwiderstehlichen Trieb zur Selbstthätigkeit, zur Veränderung und zum Neuen.
Nie bleibt er ganz auf Einem Punkte stehen
immer will er vorwärts, selbst dann noch,
wenn er in der That rückwärts geht; immer
will er verbessern, wenn er auch eigentlich
verschlimmern sollte. Soll diesem natürlichen
Hange Einhalt gethan werden, so muſs man
schlechterdings dem menschlichen Geiste solche Fesseln anlegen, daſs er aus den ihm an-
gewiesenen Schranken nicht weichen kann;
sonst wird er sich selbst an den heiligsten Dingen vergreifen. Hierzu helfen nun bloſse

Ver-

Verbote, wäre ihre Uebertretung auch auf das härteste — mit Verlust des Amtes, des Lebens, oder gar der ewigen Seeligkeit — verpönt, so viel als nichts; sie mögen wohl den grofsen Haufen zurückschrecken, von dem man ohnehin nichts zu befürchten hatte; aber lebhaftere Geister reitzen sie noch mehr; denn — nitimur in vetitum. Es müssen würksamere, mit der Natur des menschlichen Geistes selbst in einer gewissen Harmonie stehende Maafsregeln ergriffen werden; sonst ist alles Bitten, Warnen, Drohen und Verbieten umsonst. War es also Jesu oder Gottes Absicht, eine absolut vollkommene, unabänderliche und unverbesserliche Religion den Menschen bekannt zu machen, so musste ganz anders verfahren werden, als laut der evangelischen Geschichte geschahe. Soll nehmlich eine Summe von Wahrheiten, die man veränderlichen, an Fähigkeiten des Geistes so sehr verschiedenen Menschen übergibt, vor aller Umänderung und Verfälschung gesichert seyn: so müssen sie auf reste Principien gebaut, bestimmt erklärt, genau erwiesen, und im strengsten Zusammenhange dargestellt, mit

eine m

einem Worte, es muſs ein Syſtem mit beſtimmten Kunſtwörtern und Formeln, die niemand ändern darf, deren Sinn unzweydeutig iſt, und deren bloſse Erlernung dem Geiſte hinlängliche Beſchäftigung gibt, veſtgeſetzt werden; ſonſt iſt man nie ſicher, ſeinen Zweck zu erreichen. Allein Jeſus that von allem dieſen das gerade Gegentheil. Er war im ſtrengſten Sinne des Worts ein p o p u l ä - r e r Lehrer. Er lehrte in kurzen Sprüchen, in Bildern und Gleichniſſen oder Erzählungen; er trug bald dieſe, bald jene Wahrheit vor, je nachdem ſich eine Gelegenheit darbot, etwas recht anſchaulich und eindringend darzuſtellen; er redete ganz die unbeſtimmte Sprache des gemeinen Mannes; ſprach immer nur zum unverdorbenen Wahrheitsgefühle des geſunden Menſchenverſtandes; er definirte, diſtinguirte, demonſtrirte nie, brauchte kein einziges Kunſtwort, diejenigen ausgenommen, die man nachher im Syſteme, oft unſchicklich genug, dazu geprägt hat. Wie war es nun möglich in einer ſolchen Geſtalt eine Religion zu lehren, an der nichts geändert, nichts verbeſſert, nichts vervollkomm-

F   net

net werden follte und konnte? Freunde und Feinde des Chriftenthums haben fo oft die Frage aufgeworfen, warum Chriftus kein ordentliches Lehrgebäude errichtet, warum er feinen Schülern und Zuhörern keine förmliche Religionstheorie in die Feder dictirt, und dadurch allem den Unfuge vorgebeugt habe, der in fpätern Zeiten mit feiner Lehre getrieben worden? Man hat verfchiedene Wendungen genommen, um diefes Phänomen, das freylich nach der gewöhnlichen Vorausfetzung ein unbegreifliches Räthfel ift, zu erklären, und dem Vorwurf auszuweichen, Jefus habe felbft durch feine Lehrmethode allen Ketzereyen Thür und Thor geöffnet. Nun hätte man freylich, wenn man richtige Begriffe vom Zwecke Jefu und der Beftimmung einer geoffenbahrten Religion überhaupt gehabt hätte, auf diefe Frage gar nicht kommen können. Wenn fie aber doch jemanden beyfiel, fo war wohl die natürlichfte, leichtefte, und fimpelfte Antwort, dafs Jefus keine unabänderliche, unverbefferliche Religionstheorie veftfetzen wollte, konnte und follte, fondern nur dem menfchlichen

Ver-

Verſtande gleichſam den erſten Stoſs zu geben, ihn zum weitern Nachforſchen über religiöſe und moraliſche Gegenſtände in Umſchwung zu ſetzen, von Gott beſtimmt war. 13) Hierbey

13) Auch hier war JERUSALEM dem rechten Geſichtspunkte nahe. Er ſagt in ſeinen Betrachtungen, Th. 2. Betr. 2. S. 86. ,,Der Unterricht (in einem zuſammenhängenden Lehrbuche) würde mit den verſchiedenen Stufen des natürlichen Lichts nie harmonirt haben, und den Fähigkeiten der Menſchen nie recht angemeſſen geweſen ſeyn; es würde eine Erſcheinung geweſen ſeyn, die mit dem ſo verſchiedenen moraliſchen Zuſtande der Welt kein rechtes Verhältniſs gehabt, eine Erſcheinung, wovon man weder den Urſprung noch den Endzweck recht geſehen hätte". Deutlicher und beſtimmter aber erklärt ſich SEMLER darüber in der Vorrede zu Farmers Briefen über die Dämoniſchen, S. 30. ,,Eben daher," ſagt er, ,,iſt auch in Evangelien, in Apoſtelgeſchichte, in ſo viel Briefen, gar kein Modell, keine Formel niedergeſchrieben worden, die nachher alle Lehrer zu ihrem fernern Unterricht' als die einzig beſte immer behalten und fortſetzen ſollten; denn es war in ſich ſelbſt unmöglich, eine Lehrformel ſo
zu

bey konnte er und der, welcher ihn fandte, wohl vorausfehen, daſs mancherley Fehler gemacht werden, Miſsbräuche ſich einſchleichen, und Streitigkeiten entſtehen würden; aber alles dieſes muſste doch endlich ſeinen Zweck um ſo mehr befördern. Sagt er nicht ſelbſt (Matth. 10, 34 - 36) voraus, daſs es ſo kommen würde? und iſt es nicht ganz unläugbar, daſs ſchon die Apoſtel ſelbſt in einigen Punkten weiter gingen, als Jeſus, und zur vollkommnern Ausbildung ſeiner Lehre bereits einen glücklichen Anfang machten?

Aber vielleicht iſt eben durch ſie das Lehrgebäude Jeſu vollendet? vielleicht traf Gott eben darum, weil Jeſus während einer ſo kurzen Lebenszeit nicht alles ausführen konnte, die Veranſtaltung, daſs durch Jeſu Schüler die neue Religion mündlich, und ſchriftlich in ihrer vollkommenſten Geſtalt dargeſtellt, verbreitet und auf die Nachkommen

zu faſſen, daſs ſie für damalige Chriſten, und für alle künftige Chriſten in allen Zeiten gleich gut die beſte Formel geweſen ſey."

men fortgepflanzt würde? — So laſſen Sie uns denn jene Veranſtaltung etwas genauer ins Auge faſſen, und ſehen, ob dieſes Vorgeben damit beſtehen könne, ſolch ein Zweck dadurch erreichbar ſey.

Gott ſandte verſchiedene Männer, als Lehrer der neuen Religion, unter die Menſchen aus. Dieſe Männer waren bekanntlich nicht gelehrte und ſcharfſinnige, im abſtrakten Denken geübte Leute, ſondern meiſtens Leute von ganz gemeiner Art, die bloſs mit einem geſunden, ſchlichten Menſchenverſtande ein gutes für die Sache Jeſu und ſeiner Religion eifriges Herz verbanden, übrigens aber an Gaben und Fähigkeiten einander ſehr ungleich waren. 14) Von der Art und Weiſe ihres

---

14) So viel, glaub' ich, läſst ſich behaupten, ohne gegen das zu verſtoſſen, was TELLER in der Relig. der Vollk. S. 15. ff. mit Recht erinnert, um das Vorurtheil zu berichtigen,

ihres Vortrags können wir uns theils aus den Fragmenten von Reden, die in der [Apostelgeschichte aufbehalten find, theils aus ihren Briefen, die wir noch zum Theil haben, eine ziemlich vollständige Vorstellung machen. Sie kramten, wie wir sehen, nicht auf einmal alle ihre theologische Gelehrsamkeit aus, wenn sie dergleichen auch gehabt hätten, sondern trugen, wie ihr' grofser Lehrer, bald die eine, bald die andre Wahrheit oder Vorschrift des Christenthums vor, je nachdem sie es den Umständen, Fähigkeiten und Bedürfnissen der Zuhörer oder Leser angemessen fanden. Indessen war immer das Hauptthema: Jesus, der Gekreuzigte, ist der grofse von Gott verheissene Menschenretter; seine Lehre müfst ihr gläubig annehmen, und so euch durch denselben heiligen, rechtfertigen und zu Kindern Gottes umschaffen, d. h. von dem

tigen, als seyen die ersten Lehrer des Christenthums so gar einfältige und niedrige Leute, und noch dazu alle gewesen.

dem vorigen unsittlichen Wandel und den dafür zu fürchtenden Strafen befreyen, und zum Empfang' und Genusse künftiger Belohnungen würdig und geschickt machen lassen. Dabey bedienten sie sich keiner ausgesuchten Terminologie, keines künstlichen Vortrags, meditirten nicht lange über Sachen und Worte, hielten keine stundenlange Predigten, schrieben nicht gelehrte Abhandlungen oder gar Kompendien der Dogmatik und Moral; sondern redeten und schrieben, wie und was ihnen der Geist gab auszusprechen. Bey so bewandten Umständen wären die ersten Bekenner des Christenthums wahrlich übel berathen gewesen, wenn die ihnen bekannt zu machende Religion eine absolut vollkommene hätte seyn sollen. Die meisten hätten da immer nur ein kleines Stückchen, einen einzeln hingeworfenen Satz der neuen Religion gewusst, ohne einen vollständigen und deutlichen Begriff davon zu erhalten; sie hätten auch kein Mittel in Händen gehabt, diesem Mangel abzuhelfen. — Vielleicht aber kennen wir den mündlichen Vortrag der Apostel zu wenig; er könnte doch wohl weitläuftiger und

und beſtimmter geweſen ſeyn, als der ſchriftliche, den wir in bloſsen Briefen finden, wo man ſich keines kunſtmäſsigen, ſyſtematiſchen Vortrags zu bedienen pflegt. — Dieſes zugegeben, wiewohl es höchſt unwahrſcheinlich iſt, wie ward es aber nach dem Tode der Apoſtel? — Da muſste man ſich doch lediglich an ihre Schriften halten. Die wenigſten Gemeinen konnten aber Originalſchriften der Apoſtel beſitzen, und die, welche dergleichen beſaſsen, hatten immer nur höchſtens ein Paar; Abſchriften aber waren damals gewiſs noch nicht häufig. Und gleichwohl müſſen wir oft zum Beweiſe einer Lehre die Stellen aus allen Ecken und Enden der Bibel zuſammenſuchen, und uns ſchon Glück wünſchen, wenn wir nur Eine zum Beweiſe völlig hinreichende gefunden haben. Zuweilen beſteht gar der Beweis nur in Schlüſſen, die aus der Vergleichung mehrerer Stellen gezogen ſind. Wie ſahe es nun um die Vollſtändigkeit der vor kurzem geoffenbahrten Religion in dieſen ſpätern Zeiten aus? Sogar die Reinigkeit derſelben muſste leiden, da ſehr bald falſche Briefe, unächte Evangelien und an-

andre Abhandlungen, mit Lügen und Unsinn'
erfüllt, unter den Christen ausgestreuet wurden, von denen nicht geläugnet werden kann,
dafs sie hie und da als ächte und gute Schriften anerkannt und gebraucht wurden. So
wäre also die eingebildete Vollkommenheit
der christlichen Religion mit dem Tode ihrer
ersten Lehrer von der Erde verschwunden,
und den künftigen Geschlechtern, ohne neue
Offenbahrungen, kein Mttel zur Herstellung
derselben übrig gewesen.

Wie stimmt diefs nun mit der vorgeblichen
Absicht Gottes überein, die neugeoffenbahr-
te christliche Religion durch die Apostel in
ihrer ganzen Vollständigkeit und Reinigkeit,
in der absolut vollkommensten Gestalt darstellen zu lassen? War dies der Fall, so musste
wenigstens durch eine geheime, der Kirche
anvertraute Ueberlieferung für die Erhaltung
derselben gesorgt werden. Weil aber diese
leicht Verfälschungen leiden konnte, so mussten die Apostel sich in pleno versammeln,
jeder ein Stückchen zu einem unabänderlichen
Glaubensbekenntnisse machen, und alle wie-
de-

derum ihr **videtur** über das Ganze geben, damit nicht einer den Glauben, der andere die Werke zu fehr empföhle, und die chriftliche Welt dadurch in Verwirrung geriethe. Es mufste überdem der am längften Lebende unter den Apofteln alle Schriften derfelben gleichfam als einen weitläuftigen Kommentar jenes Bekenntniffes fammeln, nach gehaltener Revifion und hinzugefügten Supplementen zu einem Ganzen vereinigen, und durch einen beftimmten Kanon als göttlich auctorifiren; und weil immer noch wegen der Auslegung Streitigkeiten entftehen konnten, fo mufsten die Väter und Vorfteher der Kirche bey ihren Verfammlungen wegen folcher Streitigkeiten vom heiligen Geifte felbft in alle Wahrheit geleitet, und endlich, um jede Anmaafsung, jedes Streben des menfchlichen Geiftes, nach Aenderung und Neuerung im erften Keime zu erfticken, ein beftändiger Glaubensrichter an Chriftus ftatt beftellt werden, der mit Untrüglichkeit in feinen Ausfprüchen die höchfte Gewalt in Staat und Kirche in Einer Perfon vereinigte.

Ich

Ich fehe, wie Sie erſtaunen, daſs die Lüge ſo viel konſequenter, als die Wahrheit, ſeyn konnte; aber dieſe Konſequenz, worauf jene ein ſo furchtbares Reich gegründet hatte, muſs in dem Augenblicke zur armſeligſten Sophiſterey herabſinken, ſobald das πρωτον ψευδος entdeckt iſt, welches der ganzen Schluſskette Haltung gab. War es Gottes und Jeſu Abſicht, die Menſchen blos nach und nach durch eigne Kraft und Thätigkeit zur immer vollkommnern Religionseinſicht zu führen, und ihnen durch das Chriſtenthum dabey nur zu Hülfe zu kommen; ſo brauchen wir keine Tradition, keine Symbola, keinen Kanon, keine Concilien, keinen Papſt. Alle dieſe Dinge ſind dem wahren Zwecke der Offenbahrung nur hinderlich; aber um dieſe Hinderniſse aus dem Wege zu räumen, und dem Aberglauben ſeine letzten Waffen aus den Händen zu winden, giebt es kein andres Mittel, als den Grundſatz von der Perfektibilität der geoffenbahrten Religion. Iſt dieſer Grundſatz einmal allgemein anerkannt, ſo muſs das Reich des geiſtlichen Despotismus ein-

einſtürzen, weil der Grund, auf dem es errichtet wurde, zerſtört iſt, und das von Jeſu geſtiftete Reich Gottes muſs in ſeiner ganzen auf Erden möglichen Herrlichkeit den Platz deſſelben einnehmen.

Brie-

Briefe
über
die Perfektibilität
der
geoffenbahrten Religion.

Zweyte Abtheilung

enthaltend

die Vertheidigung des Perfektibilitätsgrundsatzes gegen mögliche Zweifel und Einwendungen.

Es giebt bey philofophifchen Unterfuchungen keine gewöhnlichere und dabey tadelnswürdigere Art zu räfonniren, als wenn man einen Satz dadurch zu widerlegen fucht, dafs man gefährliche Folgen für Sittlichkeit und Religion von ihm behauptet. Wenn eine Meynung auf Ungereimtheiten führt, fo ift fie gewifs falfch; aber es ift nicht ausgemacht, dafs eine Meynung deswegen falfch fey, weil fie von gefährlichen Folgen ift. Man follte fich diefer Art von Gründen ganz und gar enthalten, da fie nichts zur Entdeckung der Wahrheit beytragen, fondern nur dazu dienen, die Perfon des Gegners verhafst zu machen.

HUME Unterfuchungen über den menfchlichen Verftand S. 218. der Ueberf. von Tennemann.

Sechster Brief.

Ich habe die Einwürfe, Zweifel und Bedenklichkeiten, die Sie, mein werthester Freund, der Behauptung einer progressiven Vervollkommnung der chriftlichen Offenbahrung entgegensetzen, zum Theil erwartet. Sie fordern mich auf, darauf zu antworten; und ich thue diefs um fo lieber, weil ich hoffe, bey diefer Gelegenheit theils meine Meynung noch vollftändiger entwickeln, theils die Anwendung derfelben zur Auflöfung mancher ftreitigen Fragen in der Theologie zeigen, theils endlich manchen Misbräuchen vorbeugen zu können, die etwa jene Behauptung unfchuldiger Weife veranlaffen möchte.

Ihr

Ihr erster Einwurf ist von der Inspiration hergenommen. „Wie, sagen Sie, „wenn Gott sich selbst herabläſst, uns zu unterrichten, wenn er unmittelbar gewisse Kenntnisse mittheilt, wenn sein eigner Sohn, der in des Vaters Schooſse war, die Menschen über religiöse Gegenstände belehrt — wie sollten da noch Mängel und Irrthümer statt finden! Wie sollte es sich von dem mächtigsten und weisesten Schöpfer aller Dinge, dem gütigsten Vater der Menschen denken lassen, daſs er seine Kinder täuschte, und ihnen das Schlechtere gäbe, da es doch in seiner Macht stand, ihnen das Beste und Vollkommenste zu geben!"

Ehe ich auf diesen Einwand im Ganzen antworte, muſs ich erst vor allen Dingen etwas darüber sagen, daſs Sie in demselben ein besonderes Gewicht auf den Umstand, daſs die christliche Religion von dem Sohne Gottes sich herschreibe, zu legen, und dadurch zu verstehen zu geben scheinen, eine Lehre, die einen solchen Urheber habe, könne unmöglich mangelhaft und unvollkommen

men seyn. Allein, so wenig ich die höhere Natur Christi zu läugnen begehre, so glaub' ich doch, dürfe sie hier durchaus nicht in Erwägung gezogen werden. Jesus kann, in wieferne er Lehrer einer neuen Religion, und überhaupt, so lange er auf Erden war, nur als M e n s c h betrachtet werden. Die Fähigkeiten Jesu nahmen mit den Jahren zu, er wuſste manches nicht, er irrte sich zuweilen gar, er ward zur Sünde gereitzt, und ungeachtet er diese Reitzungen immer glücklich bekämpfte, so kamen sie doch zuweilen wieder, (Luc. 4, 13.) er betete zu Gott, er wurde, wie andere Bothen der Gottheit und seine eigenen Schüler, mit den Gaben des Geistes ausgerüstet, er sagte, wie jene, daſs er seine Lehre von Gott habe, und in dessen Nahmen verkündige, auch durch dessen Kraft würke, (Matth. 12, 28. vergl. mit Luc. 11, 20 Kurz, Jesus ward gebohren, lebte und starb als Mensch, und es ist keine Spur im N. T., daſs seine höhere Natur während seines irdischen Wandels in und durch ihn würksam gewesen sey; es wird vielmehr dadurch, daſs er uns Menschen zum Tugendmuster aufgestellt wird, zu verstehen gegeben, er sey in allem seinen

G Thun

Thun und Laſſen, mithin auch im Lehren, als ein bloſser Menſch zu betrachten; indem uns die Gottheit wohl als **Ideal der Heiligkeit** zur **Richtſchnur**, aber nicht als **Beyſpiel der Tugend**, die ſich als **Kampf in der Sinnenwelt** ankündigt, zur **Nachahmung** dienen kann. Es haben daher längſt einſichtsvolle und ſehr rechtgläubige Theologen die ſonderbare Meynung von einer Krypſis oder Verbergung der göttlichen Eigenſchaften, worüber im vorigen Jahrhunderte ganze Facultäten in Streit geriethen, als unſtatthaft verworfen, und mit Recht behauptet, Jeſus habe auf Erden gar nicht durch ſeine höhere Natur, oder vielmehr dieſe habe nicht in jenem gewürkt; wie dieſs auch Paulus in der bekannten Stelle, Philipp. 2, ſehr deutlich zu verſtehen giebt. Wir werden ihn alſo auch als Religionslehrer eben ſo anſehen müſſen, wie jeden andern göttlichen Lehrer; nur mit dem Unterſchiede, daſs ſelbſt die natürlichen Gaben und Anlagen ſeines Geiſtes und Herzens alles übertrafen, was wir bey gewöhnlichen Menſchen oder andern Bothen der Gottheit wahrnehmen.

Was

Was nun aber Ihren Einwurf überhaupt betrift, so können darauf mancherley Antworten gegeben werden, von denen sich einige schon aus dem ableiten lassen, was ich Ihnen in den vorigen Briefen geschrieben habe. Zuerst berufe ich mich auf die Offenbahrungen Gottes vor Christo. Von diesen wird es doch - einige wenige ausgenommen, die noch immer die ganze christliche Glaubenslehre im alten Testamente finden wollen — allgemein zugestanden, daſs sie weit unvollkommner sind, als die Offenbahrungen des Christenthums. Wollen Sie ein Beyspiel dieser Unvollkommenheit haben, so bitt' ich nur das, was das alte und neue Testament von den beyden Grundwahrheiten aller Religion, Gott und Unsterblichkeit sagen, miteinander zu vergleichen. Sie werden freylich in keinem von beyden erwiesen; aber dort ist das Herrschende in der Vorstellung von Gott Zorn, Rache, Eifer; hier Heiligkeit, Liebe, Gerechtigkeit; dort sind nichts, als dunkle Ahndungen von einem andern Leben, wo das Verhältniſs der Glückseeligkeit zur Tugend richtiger seyn wird, Ahndungen, die manche nicht einmal dafür er-

erkennen wollten; hier die deutlichsten Ausfprüche, die freudigften Hoffnungen. Selbft
in Anfehung der menfchlichen **Freyheit**
bey fittlichen Handlungen, enthält das A. T.
hie und da Ausfprüche, die, wenn man fie
fo nimmt, wie es der fimple Wortverftand
mit fich bringt, und nicht durch mancherley
gezwungene Wendungen ausweichen will,
der wahren Freyheit und Moralität ganz zuwider find, und nur mit dem Kindesalter der
menfchlichen Vernunft entfchuldigt werden
können, die Gott zum Urheber des phyfi-
fchen und moralifchen Böfen machte, weil fie ihn
überall in der Natur fowohl als in der menfchlichen Seele, aus Unkunde der Gefetze, nach
welchen fich die Erfcheinungen in beyden
richten, unmittelbar würken liefs. Was nun
Gott in dem einen Falle that und thun konnte, das mufs ihm auch in jedem andern Falle
zu thun erlaubt oder anftändig feyn, wenn
feine weifen Abfichten es erfordern. Die Anwendung diefes Oberfatzes auf unfern Fall
werden Sie leicht felbft machen.

Ferner

Ferner, man unterscheidet ja immer das, was Gott unmittelbar **gewollt** und **gewürkt** hat, von dem, was er blofs zugelaſſen hat. Nun muſs ich zwar geſtehen, daſs ich von dieſer Diſtinction nicht viel halte, wenn ſie zur Rechtfertigung Gottes in Anſehung der Unvollkommenheiten und Uebel in ſeiner Welt angewendet werden ſoll; indem ſie ganz auf Anthropomorphismus hinausläuft. Menſchen können ſich wohl genöthigt ſehen, wider ihren Willen etwas zuzulaſſen, weil ſie weder die äuſſern Umſtände, unter denen ſie würken, noch die Mittel, durch welche ſie würken, ſo ganz in ihrer Gewalt haben, daſs ſie jene nach Gefallen einrichten, und von dieſen zum voraus gewiſs berechnen könnten, wie weit ihre Würkſamkeit reichen werde. Aber bey Gott kann dieſer Fall nie eintreten. Wenn wir ihn daher als allmächtigen Urheber der Welt denken, ſo können wir nicht anders, als uns vorſtellen, er müſſe, da er das Maaſs der Kräfte in derſelben und ihre Verknüpfungen ganz in ſeiner Gewalt hatte, auch alles, was dieſe Einrichtung mit ſich bringt, gewollt ha-

haben, fey es nun als Zweck, oder blos als Mittel. Glauben Sie indeſſen, alle Uebel und Unvollkommenheiten in der Welt aus einer ſolchen Zulaſſung Gottes befriedigend erklären, und ſeine Weisheit und Güte dadurch rechtfertigen zu können: ſo können Sie eben dieſs auch auf den vorliegenden Fall anwenden und ſagen, Gott habe das Wahre, Gute und Brauchbare in den chriſtlichen Religionsurkunden unmittelbar gewollt und gewürkt; die Mängel und Irrthümer aber blos zugelaſſen.

Wollten Sie aber nun weiter fragen: Warum liefs er ſie zu? konnte er nicht eine ganz reine und vollkommne Religion offenbahren? — ſo kann ich in Anſehung des erſten Punkts nichts anders thun, als Sie auf die Theodizeen überhaupt verweiſen, wo man entweder aus der eingeſchränkten Natur endlicher Geſchöpfe, und den nothwendigen Folgen derſelben, oder aus andern Gründen begreiflich zu machen ſucht, warum ein weiſer und gütiger Gott ſo vieles phyſiſche und moraliſche Uebel, ſo viele Thorheiten, Verirrungen

rungen und Fehltritte in feiner Welt zuließ?
Solche Gründe werden alfo wohl auch hier
ftatt gefunden haben; und wenn nun Gott
noch überdies durch das viele Wahre und
Gute, das er in diefe neue Offenbahrung legte, dafür forgte, dafs der menfchliche Geift
dadurch gereitzt, geweckt, geleitet von felbft
zur höhern Vollkommenheit emporfteigen,
aus eigner Thätigkeit das Mangelhafte ergänzen und das Irrige berichtigen konnte, was
liegt für Gott Unanfländiges in jener Behauptung? Ja es folgt aus dem, was ich Ihnen
über den Zweck des göttlichen Unterrichts
in feinen Offenbahrungen bereits gefchrieben
habe, dafs diefe Veranlaffung und Aufreitzung
der Selbftthätigkeit unfrer Vernunft gerade
eine von den Abfichten und Urfachen war,
warum Gott nicht eine ganz reine und vollkommene Religionserkenntnifs mittheilte. —
Was aber den zweyten Punkt betrift, fo frage ich Sie gegenfeitig, ob es denn fo ausgemacht fey, was Sie vorauszufetzen fcheinen,
dafs Gott den Menfchen zu irgend einer Zeit
die reinfte und vollkommenfte Religion offenbahren konnte? Ift temporäre Mittheilung
abfo-

abſolut vollkommener religiöſer und moraliſcher Einſichten überhaupt wohl möglich?
Sie erinnern ſich aus meinen vorigen Briefen,
daſs ich bemerkt habe, wie bey der immer
höher ſteigenden Vollkommenheit des menſchlichen Geſchlechts ſich Gott bey ſeinen Offenbahrungen nach den jedesmaligen Fähigkeiten der Menſchen, nach ihrer Receptivität
richtete und richten muſste, wenn dieſe Offenbahrungen einen wahren Nutzen bringen
ſollten. Woher wollen Sie aber erweiſen,
daſs dieſe Receptivität zu den Zeiten Chriſti
die möglich höchſte geweſen ſey? Nach dem
natürlichen Gange der ſtufenweiſen Entwickelung konnte dieſs der Fall nicht ſeyn, ſo wie
er es nie ſeyn kann; man müſste alſo annehmen, daſs Gott ſowohl die Fähigkeiten derer,
durch die er ſich offenbahrte, als derer, denen er ſich offenbahrte, auf einmal durch
ein Wunder über alle Wunder zur möglich
gröſsten Höhe und Stärke erhoben hätte.
Dieſe Erhebung läſst ſich aber auch an ſich
nicht einmal denken. Denn da unſre Fähigkeiten durch Uebung immer mehr geſtärkt
werden, und alſo unſer Wachſen in aller Er-
kennt-

kenntniſs unaufhörlich iſt, ſo läſst ſich gar kein Punkt angeben, bis zu welchem die Erhebung hätte gehen ſollen. Hätte Gott aber dieſen Punkt willkührlich angenommen, ſo muſste er entweder nach der Erhebung völligen Stilleſtand eintreten laſſen — welches eine Aufhebung des ganzen Weltplans, und eine weit gröſsere Unvollkommenheit gewesen wäre, als wenn die Erhebung gar nicht ſtatt gefunden hätte — oder, geſchahe dieſs nicht, ſo würde der Vorwurf der Unvollkommenheit, (wenn anders dieſs ein Vorwurf genannt werden könnte,) immer wieder haben eintreten müſſen, wenn das menſchliche Geſchlecht nach dieſem Sprunge von neuem an Fähigkeit und Erkenntniſs gewachſen wäre.

Bisher habe ich nur zeigen wollen, daſs ſelbſt bey Vorausſetzung einer **unmittelbaren** Eingebung der Schrift oder der in ihr enthaltenen Religionswahrheiten keine abſolute Vollkommenheit derſelben angenommen werden müſſe oder könne. Aber, **lieber Freund,** ſoll ich **Ihnen** meine Meynung

unver-

unverholen herausſagen; ſo muſs ich geſtehn, daſs mir der ganze Grund verdächtig ſcheint, auf dem Ihr Einwurf ruht. Mich dünkt, die Vorausſetzung einer unmittelbaren Offenbahrung iſt, eben ſo willkührlich und ungegründet, als die Vorausſetzung einer abſoluten Vollkommenheit des Geoffenbahrten; und was das Sonderbarſte iſt, die eine ſcheint die andre hervorgebracht, und beyde, wie in der innigſten Gemeinſchaft oder Wechſelwürkung begriffen, ſich einander unterſtützt zu haben. Man nahm an, die ganze Schrift ſey unmittelbar von Gott eingegeben; alſo — weil Gott nichts Falſches oder Mangelhaftes lehren kann — muſs alles, was ſie über Religion und Tugend enthält, höchſt vollkommen, wahr und gut ſeyn. Und wiederum nahm man an, alle Ausſprüche und Lehren der Schrift ſeyen ſo beſchaffen; alſo — weil menſchliche Erfindungen und Gedanken dieſe Eigenſchaften nicht haben könnten — müſsten ſie von Gott unmittelbar gewürkt ſeyn 15). Natürlich war es freylich, daſs der

---

15) Dieſs hat Semler gleichfalls ſchon bemerkt, in folgenden treffenden Worten: „Freilich ſind

der willkührlich beftimmte Begriff der Offenbahrung auch einen unrichtigen Begriff von der geoffenbahrten Religion hervorbrachte.

Al ein

find die Chriften felbft von jeher über diefe Aufgabe getheilt gewefen, weil einige die Befchaffenheit diefer Schriften fich ganz verfchieden von allen andern Schriften vorgeftellt haben, durch die Theorie oder Hypothefis von ihrer Eingebung; wonach man eine Allwiffenheit und lauter unfehlbare, fchon vollendete Wahrheiten darin annahm; und es ganz und gar vergafs, dafs eine folche Eingebung geradehin unmöglich feye. Sie widerfpricht unmittelbar dem weifeften Plane Gottes von der fucceffiven, immer in aller Zeit entftehenden Befferung und Erweiterung der Kenntniffe, welche die Menfchen fowohl von natürlichen, als fogenannten geiftlichen, geoffenbahrten Wahrheiten, nie auf einmal ganz richtig und völlig fammeln und bekommen können. Es gehören mehrere Urfachen her, welche allefammt diefe ganz falfche, ganz unmögliche Theorie von Beftimmung der Ofenbahrung nach und nach befördert und beftätigt haben. Es mufste gleichwohl die fo eingefchränkte Natur aller Menfchen, aller Propheten, aller Apoftel bleiben, was fie ift, wenn auch Gott einzele Dinge

oder

Allein eben diefer innige Zufammenhang beyder Vorausfetzungen muſs uns, da wir bereits
die Nichtigkeit der einen gefehen haben, auf
den Verdacht bringen, die andre dürfte nicht
weniger grundlos feyn, und man könne vielleicht

oder Begriffe an einzelne Menfchen offenbahrt
hatte; diefs war nur ein neuer Anfang von
Kenntnifs, aber es war nicht fchon die Vollkommenheit, das ganze Maaſs der Erkenntniſs,
das immer in künftigen Zeiten möglich und
entwickelt wurde." S. FARMERS Briefe über
die Dämonifchen. Br. 4. Zuf. 101. S. 223. ll.
vergl. mit Zuf. 99. und 103. und Br. 3. Zuf.
50. S. 132. woraus noch folgende kraftvollen
Worte hier ein Plätzchen finden mögen: „Auf
diefe unvermeidliche Succeſſion und von Gott
felbft beförderte Veränderung der Stellung des
menfchlichen Verftandes und der nachherigen
Menfchenwelt haben Theologi faft gar nicht
gefehen; weil fie den Worten und Redensarten eine Infpiration und folglich
eine Unverbefferlichkeit und unendliche Vollkommenheit fchon beyleg-
ten, die doch nicht ſtatt finden konnte; eben
wegen der Unendlichkeit der Abfichten Gottes, bey diefer nun entftehenden und immer
fortgehenden ganz andern Religion der Chriften."

leicht annehmen, Gott habe die in der Schrift enthaltenen Religionswahrheiten nur unmittelbar geoffenbart. In diesem Falle würde aus dem Begriffe der **Offenbahrung** für die Vollkommenheit des Geoffenbahrten gar nichts gefolgert werden können. Um alſo das Uebel aus dem Grunde zu heilen 16), ſo laſſen Sie uns unterſuchen, welche Art der Offenbahrung, die unmittelbare oder mittelbare, mehr für oder wider ſich habe.

Man

16) Der von der Inſpiration hergenommene Einwurf gegen den Perfektibilitätsgrundſatz beſteht in dem hypothetiſchen Schluſſe: Wenn eine Religion von Gott (unmittelbar) geoffenbahrt iſt: ſo muſs ſie abſolut vollkommen ſeyn. Atqui verum prius; ergo et poſterius. Es wird alſo hier in modo ponente aus der (vorausgeſetzten) Wahrheit des Vordergliedes auf die Wahrheit des Hintergliedes geſchloſſen. Da in der erſten Abtheilung bereits die Falſchheit des letztern dargethan iſt, ſo wüde es nach den Regeln der Logik erlaubt ſeyn, die Schluſsart umzukehren, und in modo tollente aus dieſer Falſchheit die Falſchheit des Vordergliedes, als

der

Man verſteht nehmlich unter **unmittelbarer** Offenbahrung überhaupt diejenige Thätigkeit Gottes, vermöge welcher er ohne alle Zwiſchenurſachen in der Seele eines Menſchen gewiſſe Vorſtellungen würkt, die ihm bisher unbekannt waren, und die er durch Anſtrengung ſeiner eignen Kräfte nicht gefunden haben würde. **Mittelbare** Offenbah-

der Bedingung, zu folgern. Nun iſt aber in dieſem Briefe bisher gezeigt worden, daſs nicht einmal die Konſequenz richtig, und der Vorderſatz keine würkliche Bedingung des Hinterſatzes als ſeiner nothwendigen Folge ſey. Mithin kann wegen Mangel des Zuſammenhangs zwiſchen den beyden Gliedern des Schluſſes jene Folgerung nicht ſtatt finden, obwohl auch aus der aufs ſtrengſte erwieſenen Wahrheit des Vorderglieds nichts gegen den quäſtionirten Grundſatz geſchloſſen werden könnte. Soll nun aber dem Schluſſe ſeine ganze ſcheinbare Beweiskraft genommen, und der angegebene Grundſatz vor aller Gefahr eines Angriffs von dieſer Seite geſichert werden, ſo iſt noch darzuthun, daſs ſelbſt die Bedingung des Schluſſes an und für ſich eine grundloſe Vorausſetzung ſey, mithin aus ihr, auch bey ſonſt richtiger Konſequenz, nichts geſchloſſen werden könnte.

bahrung hingen würde diejenige Veranstaltung Gottes im Zusammenhange der Dinge seyn, vermöge welcher er in dem Gemüthe gewisser dazu vorzüglich geschickter Männer, durch welche er die Welt nach und nach zu einer richtigen Erkenntniſs und Verehrung seiner selbst und zu einer höhern Moralität führen wollte, reinere und bessere religiöse und moralische Begriffe entstehen liefs, als bisher unter ihren Zeitgenossen bekannt waren, und sie ohne diese besondre wohlthätige Veranstaltung gefunden haben würden; wie es SCHMID im Versuch einer Moralphilosophie (§. 15. c. S. 52.) ausdrückt: „eine Offenbahrung in dem Sinne, da man nicht eine den Gesetzen des menschlichen Erkenntnisvermögens unangemessene Mittheilung gewisser Begriffe und Lehren — sondern überhaupt eine Veranstaltung der Vorsicht darunter versteht, vermittelst gewisser aufserordentlicher Begebenheiten die Bekanntschaft mit sittlichen und religiösen Wahrheiten und den Glauben an dieselbigen zu befördern und zu verbreiten, und dadurch dem Menschen die Befriedigung seiner geistigen

Bedürf-

Bedürfnisse durch sich selbst zu erleichtern. „Wollen wir nun über die Richtigkeit und Annehmbarkeit dieser beyden Vorstellungsarten unparteyisch urtheilen, so ist vor allen Dingen zu bemerken, dafs die Frage, welche von beyden die wahre sey, ganz spekulativ, und in praktischer Hinsicht, was den Zweck der Offenbahrung an sich betrift, von keinem Belange sey. Denn mögen die Lehren der christlichen oder jeder andern positiven Religion unmittelbar oder mittelbar geoffenbahret seyn; wenn sie nur wahr, gut, brauchbar und dem Zweck' aller Religion überhaupt angemessen sind, so sind wir verpflichtet, eine solche positive Religionsform als ein Geschenk der Gottheit anzunehmen und zu verehren. Nur die Folgerungen, die man aus der einen oder andern Hypothese ziehen, und die sowohl für den theoretischen als praktischen Vernunftgebrauch gefährlich werden könnten, (z. B. wenn man aus der unmittelbaren Eingebung die Unverbesserlichkeit und Unveränderlichkeit einer positiven Religion, oder einen blinden Glauben an dieselbe folgern wollte,) geben jener Frage ein solches

ches Interesse für die Vernunft, dafs sie nicht umhin kann, eine Entscheidung darüber zu wagen; und dafs diese Entscheidung für die mittelbare Offenbahrung ausfallen müsse, wird hoffentlich aus folgender Betrachtung zur Gnüge erhellen.

Wer eine unmittelbare Thätigkeit Gottes in Rücksicht der Offenbahrung behaupten wollte, dem würde, ungeachtet er behauptet, dennoch nach dem logischen Kanon: **neganti incumbit probatio**, der Beweis unerläfslich auferlegt werden müssen. Denn es ist in der Ordnung, dafs alles nach natürlichen Gesetzen und durch natürliche Ursachen geschehe, und es ist eine Regel der Vernunft diesen Zusammenhang der Dinge durch nichts Uebernatürliches unterbrechen zu lassen. Wer also eine unmittelbare Offenbahrung behauptet, der läugnet, dafs die Erscheinungen in der Welt immer und überall natürlich hervorgegangen seyen, und mithin mufs er Gründe anführen, warum er diefs läugne 17).

Die

---

17) Gewöhnlicher Weise haben die Dogmatiker sehr listig den Spiefs umgedreht, und dem,

der

Die Gründe zur Erhärtung seiner läugnenden Behauptung könten nun, wenn man die Sache überhaupt betrachtet, Gründe a priori oder a posteriori seyn. Jene könnten wiederum entweder aus dem Begriff einer Offenbahrung überhaupt, der, wie die Kritik aller Offenbahrung in der Deduction dieses Begriffs (§. 4 -- 7. vornehmlich S. 99. ff.) erweiset, keineswegs aus der Erfahrung entlehnt und durch sie gegeben, sondern a priori in der Vernunft zwar nicht noth-

der nur eine mittelbare Offenbahrung annimmt, als dem negirenden Theile den Beweis der Unmöglichkeit einer unmittelbaren aufgebürdet. Freylich ist er der Verneinende, wenn alle Welt das Gegentheil bejahet. Aber es ist die Frage, ob und was nach dem gewöhnlichen Laufe der Dinge bejaht werden sollte? Man wird bey aufmerksamer Betrachtung dogmatischer Streitigkeiten bemerken, daß die Kirchenpolemik sich mehrmals dieses kleinen Fechterstreichs bediente, um gewisse ungegründete Ansprüche durchzusetzen; und fast scheint es, als hätte sie denselben aus der Maxime der Staatspolemik abstrahirt, Offensivkriege für defensive auszu geben.

nothwendig vorhanden, aber doch möglich
ist; oder aus den Eigenschaften Gottes, wieferne uns dieselben a priori durch reine
praktische sowohl als theoretische Vernunft
gegeben sind, hergenommen werden.

In dem Begriffe einer Offenbahrung im allgemeinsten Sinne des Worts
liegt weiter gar nichts, als die Bekanntmachung vorher unbekannter Dinge; und obgleich der durch Vernunft geleitete Sprachgebrauch mit Recht diese allgemeine Bedeutung
des Worts blos auf die **von der Gottheit
herrührende Bekanntmachung religiöser und moralischer Wahrheiten** beschränkt hat; so ist doch durch diese Beschrän-
kung noch gar nicht ausgemacht, wie die
Bekanntmachung von der Gottheit herrühre,
ob durch unmittelbare Würksamkeit, oder
durch mittelbare Veranstaltung? Wollte man
aber schon in den Begriff einer Offenbahrung
die unmittelbare Würksamkeit Gottes hinein-
legen, so würde dies entweder eine unver-
zeihliche petitio principii seyn, oder,
wenn man ja etwas zur Rechtfertigung anführen

führen wollte, so könnte es nur folgender Zirkelbeweis seyn: „die geoffenbahrten Wahrheiten sind von Gott unmittelbar gewürkt, weil sie in keines Menschen Seele durch eigne Thätigkeit und den Zusammenhang der Dinge entstehen konnten; dieses erhellet aber daraus, dafs sie inspirirt sind, weil diefs nicht geschehen seyn würde, wenn sie Gott den Menschen hätte mittelbar mittheilen können." Denn auf die Natur dieser Wahrheiten selbst dürfte man sich zum Beweise der Unmöglichkeit des natürlichen Ursprungs derselben darum nicht berufen, weil diefs ein Beweis a posteriori seyn würde; hier aber die Rede davon ist, ob ein solcher Beweis a priori möglich sey?

Es bliebe also nur der zweyte Fall übrig, dafs man nehmlich aus den Eigenschaften Gottes argumentirte. Nun wird es freylich niemand zu läugnen wagen, dafs Gott durch unmittelbare Thätigkeit in den Zusammenhang der Dinge eingreifen, und übernatürliche Würkungen in der Seele eines Menschen hervorbringen könne. Auch wird sich

sich niemand beygehen lassen, zu beweisen, daſs es unmöglich einen Grund geben könne, wodurch Gott bestimmt werde, zu wollen, daſs irgend eine Wahrnehmung, gemäſs dem Begriff' irgend einer dadurch zu gebenden Belehrung, als Zwecke derselben, durch seine unmittelbare Thätigkeit in einem menschlichen Gemüth' entstehe. Aber aus der bloſsen Möglichkeit läſst sich ja nichts für die Würklichkeit folgern, und daſs würklich ein solcher Grund, ein Begriff von einer gewissen empirisch bestimmten Offenbahrung nebſt dem Entschluſs', etwas ihm Korrespondirendes in der Auſsenwelt darzustellen, in Gott vorhanden sey, wird ebenfalls kein Mensch aus bloſsen Begriffen von den göttlichen Eigenschaften herausvernünfteln können. Er müſste also einen solchen Grund in irgend einer Thatsache der äuſsern oder innern Erfahrung aufsuchen, mithin wieder seine Zuflucht zu Beweisen a posteriori nehmen.

Was nun diese Art von Beweisen betrift, so läſst sich schon aus Gründen a priori er-

ersehen, daſs auf diesem Wege die Frage, ob Gott etwas in der Sinnenwelt Gegebenes unmittelbar oder mittelbar gewürkt habe, eben so wenig ausgemittelt werden könne, als auf dem vorigen. Um aber hier nicht zu viel im Allgemeinen zu spekuliren, so wollen wir lieber gleich nach einem erschöpfenden Eintheilungsgrunde die einzelnen Fälle, die sich etwa als so viele Möglichkeiten denken lieſsen, um bey einer gegebenen Offenbahrung auf die unmittelbare Thätigkeit Gottes als Urhebers derselben zu schlieſsen, ausfindig zu machen, und die Beweiskraft eines Jeden zu prüfen suchen. Man könnte also entweder 1) aus der Natur und Beschaffenheit der geoffenbahrten Wahrheiten selbſt, oder 2) aus der Art und Weise, wie die, welche sie zuerſt lehrten, darauf kamen, beweisen wollen, Gott sey der unmittelbare Urheber derselben. Dieſs würden innere und objektive Gründe a posteriori für den unmittelbaren Gottheitsursprung der Offenbahrung, theils ihrer **Materie** (dem Inhalte), theils der **Form** (der Entſtehungsart) nach seyn. Man könnte aber auch einen solchen

chen Urfprung entweder 3) durch fremde, oder 4) durch eigne Erfahrung bewogen, annehmen. Diefs würden äuffere, aber fubjective Gründe feyn, wieferne man entweder dem Zeugniffe der erften menfchlichen Urheber einer Offenbahrung, oder dem Zeugniffe feines eignen Herzens glaubte, es fey diefelbe unmittelbar von Gott gewürkt worden.

Aus der Natur und Befchaffenheit der geoffenbahrten Wahrheiten kann die unmittelbare Eingebung unmöglich gefchloffen werden, fie mögen noch fo erhaben, wunder- oder geheimnifsvoll feyn, weil die Gefchichte der menfchlichen Geiftesproducte lehrt, dafs Jemand auf gar mancherley Vorftellungen fallen kann, von denen es uns äufferft feltfam, unerwartet und unbegreiflich fcheint, dafs ein folcher Menfch folche Gedanken haben konnte, ohne uns gleichwohl deshalb für berechtigt zu halten, einen übernatürlichen Urfprung derfelben anzunehmen.

Eben fo läfst fich auch aus der Entftehungsart einer Vorftellung im Gemüthe eines
Men-

Menschen kein sicherer Schluſs auf die Ursache, die sie hervorbrachte, machen, weil die Bildung und Entwickelung der Vorstellungen eines denkenden Wesens eine geheime Geschichte ist, die nur dem allwissenden Herzenskündiger durchaus, uns aber nur nach einzelnen Thatsachen bekannt seyn kann, deren wahre Ursachen und Triebfedern wir oft nur durch Vermuthung aufspüren können. Am allerwenigsten läſst sich im vorliegenden Falle auf diese Art etwas ausmachen, theils, weil wir die ganze Lebensgeschichte der Offenbahrungslehrer, z. B. Jesu und der Apostel, weder als Augenzeugen beobachtet, noch in vollständigen Nachrichten von andern überliefert haben; theils aber auch darum, weil, wenn uns auch jene aufs genaueste bekannt wäre, wir daraus, daſs wir nicht einsähen, wie diese Männer zu gewissen Vorstellungen und Einsichten im Zusammenhange mit vorhergegangenen Ideenreihen und nach ganz natürlichen Gesetzen der Gedankenentwickelung gelangen konnten, ohne einen gewaltigen Sprung nicht auf unmittelbare göttliche Eingebung schliefsen dürften.

In

In Anfehung des vierten Falles, nehmlich des Zeugnifses unsers eignen Herzens, liefse sich wieder eine doppelte Möglichkeit denken. Entweder könnte die dadurch hervorgebrachte Ueberzeugung vom unmittelbaren Gottheitsursprunge der Offenbahrung aus dem befeligenden Einflufse der Offenbahrungslehren felbft auf unfer Herz, oder aus einer neuen mittheilenden Einwürkung Gottes, einer übernatürlichen Erleuchtung entftehen. Wie fehr aber bey religiöfen Empfindungen, Gefühlen und Rührungen, wenn man daraus auf folche Urfachen fchliefsen wollte, alles auf Selbfttäufchung und zuletzt auf Schwärmerey hinauslaufen würde, haben andere längft mit fo einleuchtenden Gründen dargethan, *) und Sie felbft find davon fo fehr überzeugt, dafs Sie mich gern der Mühe überheben werden, noch ein Wort darüber zu verliehren.

*) Man vergleiche auch eine treflliche Stelle darüber in Kants Religion innerhalb der Grenzen der blofsen Vernunft. St. 3. Abth. I. No. 6. S. 155. und 156.

Es bleibt alſo weiter nichts übrig, um
die unmittelbare Eingebung zu retten, als das
Zeugniſs der Inſpirirten ſelbſt; und
dieſs iſt denn auch der einzige Beweis, der
noch von denkenden Männern für jene Behauptung angeführt zu werden pflegt, und
daher, weil er auch in der That von einigem
Gewichte zu ſeyn ſcheint, einer ausführlichern
Beurtheilung bedarf. „Jene heiligen Männer,
könnte man ſagen, lehrten die vortreflichſten
Wahrheiten, waren mithin in Dingen, welche
die Religion betreffen, aufgeklärt genug, um
keine Schwärmer zu ſeyn; ſie waren zugleich,
ſoweit wir aus dem, was wir von ihnen wiſſen, auf ihren innern Charakter ſchlieſsen können, zu ehrliche Leute, als daſs ſie in irgend
einer Sache, wäre ſie auch ihrem Haupt-
zweke, für den ſie Ehre und Leben auf-
opferten, noch ſo förderlich geweſen, Betrüger hätten ſeyn ſollen. Wer wollte es
ihnen alſo nicht aufs Wort glauben, wenn ſie
geſtehen und behaupten, nicht ſie ſelbſt, ſondern die Gottheit in ihnen ſey Urheber der
Lehren, welche ſie vortrügen?" — Hier
könnte man nun fürs erſte einwenden, ob ſie
denn damit ſagten, daſs die Gottheit gerade
der

der unmittelbare Urheber davon fey?
Indeffen da es nicht glaublich ift, dafs fie
folche fpeculative Unterfchiede machten, fo
will ich gern zugeben, dafs fie eine unmittelbare Einwürkung der Gottheit auf fich glaubten; behaupte aber gleichwohl, dafs wir,
bey aller ihrer fonftigen Ehrlichkeit, die fern
von jedem vorfätzlichen Betruge war,
und bey aller ihrer fonftigen Einficht, die jedoch nicht über alle Unvollkommenheiten
und Irrthümer erhaben war, noch weniger
fich auf die Naturgefetze äufferer oder innerer Erfcheinungen erftreckte, keinesweges
verbunden feyen, ihren Glauben in diefer
Sache zu dem unfrigen zu machen; und zwar
um folgender Gründe willen:

Niemand kann die Urfache einer Würkung,
eines gefchehenen Eindrucks, eines in ihm
gegenwärtigen Zuftandes unmittelbar empfinden, oder wahrnehmen; nur fo viel lehrt ihn
fein eigenes Bewufstfeyn, dafs etwas in ihm
vorgehe, dafs er gewiffe Vorftellungen oder
Empfindungen habe, dafs etwas gewürkt fey.
Diefs wird vorzüglich dann der Fall feyn,
wenn die vorgebliche Urfache eine auffer uns

vor-

vorhandene übersinnliche seyn soll. Daſs sich also diejenigen, durch welche sich uns die Gottheit offenbahrt hat, oft in einem ausserordentlichen Zustande befanden, den sie für göttliche Einwürkung hielten, kann und muſs man ihnen auf ihr Wort glauben, weil sich nach Maaſsgabe der übrigen Umstände nicht einsehen läſst, warum sie dieſs aus Betrügerey hätten vorgeben sollen. Ob aber dieser Zustand, diese lebhaften Vorstellungen und Bilder, diese Ekstasen, diese Träume, diese Erscheinungen unmittelbare göttliche Einwürkung auf ihr Gemüth oder ihre Sinnenwerkzeuge, oder blos das Resultat ihrer natürlichen Gemüthsbeschaffenheit, ihrer besondern Empfindungsart, ihrer hohen, reitzbaren Einbildungskraft, und des Einfluſses äuſserlicher Umstände waren, unter denen sie sich befanden? dieſs konnten sie doch nicht zugleich mit empfinden oder wahrnehmen; wenigstens wäre, wenn das erstere der Fall seyn sollte, zu einer solchen Empfindung oder Wahrnehmung, die sie auch über die Ursache der vorhergehenden belehrt hätte, eine neue göttliche Einwürkung nöthig gewewesen. 18) Wir müsten also eine doppelte Art derselben annehmen; die eine, durch welche in dem vorstellenden Subjecte gewisse Vorstellungen oder Gedanken bewürkt; und die andre, durch welche es überzeugt wurde, diese Vorstellungen und Gedanken seyen das Product einer göttlichen Einwürkung. Diese Ueberzeugung könnte aber nicht anders, als durch eine neue Vorstellung erzeugt werden; folglich bedurfte es wieder einer neuen Einwürkung,

dafs

---

18) Man vergl. die Krit. aller Offenb. S. 91-95, wo mit der gröfsten Bündigkeit gezeigt ift, dafs, da die Urfache einer Erscheinung, durch welche fich Gott offenbahren wollte, nicht wahrgenommen, sondern nur geschlossen werden könne, man weder in der Reihe der würkenden, noch in der Reihe der Endurfachen, und überhaupt weder a priori noch a posteriori zu einem Schlusse berechtigt sey, welcher uns die Gottheit als unmittelbaren Urheber jener Erscheinung erkennen liefse. Auch §. 9. von der physischen Möglichkeit einer Offenbahrung kann hier verglichen werden.

als auch diese Vorstellung von jener Beschaffenheit sey; et sic in infinitum. Wie leicht aber eine solche ehrliche Selbsttäuschung, eine sogenannte fallacia caussae non caussae, ut caussae möglich sey, davon kann Sie das Beyspiel solcher (zum Theil rechtschaffenen und in andern Dingen verständigen) Menschen überzeugen, die noch bis auf den heutigen Tag den unmittelbaren Einfluß göttlicher Gnadenwirkungen auf ihr Gemüth empfinden wollen, und sich ihre Einbildung bey der Lebhaftigkeit ihrer religiösen Gefühle nie werden ausreden lassen, was auch ein Spalding dagegen sagen möge. Ein solcher Fehlschluss konnte aber in der alten Welt und bey unkultivirten Gemüthern um so eher statt finden, je grösser der Mangel psychologischer Kenntnisse, und je gewöhnlicher es daher war, vorzügliche Geistesgaben und lebhafte Empfindungen, dem Einflusse höherer Wesen zuzuschreiben. Künstler und Dichter, Sibyllen und Kassandren gaben übernatürliche Begeistrung vor. Wir verwerfen ihr Vorgeben, und das mit Recht,

weil

weil weder ihre Werke das Maaſs menſchlicher Schöpfungskraft überſchreiten, noch ihre Ausſprüche das Gepräge der Gottheit tragen. Wollen wir aber darum annehmen, daſs ſie insgeſammt Betrüger waren, und nur, um ſich in Anſehen zu ſetzen oder Gewinn daraus zu ziehen, ſich für inſpirirt ausgaben? Bey vielen mochte dieſs wohl der Fall ſeyn, aber gewiſs nicht bey allen.

19) Daſs durch dieſe Vergleichung die Prophe-

---

19) Wenn z. B. Telemach beym Homer (Odyſſ. 1, 347 — 49.) ſeiner Mutter, die dem Phemios verbot, einen für ſie zu traurigen Geſang anzuſtimmen, dieſes aus dem Grunde verweiſet, weil nicht die Sänger Urſache ihrer jedesmaligen Dichtungen ſeyen, ſondern ihnen Zevs, was ihm ſelbſt beliebe, eingebe: ſo iſt dieſe Aeuſserung Homers gewiſs keine bloſse poetiſche Floſkel, ſondern ein Dogma ſeiner Zeit, an das er ohne Zweifel ſelbſt glaubte, wenn hohe Begeiſtrung ſeine Seele in des Olympus Götterpalläſte, oder des Orcus Schattengefilde, in das Getümmel der Schlacht, oder das Gewühl der übermüthigen Freyer führte. Seine Anrufungen an die Muſe ſind daher gewiſs ernſtlich gemeynt, ob ſie gleich bey ſpä-
tern

pheten und Apoſtel keineswegs zu Betrügern oder betrogenen Schwärmern herabgewürdigt werden, hat Gabler in ſeiner Einleitung zur Eichhorniſchen Urgeſchichte 20) meines Erachtens ſehr bündig erwieſen. Wir ſind vielmehr verpflichtet, dieſe Männer jenen vorgeblich Inſpirirten weit vorzuziehen, weil ihre Ausſprüche ungemein viel Gutes und Vortrefliches über viele zu ihren Zeiten ſo ſehr und ſo allgemein verkannte Wahrheiten enthalten, und für die damalige Lage der Welt die höchſte Brauchbarkeit hatten.

Da tern Dichtern bloſse kalte Nachahmungen waren. Merkwürdig iſt auch in Hinſicht auf den vorliegenden Fall die bekannte Stelle des PHILO, wo er behauptet, ſeine Seele werde öfters von Gott ergriffen, pflege dann von Dingen zu reden, die ihr ſonſt unbekannt waren, und ihm den verborgenen Sinn der Schrift zu entdecken. Er glaubte alſo, auch beym Auslegen der Schrift inſpirirt zu werden; und er wollte gewiſs nicht dadurch täuſchen.

20) Th. 1. S. 85—95. womit auch verglichen werden kann Th. 2. Bd. 1 S. 51—73. und Bd. 2. S. 242. ff. die Anmerk. x.

Da man nun, wie felbft JERUSALEM, (der zwar in der erften Betrachtung des 2ten Theils feines unfterblichen Werks über die **vornehmften Wahrheiten der Religion**, S. 69. ff. auch der unmittelbaren Offenbahrung das Wort zu reden fcheint, aber in der folgenden Betrachtung S. 110, wo von Erfindung der Sprache die Rede ift) eingefteht, billigerweife nur da erft eine unmittelbare Hülfe des Schöpfers annehmen kann, wo die natürlichen Kräfte zur Erreichung des gefetzten Endzwecks nicht hinreichen; Niemand aber zu zeigen im Stande ift, dafs jene Ausfprüche von Gott mittelbar nicht gewürkt werden konnten: fo folgt fehr natürlich, dafs wir, wenn wir nicht ohne hinlängliche Gründe Behauptungen im Felde der Ueberfinnlichkeit wagen wollen, nur eine mittelbare Offenbahrung anzunehmen berechtigt find.

Meine Meynung wäre demnach diefe: Es läfst fich zwar nicht völlig begreiflich machen, wie in den Männern, durch welche fich Gott offenbahrte, diefe oder jene beftimmte Vorſtellung entſtanden ſey; allein da es ſich auch nicht erweiſen läſst, daſs dieſs auf eine übernatürliche Art zuging: ſo kann man, ohne der göttlichen Auctorität ihrer Ausſprüche, als welche auf ſich ſelbſt beruhet, zu nahe zu treten, annehmen, daſs ſich jene Vorſtellungen bey den Werkzeugen der göttlichen Belehrungen nach Maaſsgabe ihrer eigenen natürlichen Fähigkeiten, nach den Geſetzen, welche die menſchliche Seele ſonſt bey ihren Thätigkeiten zu befolgen pflegt, und vermöge des Zuſammenfluſſes äuſserlicher Umſtände von ſelbſt nach und nach entwickelten; und dieſs um ſo mehr, da Gott nach ſeiner Macht die Einrichtung der Gemüthsbeſchaffenheit jener Männer und des Zuſammenhangs der Dinge völlig in ſeiner Gewalt hatte, und nach ſeiner Weisheit beyde ſo harmoniſch zuſammenſtimmen konnte, daſs gerade dieſe und keine andern Vorſtellungen ſeinen Abſichten gemäſs, obgleich der freyen Selbſtthätigkeit ihres Geiſtes unbeſchadet, davon reſultirten. Ihre Ausſprüche ſind daher, was den Inhalt betrift, auf den doch eigentlich alles ankommt, eben ſowohl für göttlich zu halten,

halten, als wenn fie, wie fie felbft aus Unbekanntfchaft mit der Entftehungsart mancher von ihren auf Religion und Moralität fich beziehenden Vorftellungen glaubten, unter dem unmittelbaren Einfluße der Gottheit geftanden hätten. Nur läfst es fich nun leicht begreifen und einfehen, dafs ihre Einfichten nicht das non plus ultra alles Wißens und Glaubens in moralifchen und religiöfen Dingen feyn konnten, dafs diefelben noch mit manchen Mängeln und Irrthümern vermifcht feyn mufsten. Denn Gott erhöhte ihre natürlichen Fähigkeiten nicht, er würkte nichts unmittelbar in ihnen, fondern alle die beßern Einfichten, die fie ihren Zeitgenoßen mittheilten, entwickelten fich bey ihnen fo, wie bey andern Menfchen, und mufsten daher der Lage der jedesmaligen Umftände, und der Summe moralifcher und religiöfer Weisheit, die bey diefer Lage möglich war, gemäfs feyn. Es konnte daher nicht fehlen, dafs noch manche Unvollkommenheit dabey mit unterlief; fo wie diefs von aller menfchlichen Erkenntnifs nicht trennbar ift. Unfre Pflicht ift es aber, ihre Einfichten zu

benu-

benutzen, und mit Hülfe derselben immer weiter zu gehen 21).

Sieben-

---

21) Man vergl. das neue (vorgeblich Semler: und Tellerische) Lehrgebäude der Religion, welches JACOBI (Zelle 1773,) bekannt machte, und in der Allg. D. Bibl. Bd. 25. S. 77. kurz dargestellt ist. Auf gleiche Weise urtheilt DOEDERLEIN über Inspiration. „Ceterum observare liceat," sagt er in der institut. theolog. Christ. §. 30. S. 88. der neuesten Ausgabe,) „plurima, quae quis a scriptore sacro, ingenuo ac fide digno veritatis interprete, juste ac caute requisiverit, propriis eorum viribus, paratis ad negotium tam grave tamque arduum, per numinis providentiam rerumque usum facile potuisse prestari. — Numinis cura evenit, ut his viris in hoc negotio occasiones et adminicula praesto essent, quorum usu mirifice adjuvarentur ad detegendam veritatem, ad decutiendum veteris erroris et superstitionis jugum, ad enucleandum luculentius doctrinam, ad excogitandum id, quod aptum, utile, futuris quoque ecclesiis acce-

Siebenter Brief.

Es reuet mich nicht, lieber Freund, dafs ich Ihnen selbst die Waffen zur Bekämpfung der im vorigen Briefe aufgestellten Theorie über Inspiration und Offenbahrung

acceptum foret." Morus in der epit. theol. Christ. Prol. sect. 4. §. 27. und GRIESBACH in seinen in den Jahren 1784 - 88. herausgegebenen Strict. in locum de theopneustia libr. sacr. geben ebenfalls lehrreiche Winke und treffende Erläuterungen über diesen wichtigen Gegenstand. Kritisch ist er aufser dem Verf. der Offenbahrungskritik auch von SCHMID im Versuch' einer Moralphilosophie. §. 60. S. 97-109. behandelt worden.

in die Hände gegeben habe. Da es mir nicht darum zu thun ift, meine Meynung zu verfechten, fondern mit Ihnen gemeinfchaftlich Wahrheit zu fuchen, und eine vefte Ueberzeugung auf Gründe zu bauen, fo ift mir jede Aufforderung zur Prüfung diefer Gründe willkommen. Es war mir daher fehr lieb, dafs Sie mich auf die aus den Jerufalemfchen Betrachtungen angeführte Stelle über Offenbahrung von neuem aufmerkfam machten, und mich durch die Erklärung, fie fcheine Ihnen alle Anftöfse und Einwendungen gegen eine unmittelbare Offenbahrung aus dem Wege zu räumen, zu einer genauern Erwägung derfelben nöthigten. Das Refultat diefer Unterfuchung werde ich Ihnen in gegenwärtigem Briefe vorlegen, und dann noch etwas über Wunder und Weifsagungen hinzufügen, weil Sie fich wundern, dafs ich kein Wort davon im vorigen Briefe gefagt hätte, da doch diefe beyden Dinge mit der neuern Theorie über Offenbahrung in einem fühlbaren Widerfpruche ftünden, und dagegen die alte Vorftellungsart fehr begünftigten, indem dadurch gleichfam

sam Gott selbst seine Gesandten als in seinem Nahmen redend, und unter seinem Einflusse stehend angekündigt habe. Sie werden aus dem, was ich sowohl über den ersten als andern Punkt zu sagen habe, leicht selbst ermessen können, ob S i e mich mit Recht der in wissenschaftlichen Streitigkeiten zwar nicht seltenen, aber gewiss nicht ehrenvollen Kriegslist, furchtbaren Feinden lieber gar auszuweichen, als sich mit ihnen auf Gefahr des Besiegtwerdens einzulassen, beschuldigt haben.

Was also zuerst Jerusalems Gedanken über Offenbahrung betrift, so wird es nöthig seyn, uns dieselben mit der möglichsten Deutlichkeit und Präcision vorzustellen, und sie von allem jenen Schmuck' und Reichthume der Diction zu entkleiden, der zuweilen die Augen des Lesers mehr blendet, als mit einem sanften wohlthätigen Lichte erhellet. I. setzt dem Einwurfe der Gegner einer unmittelbaren Offenbahrung, dass es gegen die Würde und Bestimmung der Vernunft sey, bey ihren Fortschritten in der Erkenntniss von Gott auf eine außerordentliche Weife unterftüzt zu werden, die Bemerkung entgegen, dafs die gröfsten, wichtigften und heilfamften Entdeckungen in der Phyfik, Arzneykunde, Aftronomie u. f. w. nicht durch eigne Anftrengung und abfichtliche Richtung der Vernunft auf diefe Gegenftände gemacht worden, fondern aus ganz unerwarteten, zufälligen Veranlaffungen, deren Möglichkeit die Vernunft vorher nicht einmal denken konnte, fich gleichfam von felbft ergeben hätten. Die Vernunft habe alfo jene allgemeine Wahrheiten und Kenntniffe nicht felbft erfunden, fondern blos, wie fie fich ihr darboten, mit Aufmerkfamkeit bemerkt, ihre Wahrheit und Nutzbarkeit eingefehen, ihnen nachgedacht, fie mit andern verglichen und verbunden, neue Folgen daraus hergeleitet, mit einem Worte — fie nur weiter entwickelt und angewandt. So, meynt er, fey Gott auch der Vernunft in der Entdeckung der wichtigften, religiöfen und moralifchen Wahrheiten zu Hülfe gekommen, und leitet daraus folgende Erklärung der Offenbahrung ab: Sie fey überhaupt eine von Gott in einem Menfchen

ver-

veranlafste und erweckte oder ihm mitgetheilte Erkenntnifs folcher Wahrheiten, worauf der Menfch durch feine eigne Einficht entweder gar nicht, oder eben nicht zu der Zeit gekommen wäre, oder die er in dem Grade von Lichte nicht erhalten hätte.

Hier bemerken Sie nun, dafs, wenn die Meynung des würdigen Mannes diefe wäre, dafs der menfchliche Geift auf diejenigen Wahrheiten, welche geoffenbahret heifsen, gerade auf die nehmliche Art gekommen fey, als es bey Entdeckung aller übrigen Wahrheiten und Kenntniffe, welche zum Unterfchiede von jenen natürliche genannt werden, herging, er mit feinen Gegnern gar keinen Streit haben würde. Entweder alfo läuft jene Vergleichung, auf eine blofs entfernte Aehnlichkeit hinaus, oder es müfsten, wenn fie ftreng genommen werden foll, alle natürlichen Kenntniffe infpirirt feyn, und die Erfindung des Schiefspulvers, die Entdeckung des Uranus, die Verfertigung der Aeroftaten wären lauter Offenbahrungen Gottes. Welches von beyden J.'s wahre Meynung

nung gewesen sey; muſs sich aus seiner weitern Entwickelung jener Vergleichung ergeben, der wir daher Schritt vor Schritt bedächtig folgen wollen. Er legt nehmlich seinen Gegnern folgenden Einwurf gegen die angebrachte Vergleichung in den Mund: Jene durch unerwartete Zufälle veranlaſsten Begriffe und Erkenntniſſe würke Gott nicht unmittelbar, sondern die Veranlaſſungen dazu lägen in dem einmal geordneten Laufe der Natur, wo sie sich der Vernunft von selbſt darböten; eine Offenbahrung hingegen sey unmittelbare Wirkung Gottes, ein Wunder, wodurch dieser von ihm selbſt geordnete Lauf aufgehoben und unterbrochen werde; und dieſs wider spreche seiner Weisheit und Macht, vermöge welcher er die natürlichen Fähigkeiten des Menschen und den natürlichen Lauf der Dinge so hätte einrichten können, daſs wir auf die religiösen Einsichten, welche uns durch Offenbahrung mitgetheilt werden sollten, nach und nach eben so geleitet worden wären, als auf jene natürlichen Erkenntniſſe.

Hier-

Hierauf erwiedert nun I. folgendes: 1) Man könne eben so wohl sagen, dafs Gott an der Entdeckung der nicht religiösen und nicht geoffenbahrten Wahrheiten **unmittelbaren** Antheil habe. Denn als Schöpfer und Regierer der Welt habe er a) die Reihe der Begebenheiten so veranstaltet, dafs in derselben gewisse Veranlassungen zu gewissen neuen Entdeckungen lagen; b) eine gewisse Vernunft mit diesen Fähigkeiten, mit diesen Organen, mit diesem Grade von Empfindlichkeit und Scharfsinn geschaffen, dergleichen zur Wahrnehmung und Anwendung jener Veranlassungen erforderlich war; und c) diese Vernunft mit jenen Begebenheiten so vereinigt, dafs sie durch dieselben würklich veranlafst wurde, gewisse neue Wahrheiten zu finden, und dafs diese Veranlassungen auch gerade in dem Zeitpunct' und an dem Orte zum Vorscheine kamen, wo es die Weisheit Gottes zur Erleuchtung der Welt nach ihrer jedesmaligen Lage am zuträglichsten erkannte. Darum nennten wir nun diese Veranlassungen mit allen ihren Folgen **natürlich**, weil sie in dem **Laufe der Natur**

so

so geordnet wären, dafs sie eben von dem in eben dem Augenblicke bemerkt werden mufsten; nicht weil in der Natur der Dinge der Grund lag, dafs sie so und nicht anders erfolgten. Gott sey also hier nicht weniger würksam, als bey der Offenbahrung. — Hier scheint nun in der That J. anstatt der Offenbahrung zu den mittelbaren Würkungen Gottes herab zu ziehen, lieber die natürlichen Erfindungen zu den unmittelbaren Thätigkeiten Gottes hinauf ziehen zu wollen; er begeht aber dabey, wie mich dünkt, eine kleine Sophisterey, indem er zwischen dem Laufe der Natur, und der Natur der Dinge einen Unterschied annimmt, über dessen Grund und Beschaffenheit er weiter keine Rechenschaft giebt. Die Natur der Dinge (nehmlich die erkennbare — denn von der Natur der Dinge an sich, und dem, was in ihr gegründet sey oder nicht, wissen wir nichts) ist doch in soferne mit dem Laufe der Natur ganz einerley, wieferne dieser nur das Resultat von jener ist, und wie ferne bey Erklärung einer Begebenheit, sie sey Erscheinung des äussern oder innern

Sin-

Sinnes, darnach gefragt wird, ob und wie
sie in dem natürlichen, nach Zeit und Raum
bestimmten Zusammenhange der Ursachen und
Wirkungen gegründet war. Wenn also N e w-
t o n durch den Fall eines Apfels auf die erhabne Theorie der Bewegungsgesetze des
Weltsystems, und S c h w a r z durch die zufällige Mischung gewisser Stoffe auf die Verfertigung des Schiefspulvers geleitet wurde,
so lag die Ursache davon einerseits in der
Natur des Baums, der eine vertrocknete, faule
oder reife Frucht von sich stiefs, und jener
Stoffe, die durch starkes Reiben eine Explo-
sion von sich gaben, andererseits aber in der
Natur jener Geister, die gerade diese Fähigkeiten, diese Gemüthsstimmungen, diesen
Grad der Aufmerksamkeit, u. s. w. hatten,
um einen gewissen Umstand zum weitern
Nachdenken zu benutzen; nicht aber in einer
unmittelbaren Thätigkeit Gottes, die den Apfel
vom Baume warf, oder das Herz des Mön-
ches regierte, Salpeter, Schwefel und Kohlen
in einen Mörsel zu thun, und zu zerstoßen.
Man kann also mit Recht sagen, dafs alle na-
tür-

türlichen Entdeckungen in der Natur der Dinge ihren Grund hatten, wieferne die veranlaſſenden Begebenheiten oder Gegenſtände und die beobachtende oder verſuchende Vernunft von ſolcher Beſchaffenheit waren, daſs jene Entdeckungen hervorgehen konnten. Vom Laufe der Natur hing es blos ab, daſs beyde nach Zeit und Raum zuſammengeordnet waren, und auf einander würken muſsten. In wie ferne nun dieſe Einrichtung der Natur und des Laufs der Dinge von Gott als der intelligibelen Welturſache, nach andern Gründen abgeleitet werden muſs, kann man freylich auch ſagen, Gott war hier würkſam; aber damit iſt ja keine ſolche Würkſamkeit gemeynt, viel weniger erwieſen, als bey der Offenbahrung gewöhnlich vorausgeſetzt wird, eine unmittelbare, ein Wunder in der ſtrengen Bedeutung. Dort heiſst es: Eine gewiſſe Seele nahm ein gewiſſes Ereigniſs wahr; es entſtand dadurch in ihr eine oder mehrere Vorſtellungen, auf eben die Art, wie bey allen andern Menſchen zu allen Zeiten; aber die eigenthümliche ſo und ſo beſtimmte Fähigkeit oder Würkſamkeit der Seele verfolgfolgte und entwickelte nun das, was fie wahrgenommen hatte, indem fie nach den Urfachen fpürte, und gewifse allgemeine Wahrheiten oder Regeln daraus ableitete; und fo kam fie durch fich felbft, obwohl von auſſen veranlafst, und nach den Abfichten des Welturhebers und Weltregierers auf gewifse neue Entdeckungen im Reiche der Wahrheit. Hier aber foll die Gottheit felbft gewiſſe neue und aufſerordentliche Vorftellungen oder Bilder in der Seele des Begeifterten erweckt haben; fie foll alfo die unmittelbare nächfte Urfache der geoffenbahrten Wahrheiten gewefen feyn.

J. fagt 2) die von Gott von Ewigkeit gewählte Ordnung der Dinge werde durch die Offenbahrung als Wunder betrachtet, nicht aufgehoben, weil Gott auch eine Offenbahrung in diefe Ordnung habe mit einflechten können, und in diefem Falle diefes Wunder felbft mit in den Lauf der Dinge gehören würde. — Hier kömmt es lediglich darauf an, was Ordnung der Dinge, Lauf der Natur heifsen foll? Meynt man damit eine blofse, nicht in fich felbft beftimmte, Folge von Begebenheiten, wie etwa wa ein Verstand sich dieselbe willkührlich denken möchte, ohne auf die Form des Weltlaufs, d. h. die Art und Weise ihrer Entstehung zu sehen; so hat J. wohl Recht. Versteht man aber nach dem eigentlichen, gemeinen und philosophischen Sprachgebrauche darunter den bestimmten Zusammenhang der Dinge, und die stetige Verknüpfung ihrer Veränderungen nach dem Gesetze der Caussalität und Gemeinschaft *), (wobey es zu einem andern Gebrauche der Vernunft immer erlaubt bleibt, sich die Gottheit als den obersten und letzten Grund dieser Anordnung zu denken): so wird die Ordnung und der Lauf der Natur durch unmittelbare Thätigkeiten Gottes offenbar zerstört und unterbrochen. Die Vernunft

*) Man vergl. die von KANT bereits im J. 1763 herausgegebene Schrift: der einzig mögliche Beweisgrund zu einer Demonstration des Daseyns Gottes, Betr. 3. S. 73. ff. wo es sehr richtig heißt: „Es stehet etwas unter der Ordnung der Natur, in soferne sein Daseyn oder seine Veränderung in den Kräften der Natur zureichend gegründet ist.

nunft aber kann sich nie für berechtigt halten, einen solchen Eingriff des Schöpfers in die Naturordnung anzunehmen; vielmehr ist sie durch ihre eigne, von eben demselben Schöpfer abzuleitende Vernunfteinrichtung gedrungen, die Erklärung aus und nach Naturgesetzen zur beständigen Maxime ihrer Beurtheilung zu machen, wenn sie gleich auch auf der andern Seite nicht im Stande ist, aus theoretischen Principien die Unmöglichkeit unmittelbarer Einwürkungen der Gottheit zu erweisen.

J. setzt endlich 3) hinzu, wenn man behaupte, Gott habe als ein höchst mächtiges und weises Wesen die menschliche Vernunft so einrichten können, dafs sie durch den Zusammenhang der Dinge von selbst auf die geoffenbahrten Wahrheiten geführt worden wäre; wer also eine (unmittelbare) Offenbahrung annehme, setze entweder voraus, Gott habe etwas Ueberflüfsiges gethan, und folglich unweise gehandelt, oder er müsse beweisen, dafs Gott jenes nicht habe thun können: so sey zu bedenken, dafs uns Gott in diesem Falle zu einer ganz andern Klasse von vernünftigen Wesen hätte erheben müssen; für uns als Menschen von dieser bestimmten Natur und Beschaffenheit sey eine Offenbahrung allerdings nöthig, und sie setze eben so wenig einen Mangel der Allwissenheit und Allmacht Gottes voraus, als die Arzneykräfte und alle übrigen Mittel, wodurch Gott die aus höhern Absichten zugelassenen Mängel in der Natur ersetzt habe, einen solchen Mangel bewiesen. — Allein in Ansehung des ersten Theils dieser Behauptung, scheinen zwey sehr verschiedene Dinge miteinander verwechselt zu seyn, nehmlich eine so vollkommene Vernunft, die gleich anfangs ohne allen Irrthum und Fehler die Wahrheit in der Religion erkennen konnte — eine solche konnte uns Gott, wenn wir die Stelle in der Weltwesenreihe einnehmen sollten, die wir besitzen, allerdings nicht geben — und eine Vernunft, die ungeachtet der Irrthümer und Fehler, in die sie nach und nach verfiel, dennoch bey einer weisen Veranstaltung innerer und äusserer Umstände durch ihre Selbstthätigkeit sich emporarbeiten, auf den verlohrnen Weg der Wahrheit zurück-

keh-

kehren, oder, wenn sie ihn noch nie betreten hatte, denselben auffuchen, und immer weiter darauf fortwandeln konnte. Den Beweis, daſs uns Gott eine solche Vernunft, ohne unser ganzes Wesen zu ändern, nicht geben konnte, dürfte wohl so leicht Niemand übernehmen wollen. In Ansehung der zuletzt angebrachten Vergleichung aber scheint zwischen den Arzneymitteln und einer (unmittelbaren) Offenbahrung gar nicht par ratio zu seyn. Unser Körper muſste, wenn wir solche Geschöpfe seyn sollten, als wir sind, gewiſsen zerstörenden Uebeln unterworfen seyn; aber die Macht, Weisheit und Güte Gottes hat die Natur so eingerichtet, daſs sie gewiſse Heilkräfte dagegen besizt, und es so veranstaltet, daſs uns diese nach und nach durch glückliche Zufälle, angestellte Beobachtungen und Versuche bekannt wurden. So muſste auch unser Geist, wenn wir die Klaſse von Wesen seyn sollten, die wir sind, allerhand Irrthümern und Fehlern unterworfen seyn, und nur nach und nach kann er sich davon losmachen. Gott wollte uns nun hierbey gleichfalls zu Hülfe kommen.

Es fragt sich also, auf welche Art? Wollen wir hier nichts ohne Grund annehmen, so müssen wir glauben, Gott als ein so mächtiges und weises Wesen habe wohl den Zusammenhang der Dinge, der unsere Mängel mit sich brachte, so einrichten können, dafs er wie in allen übrigen Fällen, also auch hier zugleich die Hülfsmittel dagegen enthielt. Er konnte demnach vermöge der Einrichtung dieses Zusammenhangs gewisse Personen von besondern Geistesanlagen und Empfindungswerkzeugen zu gewissen Zeiten und an gewissen Orten auftreten lassen; er konnte sie in solche Umstände versetzen, sie solche Veränderungen treffen lassen, durch welche erweckt und veranlafst sie nach ihrer besondern Gemüthsanlage auf neue Vorstellungen geriethen, durch deren Mittheilung sie wieder bey andern bessere Einsichten und Gesinnungen erweckten und veranlafsten. Sie selbst hielten diese Vorstellungen für Einwürkungen eines höhern Geistes; und vielleicht war selbst diese irrige Einbildung zur Beförderung der Absichten Gottes dienlich. Denn dadurch erhielt einerseits ihre Thätigkeit bey Mittheilung

lung der bessern Kenntnisse mehr Energie, und sie waren selbst zu Aufopferungen und zu Uebernehmung grosser Gefahren bereit, wenn sie göttlichen Drang zu fühlen, göttliche Stimme zu vernehmen glaubten; andrerseits aber gab ihnen eben dieses bey ihren Zeitgenossen, die zum eignen Prüfen nicht immer Fähigkeit oder Lust genug hatten, mehr Ansehen und ihrer Lehre mehr extensive und intensive Würksamkeit. Hierbey wird nun weder etwas Gott Unanständiges, noch etwas seinen Eigenschaften, so wie wir uns dieselben vorzustellen genöthigt sind, Widersprechendes vorausgesetzt, sondern es scheint vielmehr der, Geschöpfen von so eingeschränkten Einsicht nöthigen, Demuth und Bescheidenheit zuwider, (wiewohl man, wie Kant sehr treffend sagt, mehrentheils in der Behauptung der Wunder eine demüthigende, sich selbst entäufsernde Denkungsart zu beweisen vorgibt,) wenn man behaupten wollte, Gott habe, als er durch seine Gesandten dem menschlichen Geschlechte bessere Kenntnisse mittheilen wollte, nothwendig zu übernatürlichen Hülfsmitteln seine Zuflucht nehmen,

und

und unmittelbar eingreifen müſſen, weil es ihm nicht möglich geweſen ſey, ſo etwas auf einem natürlichen Wege und mittelbar zu bewürken.

Sie ſehen alſo, mein werthefter Freund, aus dieſer Beurtheilung der Jeruſalemſchen Gedanken, daſs, wenn es würklich ſeine Abſicht war, die Unmittelbarkeit der Offenbahrung gegen alle Einwürfe der Gegner zu retten, die angeführten Gründe keineswegs zum Ziele treffen. Indeſſen muſs ich Ihnen geſtehen, daſs ich zweifle, ob dieſs ſeine wahre Meynung war. Vielmehr ſcheint mir das ſonderbare Beſtreben, auch bey Entdeckung ſolcher Wahrheiten, wo niemand etwas Uebernatürliches vermuthet, einen unmittelbaren Antheil der Gottheit zu erweiſen, (wodurch denn doch die geoffenbahrten Wahrheiten ihrer Enſtehungsart nach mit jenen in eine Klaſſe geſetzt werden,) und eine andre Stelle in ſeinen Betrachtungen [22], wo

---

[22] Th. 2. Bd. 2. Betr. 4. Abſch. 1. S. 351. Die Stelle lautet ſo: „Gott hatte dieſen auſserordent-

wo er behauptet, man dürfe die eigne Kenntnifs und Klugheit des Mofes bey den durch ihn gegebenen Gefetzen keineswegs ausfchlieſfen, zu verrathen, dafs er eigentlich blos eine mittelbare Offenbahrung annahm, vielleicht aber entweder zu fchüchtern war, feine Meynung ganz unverhohlen darzuftellen, oder nur die kühnen Anfprüche der Gegner, welche gar die Unmöglichkeit unmittelbarer

dentlichen Mann fchon vor feiner Geburt zu diefem grofsen Gefchäfft' erwählet und zubereitet, fo wie er andre Menfchen, die er zu ausferordentlichen Werkzeugen feiner Fürfehung auserfehen hat, zu ihrer grofsen Beftimmung bereitet. Er fchafft ihre Seelen mit den dazu benöthigten grofsen Anlagen, und läfst fie in folche Situationen und Umftände kommen, worin diefe Fähigkeiten ihrer Beftimmung gemäfs fich entwickeln und ausbilden können, damit zu der Zeit, die er nach feiner Weisheit erwählet, feine Abficht durch fie erfüllt werde. In unfern Augen würken diefe blos als Menfchen, in der That aber find fie Werkzeuge in feiner Hand, die mittelbar das ausrichten, was er durch fie auszuführen befchloffen hat."

barer Würkungen Gottes, mithin auch einer
solchen Offenbahrung zu beweisen versuchten, in ihre Gränzen zurück weisen wollte.
I. dürfte also eher für als wider uns seyn, und
es bedurfte sonach nicht der Kriegslist, ihm
als einem Feinde auszuweichen.

Was nun aber die **Wunder** und **Weissagungen** betrift, durch welche die Lehrer
der Offenbahrung als solche Männer charakterisirt seyn sollen, die unter unmittelbarem göttlichen Einflusse standen; so werden Sie hoffentlich keine weitläufige Theorie über dieselben
von mir erwarten, da schon einige wenige Bemerkungen hinreichen werden, zu zeigen,
dass sie als Beweise einer unmittelbaren Offenbahrung nicht zugelassen werden können.

Hume sagt in seiner **Untersuchung
über den menschlichen Verstand**
(Absch. 10. Th. 2. S. 308. der Tennemannischen Uebers.): „Alle Weissagungen sind
in der That würkliche Wunder, und nur in
dieser Eigenschaft können sie als Beweise einer Offenbahrung zugelassen werden." Eben
so

so theilt Less in seiner Schrift: über die Wahrheit der christlichen Religion (§. 36, S. 396,) die Wunderwerke ein in Wunder der Kenntniss, und Wunder der Macht; und versteht unter jenen die Weissagungen, unter diesen aber die wunderthätigen Handlungen, oder eigentlich sogenannten Wunder. Man könnte aber vielleicht mit eben so grossem Rechte alle Wunder (sowohl die miracula potentiae, als die miracula praescientiae) unter dem generischen Begriffe der Weissagungen, d. h. unbegreiflicher Ankündigungen, zusammenfassen. Wunder und Weissagungen (im gewöhnlichen und strengen Sinne) sind nehmlich beydes Erfolge, die nicht von der Thätigkeit dessen, der sie ankündigt, abhängen sollen, sondern entweder von Gott selbst, oder dem, sich nach und nach entwickelnden Laufe der Dinge ihre Würklichkeit erhalten. Ereignet sich die angekündigte Begebenheit augenblicklich, so sieht man ihren Zusammenhang mit den vorhergehenden Umständen und Begebenheiten nicht ein, es sey nun, dass die Begebenheit selbst wundervoll ist, weil fie dem Laufe der Natur zu widerftreiten ſcheint, oder daſs ſie an ſich ganz natürlich iſt, und das Wunderbare nur darin liegt, wie ſie auf eines Menſchen Ankündigung, die auch als Befehl eingekleidet ſeyn kann, augenblicklich erfolgte. War aber die Erfüllung der Ankündigung erſt in der Ferne zu erwarten, ſo iſt ſie für die Zeitgenoſſen des Ankündigers eigentlich kein Wunder, denn dieſe wiſſen noch nicht, ob ſich die angekündigte Begebenheit auch würklich ereignen werde, ob ſie ſich gleich darüber v e r w u n d e r n mögen, wie der Mann ſolche Dinge zu wiſſen vorgeben könne. Höchſtens können ſie ihm, wenn er bereits im Anſehen eines Propheten bey ihnen ſteht, aufs Wort glauben, ſein Ausſpruch werde in Erfüllung gehen. Blos für die Nachkommen, die dieſe Erfüllung vor Augen ſehen, und denen zugleich jener Ausſpruch bekannt wurde, iſt es ein Wunder, weil ſie ſich nicht begreiflich machen können, wie jemand aus ſeinen Zeitumſtänden, oder ſonſt auf irgend eine Weiſe zukünftige Begebenheiten diviniren konnte. In allen dieſen Fällen nun, iſt die eigentliche

Schwie-

Schwierigkeit nicht die, wie und wodurch die Begebenheit möglich war. Mögen sich die natürlichen Urſachen derſelben nachweiſen laſſen, (z. B. wenn ein mächtiges und blühendes Reich, dem lange vorher der Untergang angedrohet war, endlich würklich unterging,) oder nicht, (z. B. wenn ein Kranker, dem die Geſundheit angekündigt wurde, augenblicklich genas,): ſo beſteht das Wundervolle immer nur darin, daſs man nicht begreift, wie der Ankündiger das wiſſen konnte. Denn was das Auſſerordentliche, Ungewöhnliche und Seltſame der Begebenheit ſelbſt betrift, ſo geſchieht täglich ſo viel Sonderbares, und iſt in der ganzen Natur ſo viel Unbegreifliches, daſs ohne vorhergegangene Ankündigung kein verſtändiger Menſch auf die Dazwiſchenkunft eines höhern Weſens, ſondern blos auf ſeine Unwiſſenheit ſchlieſsen würde. Woher nun bey dem ſcheinbaren Thäter des Wunders oder dem Weiſsager die ſo zuverſichtliche Erwartung eines Erfolgs, daſs er ihn ohne Bedenken öffentlich als gewiſs, ſey es im Augenblick oder in der Ferne, bevorſtehend ankündigte?

An-

Anzunehmen, Gott habe jedesmal die Vorstellung eines Erfolgs und die Erwartung deſſelben in dem Ankündiger unmittelbar erregt, würde alle die Schwierigkeiten gegen ſich haben, die jede unmittelbare Einwürkung der Gottheit gegen ſich hat, wenn ſie nicht überhaupt, als blos möglich, ſondern in einem würklichen Falle, als Erſcheinung in der Sinnenwelt, erwieſen werden ſoll; und ich brauche hier nicht zu wiederhohlen, was ich bereits im vorigen Briefe darüber geſagt habe. Es bleibt alſo nichts übrig, als eine mittelbare Veranlaſſung anzunehmen, deren Wie und Wodurch uns freylich nicht immer einleuchten wird, deren Möglichkeit aber ſich eben ſo wenig abläugnen läſst. Wenn nehmlich Gott durch natürliche Urſachen in dem Verſtande gewiſſer Menſchen Vorſtellungen, die ihnen ſelbſt und andern auſserordentlich und übernatürlich in Anſehung ihrer Entſtehung ſcheinen, erregen; und wenn er durch eben ſo natürliche Urſachen im Laufe der Dinge Begebenheiten veranſtalten kann, die eben dieſes Gepräge des Auſserordentlichen und Uebernatürlichen an ſich haben: ſo

muſste

mufste er auch wohl zwifchen gewiffen Begebenheiten, als Veränderungen der Aufsenwelt — fie mögen gewöhnlich oder ungewöhnlich, nahe oder entfernt feyn — und zwifchen den Vorftellungen, und Erwartungen gewiffer Männer, als Veränderungen der Innenwelt oder des Gemüthszuftandes — wenn er etwa die Abficht hatte, entweder einer jetzt lebenden Perfon Anfehen zu verfchaffen, oder auf eine künftige Perfon oder Begebenheit aufmerkfam zu machen — eine folche Uebereinftimmung bewürken können, dafs, wenn jemand feinen Vorftellungen und Erwartungen gemäfs einen Erfolg entweder als augenblicklich oder erft in fpätern Zeiten eintretend ankündigte, weder er noch die Nachwelt fich getäufcht fand. Es würde alfo zwifchen dem Gemüthe eines folchen Mannes und der Aufsenwelt blos, wenn ich fo fagen darf, eine Art von praeftabilirter Harmonie ftatt gefunden haben, vermöge welcher er mit zuverfichtlicher Erwartung einen Erfolg ankündigte, und fie mit willigem Gehorfam denfelben hervorbrachte. Beydes aber gefchahe durch die weifefte Veranftaltung Gottes

tes nach ganz natürlichen Gefetzen, deren Grund und Zufammenhang mit den uns bekannten Naturgefetzen und Kräften wir freylich nicht durchaus begreifen können.

Bis hieher habe ich von Wundern und Weifsagungen immer unter der Vorausfetzung gefprochen, es habe wärklich dergleichen in der Welt gegeben. Bevor man nun aber diefe Vorausfetzung als gültig anerkennen kann, fo müffen bey jedem Erfolg' und Ausfpruche, der fich als Wunder oder als Weifsagung ankündigt, folgende drey Punkte mit der forgfältigften Genauigkeit in Erwägung gezogen werden: 1) Ob einem Erfolg' oder Ausfpruche der Nahme eines Wunders oder einer Weifsagung nach dem Sinne der Nachrichten, die uns davon gegeben find, würklich zukomme oder nicht? indem oft Misverftändnifs der finnlichen dichterifchen Sprache, in welcher eine Begebenheit dargeftellt ift, aus der Begebenheit felbft ein Wunder, oder aus der Darftellung eine Weifsagung machte. 2) Ob die Erzählung eines wunderbaren Erfolgs, und die Nachricht, eine Weiffagung

fagung fchreibe fich von einem gewiffen Manne und aus einem gewiffen Zeitalter her, Glauben verdiene? indem nicht alle erzählte Wunder und angebliche Weifsagungen faktifch als folche erwiefen find, fondern heilige Traditionen oft natürliche Begebenheiten zu Wundern machten, und fpät abgefafste Schriften für Werke früherer Männer ausgaben. 3) Wie viel an der Realifirung oder Vorherfehung eines Erfolgs die eignen Einfichten und Fertigkeiten deffen, der ihn ankündigte, Antheil haben konnten? indem jemand durch natürliche Kräfte ein wunderbares Ereignifs bewürken, oder aus gewiffen Umftänden ein zukünftiges ahnden kann, ohne dafs feine Zeitgenoffen, und vielleicht auch alle nachfolgende Gefchlechter, von jenen und von diefen hinlänglich unterrichtet find. Diefe drey Punkte, welche Less im angeführten Werke (§. 23. S. 266. Anm. 245.) die hermeneutifche, hiftorifche und philofophifche Gewifsheit eines Wunders nennt, und welche angezeigter Maafsen auch bey jeder Weifsagung in Unterfuchung kommen müffen völlig aufs Reine gebracht feyn, ehe man aus Wundern

und

und Weissagungen etwas erweisen kann; und hier ist es denn eine merkwürdige Erscheinung, dass der Glaube an Wunder und Weissagungen immer mehr verschwindet, je tiefer die Philosophie in die Ursachen der Dinge und ihre Würkungsgesetze im Physischen und Psychologischen eindringt, und je genauer historische Kritik und Hermeneutik die Urkunden untersuchen und betrachten, in welchen Nachrichten von Wundern und Weissagungen enthalten sind; eine Erscheinung, die jeden, dem es um gründliche Ueberzeugung zu thun ist, äusserst behutsam machen sollte, sich zum Beweise irgend eines Satzes auf Wunder und Weissagungen zu berufen, wenn man auch nicht im Stande seyn sollte, alle ausserordentlichen Dinge und Begebenheiten, die in der Schrift enthalten sind, leicht, und ungezwungen erklären und als ganz natürliche Erfolge darstellen zu können 23). Denn es

---

23) Es ist auch in der That eine misliche Sache mit solchen Versuchen, Wundergeschichten durch Aufspürung der verborgenen Ursachen, die dabey würksam waren, zu enträthseln, und den

es ist Maxime des vernünftigen und bedächtigen Forschens nach Wahrheit, seine Ueberzeugungen nie auf äussere Umstände und Nebendinge zu gründen, die mit der Sache selbst

den möglichen Hergang der Sache gleichsam vor Augen zu legen. An den meisten vermisst man jenen Charakter der Leichtigkeit und Ungezwungenheit; und während man auf der einen Seite genöthigt ist, den Witz des Erfinders einer sinnreichen Hypothese zu bewundern, so muss man oft auf der andern den mühsamen Fleiss beklagen, der auf solche Grübeleyen ohne wahren praktischen Nutzen verwandt wurde. Man könnte von solchen Wundererklärungsversuchen eben das sagen, was dort Socrates beym Plato über die Deutungen äussert, welche die Weisen seiner Zeit von den Fabeln der Mythologie machten, um sie als vernunftmässig darzustellen. „Ich betrachte, sagt er, dergleichen Erklärungen zwar als belustigend, aber übrigens als die Arbeit eines mühsamen und lastbaren, und dabey nicht sehr glücklichen Mannes, und nichts weiter. Denn ist er mit dieser Erklärung zu Stande, so muss er nothwendig auch von der Gestalt der Hippozentauren, und dann wieder von der Gestalt

L

selbst, von welcher die Rede ist, in keinem unmittelbaren innern Zusammenhange stehen. Ein Gebäude, das auf solchem Grunde ruht, ist und bleibt ewig schwankend, es fordert einen

stalt der Chimära Rechenschaft geben. Dann strömt ihm der ganze Trupp von Gorgonen und Pegasussen, und andern sowohl Zahl als Vernunft überschreitenden Wunderthieren entgegen; welche alle zu läugnen, und mit arbeitseeliger Spitzfindigkeit als allegorische Fabeln zu erklären, einen Mann von vieler Muse erfodern würde. Und diese Muse fehlt mir ganz. Die Ursache davon ist diese: Ich kann, wie das Delphische Orakel befiehlt, mich selbst noch nicht kennen lernen; und es kommt mir lächerlich vor, mich, da ich noch hierin unwissend bin, um etwas fremdes zu bekümmern. Daher geb' ich diesen Dingen gute Nacht, und bekümmere mich, dem obgesagten Befehle gehorsam, nicht um sie, sondern um mich selbst, ob ich vielleicht ein Ungeheuer, das den Typhon an Arglist und Hochmuth übertrift, oder ein zahmeres und frömmeres Thier bin, dem die Natur das göttliche Loos der Demuth beschieden." Als ein philosophischer und wahrhaft pragmatischer Kommentar dieser vortreflichen Stelle aus dem **Phaedrus** des
Plato.

einen grofsen Apparat von Materialien zur Errichtung, Ausflickung und Unterftützung, über deffen Herbeyfchaffung Zeit und Mühe verfchwendet, und der praktifche Gebrauch des Gebäudes zur fichern und bequemen Bewohnung verfäumt wird. Wir wollen uns daher mit der Ueberzeugung begnügen, dafs Gott, um den Lehrern neuer Religionskenntniffe und befferer moralifcher Grundfätze Anfehen und Aufmerkfamkeit zu verfchaffen, manches veranftalten konnte, das uns unbegreiflich ift, ohne aus diefer Unbegreiflichkeit auf eine unmittelbare Würkfamkeit der Gottheit in der Aufsenwelt und in den Seelen jener Männer fchliefsen, und daraus gar eine abfolute Vollkommenheit der durch fie bekannt gemachten und verbreiteten Lehre folgern zu wollen.

Plato, (deren Verdeutfchung aus der Vossifchen Ueberfetzung von BLAKWELL's Unterfuchung über Homers Leben und Schriften. S. 258. entlehnt ift,) verdient die allgemeine Anmerckung zum 2 St. von KANTS Rel. innerhalb der Gränzen der blofsen Vernunft. S. 107. ff. nachgelefen und beherzigt zu werden.

Achter Brief.

Ihr zweyter Einwurf, lieber Freund, ist oder klingt vielmehr weit fürchterlicher als der erste; er wird sich aber dennoch, hoff' ich, gleichfalls zu Ihrer Befriedigung heben lassen. Ist, sagen Sie, die christliche Religion, so wie sie in der Schrift geoffenbahrt ist, nicht die vollkommenste; enthalten die Urkunden, die wir als den Erkenntnisgrund derselben ansehen müssen, mancherley Mängel und Unvollkommenheiten in Ansehung der theoretischen sowohl, als praktischen Religionswahrheiten: dann lebe wohl Ruhe und Gewisheit unsrer Ueberzeugung, Vestigkeit und Zuversicht unsrer Hoffnung, Standhaftigkeit und Muth im Kampfe der Tugend!

Wo ist dann weiter eine zuverläßige Richtschnur unsers Verhaltens, eine lautere Quelle unsers Glaubens! Welche Streitigkeiten, welche Religionsfehden werden sich dann erheben! Wird nicht Jeder sich die Erlaubniſs nehmen, nach Willkühr an der Offenbahrung zu ändern, und vorgeben, sie zu verbeſſern? Wird diese Vervollkommnungsſucht nicht jeden unberufenen Phantaſten anwandeln, der alles nur nach ſeinem Kopfe modeln will? Und ſoll die Vervollkommnung wohl ins Unendliche fortgehen, ohne daſs es irgend einen feſten Punkt, auf welchem wir fuſen, oder ein letztes Ziel gebe, auf welches wir hinarbeiten könnten? Was wird dann zuletzt aus der geoffenbahrten Religion werden? Wird wohl eine einzige Wahrheit derſelben unangetaſtet bleiben? Wird nicht — doch ich breche ab, Ihre fürchterlich bangen Ahndungen der ſchrecklichen Folgen, die mein Grundſatz haben ſoll, zu wiederhohlen; ich würde dadurch nur Ihre Phantaſie von neuem mit Bildern erfüllen, die eine unpartheyiſche Prüfung unmöglich machten. Laſſen Sie uns daher die Sache ganz mit kaltem Blute überlegen, und uns nicht vor der Zeit durch

durch selbst geschaffene Schreckbilder täuschen. Es werden sich, denke ich, bey einem ruhigen Blicke des Geistes auf Vergangenheit und Gegenwart Aussichten in die Zukunft eröffnen, die alle Ihre Besorgnisse zu zerstreuen vermögend sind.

Vor allen Dingen wird es nöthig seyn, Ihren Einwurf in eine bestimmte und deutliche Formel zu kleiden, oder, wie es die Schule ausdruckt, den statum controversiae gehörig anzugeben, um desto bestimmter und deutlicher darauf antworten zu können. Irre ich nicht, so läuft alles, was Sie in Rücksicht der traurigen Folgen des Perfectibilitätsgrundsatzes gesagt haben, darauf hinaus: „Es werden, wenn es zum allgemeinen Glaubensartikel würde, die geoffenbahrte Religion sey einer immer größern Vervollkommnung fähig und bedurftig, **unendliche Streitigkeiten** über dieselbe entstehen, bey denen es an **sichern Entscheidungsgründen**, und überhaupt an einem **vesten Fundamente der Religion fehlen wird.**"

Hier

Hier möchte ich Sie nun wohl **vorerſt fragen**, ob es denn vom Urſprunge des Chriſtenthums an bis auf unſere Zeiten herab jemals beſſer geweſen ſey, als **Sie** es für die Zukunft aus meiner Vorausſetzung ahnden? Hat man nicht bey allem Glauben an die abſolute Vollkommenheit der Offenbahrung unaufhörlich an derſelben gekünſtelt, gedreht und geändert? Hat nicht faſt jedes Jahrhundert, das die chriſtliche Religion durchlaufen iſt, ſo viel Streitigkeiten darüber aufzuweiſen, als es Jahre zählt? **Sie** wiſſen ja wohl, daſs es von jeher **gutmüthige Schwärmer** gab, die ihre Hirngeſpinſte mit der Religion zu vereinigen ſuchten; **ſchändliche Betrüger**, die unter dem Deckmantel einer verfälſchten Religion die niedrigſten Abſichten verbargen; **deſpotiſche Wütriche**, deren Herrſchſucht die entweihten Lehren der Offenbahrung begünſtigen ſollten; **After-Philoſophen**, die mit platoniſchem Geſchwätze, pythagoriſchen Träumen und Ariſtoteliſchen Sophiſmen die Religion entſtellten; **heilige Väter**, die aus frommer Einfalt jeden Un-

finn glaubten, der die Miene der Heiligkeit
hatte; kühne Zweifler endlich, die bald
diese, bald jene, bald alle Lehren der Offenbahrung überhaupt bestritten und verwarfen.
Dadurch aber sind von jeher eine ungeheure
Menge von Religionsstreitigkeiten entstanden;
und was das sonderbarste ist, diese Streitigkeiten waren immer dann am häufigsten und
wüthendsten, wenn man die vermeynte absolute Vollkommenheit am reinsten zu besitzen oder für ihre Erhaltung am sorgfältig-
sten zu wachen glaubte, und so traten nach
und nach im Christenthume, dessen Geist dem
eigentlichen Sektengeiste so sehr
zuwider ist, eine eben so ungeheure Menge
von Sekten auf, deren jede meynte oder
noch meynt, das Kleinod der absoluten Vollkommenheit unverfehrt zu besitzen. Ich glaube demnach, lieber Freund, meine Voraussetzung werde in dieser Rücksicht keine
schädlichen — vielleicht wohl gar heilsame
und gute — Folgen haben; und um Ihnen
diess recht systematisch zu beweisen, so bitte
ich Sie folgende drey Punkte in Erwägung
zu ziehen: 1) Streitigkeiten sind von einer

posi-

positiven Religion, dergleichen jede geoffenbahrte ist, weder trennbar, noch für sie schimpflich. 2) Die Voraussetzung ihrer absoluten Vollkommenheit aber facht jene Streitigkeiten weit mehr an, als die entgegengesetzte. 3) Ein vester Grund in der Religion bleibt auch bey Voraussetzung ihrer Perfektibilität immer stehen.

Man hat dem Christenthum' immer, wiewohl mit grofsem Unrecht', einen Vorwurf daraus gemacht, dafs es so viele und so bittere Streitigkeiten über die Religion veranlafst habe. Einige haben sich, um diesen Vorwurf abzulehnen, auf den Ausspruch Christi berufen, „es müfsten Aergernisse kommen," und, „er sey nicht in die Welt gekommen, um Frieden zu stiften;" und diefs sey so zu verstehen: es werde immer böse und schlechte Leute in der Welt geben, die allem Wahren und Guten widerstreben, und die Verehrer desselben anfeinden würden. Allein, ich glaube, man thut dem Christenthum' indem man es auf diese Art in Schutz nimmt, so wenig als dem erhabnen Stifter desselben eine grofse Ehre an, und verkennt gerade das, was der chriſtlichen Religion den höchſten Vorzug vor allen andern poſitiven Religionen giebt. Streitigkeiten an und für ſich entehren nie eine Religion, und man könnte wohl ſagen, je mehrere und wichtigere über dieſelbe geführt worden ſind, einen deſto ſtärkern Beweis hat ſie a poſteriori von ihrer Vortreflichkeit abgelegt. Denn je erhabnere und wichtigere Lehrſätze eine Religion enthält, je mehr Einfluſs ſie eben darum auf Herz und Leben, und auf die ganze Wohlfahrt des Menſchen hat: deſto mehr muſs ſie den Verſtand zum Nachdenken reitzen und wecken, deſto verſchiedenere Urtheile über die Wahrheit und den Werth ihrer Lehren wird ſie bey der grofsen Verſchiedenheit menſchlicher Fähigkeiten, Meynungen und Geſinnungen, die jeder zu dieſer Religion mitbringt, veranlaſſen. Indeſſen liegt der Grund, warum gerade in der chriſtlichen Religion ſo viel Streitigkeiten geführt worden ſind, noch in andern theils zufälligen und äuſſern Umſtänden, deren Erörterung nicht hierher gehört, theils ſolchen, die in

ihrer

ihrer Form, als einer pofitiven Religion gegründet find. Jede pofitive Religion beruht auf mündlicher oder fchriftlicher Tradition, meiftens aber auf fchriftlichen Urkunden, die entweder von den Stiftern felbft, oder deren Schülern und Nachfolgern herrühren. Diefe bedürfen einer Auslegung, welcher oft auch fchwere kritifche und hiftorifche Unterfuchungen über Aechtheit der Schriften, Richtigkeit des Textes, Glaubwürdigkeit der Schriftfteller u. f. w. vorausgehen müffen. Hier ift die erfte Quelle der Uneinigkeit. Die reine Vernunftreligion befteht in wenigen einfachen Lehrfätzen, deren Sinn und Bedeutung jedem menfchlichen Herzen von felbft einleuchtet, wenn fie demfelben nahe oder vielmehr in demfelben zum Bewufstfeyn gebracht worden. Sie kann daher nur in foferne Streitigkeiten veranlaffen, als man über die letzten einzig probehältigen Gründe feiner Ueberzeugung noch nicht einig ift. Bey einer pofitiven Religion ift es gerade umgekehrt. 24) Bey ihr mufs erft gefragt werden,

*) Alles diefs (das Vorhergehende und Nachfolgende) foll nicht zur Herabwürdigung der geoffen-

den, was fie lehre, und wie die Worte, in welche fie ihre Lehren einkleidet, zu verftehen feyen; denn was den Ueberzeugungsgrund von der Wahrheit diefer Lehren betrift, fo bringt es die Natur einer pofitiven Religionsform mit fich, denfelben in fich felbft. d. h. in ihre eignen Ausfprüche, als durch göttliche Sanction gegebne, zu fetzen, und es übrigens (wenn fie liberal und ächter Art ift) ihren Bekennern frey zu laffen, ob fie anderwärts Gründe dafür auffuchen wollen.

offenbahrten, und zur Erhebung der natürlichen Religion auf Unkoften jener gefagt feyn. Die Natur von beyden bringt es fo mit fich; diefe zu ändern, fteht nicht in meiner Gewalt. Suum cuique. Kunftmafsig das Obige ausgedruckt, würde es fo lauten: Das ὅτι der natürlichen Religion ift allgemein klar, und allgemein geltend; das διοτι liegt im Dunkeln, und foll erft allgemein gültig beantwortet werden. Bey der Offenbahrung ift das διοτι klar, und für alle, die fie annehmen, geltend. Gott hats gefagt — fo fpricht der Herr — das ift der Wille des, der mich gefandt hat; aber über das ὅτι giebt es verfchiedene Meynungen.

len. Die Vernunft hat alſo bey einer geoffenbahrten Religion ein doppeltes Geſchäft. Einmal ſucht ſie den Sinn der Offenbahrung zu erforſchen, d. h. auszumachen, was dieſe lehre; ſodann hat ſie dieſe Lehren zu prüfen, d. h. zu fragen, ob ſie wahr ſeyen, und warum man daran glauben ſolle. Bey jenem Geſchäft' iſt Schriftgelehrſamkeit der einzig kompetente Richter, bey dieſem die reine Vernunftreligion. Was mit dieſer übereinſtimmt, iſt wahr und gut; was ihr widerſpricht, falſch und verwerflich. Nun iſt es ſehr begreiflich, daſs in der Natur der Sprache, worin eine heilige Urkunde abgefaſst iſt, in der Art ihrer Verbreitung und Fortpflanzung, in der Unwiſſenheit, den Vorurtheilen, Neigungen und Geſinnungen aller derer, welche ſie leſen und brauchen, eine Menge von Urſachen enthalten ſeyn könne, welche eine Menge von Streitigkeiten blos über den Sinn der Urkunde und das, was ſie lehre, hervorbringen. Kommt nun noch hinzu, daſs eine poſitive Religion darauf angelegt iſt, den Forſchungsgeiſt zu begünſtigen und zum Nachdenken aufzufordern; die Vernunft aber, welche hierbey die Direction führen ſoll, mit ſich

ſelbſt

selbst in Ansehung der Gründe ihrer eignen, von jener Urkunde unabhängigen Ueberzeugungen, noch nicht einig ist: so ist wiederum sehr begreiflich, dafs Streitigkeiten aller Art in, mit und durch das Christenthum entstehen mufsten, und dafs viele derselben nie werden ganz beygelegt werden. Streitigkeiten an und für sich also haben gar nichts Entehrendes für eine Religion; nur die Art, wie sie geführt werden, kann entehren, aber nicht die Religion selbst, sondern die streitenden Partheyen; denn von diesen hängt die Art und Weise des Streitens ab. Dafs man also über die christliche Religion zuweilen oder sehr oft aus Eigendünkel oder Widersprechungssucht Streitigkeiten anfing, sie mit Hitze und Heftigkeit fortsetzte, und mit Bannflüchen, Feuer und Schwerd entschied; — das war allerdings eine traurige Erscheinung, und jeder Menschenfreund wird noch in spätern Zeiten das Elend und den Jammer beweinen, die dadurch über einen grossen Theil des menschlichen Geschlechts gebracht worden sind. Das war aber lediglich Fehler der Menschen. Die Religion konnte für die

po-

polemischen Ungeheuer nichts, ob sie gleich, weil sie eine Denkreligion ist, polemische Köpfe hervorbringen musste, d. h. Männer, die nicht mit blindem Glauben an recipirten Meynungen hingen, sondern auf dem, vom Stifter der Religion vorgezeichneten Wege immer fortwandelten; wobey sie denn freylich von manchem schwachen oder boshaften Vertheidiger des Alten, nun einmal Hergebrachten, links und rechts geneckt wurden, so wie sie auch ihrerseits jene aus ihrer trägen Ruhe aufzustören und mit sich fortzuziehen suchten. Aber diese Störung des kirchlichen Friedens ist immer besser, als diejenige Ruhe und Sicherheit, die ein Werk des blinden Glaubens ist, und Niemand wird darum Muhamed's Fahne dem Kreutze Christi vorziehen, weil jener seine Religion für so vortreflich und unverbesserlich ausgab, dass er, um allen Streitigkeiten und Sektirereyen vorzubeugen, jedem ächten Muselmanne das Nachdenken über dieselbe zum Verbrechen machte; noch wird er dem Geist- und Herzlosen Judenthume huldigen, weil es seinen Verehrer durch die aufgelegte Last heiliger Gebräuche,

Ob

Obfervanzen und Statuten fo niederdrückte, dafs er wenig Mufse, Luft und Kraft behielt, fich zu weiteren Nachdenken über moralifche und religiöfe Gegenftände zu erheben. Und doch — fo wenig ift es möglich, alle Köpfe durchaus in eine und diefelbe Form zu giefsen — auch unter Jehova's Dienern erhoben fich Sekten, und felbft der Islam konnte nicht von Spaltungen frey bleiben, hätte man fich auch nur über die wichtige Frage zanken follen, ob der vielen Schwiegerväter Einer oder der Eidam das Schwerd des grofsen Glaubenshelden unmittelbar nach feinem Tode führen müfste.

Aber, werden Sie fagen, wenn auch Streitigkeiten von einer pofitiven Religion nicht ganz trennbar, noch für fie entehrend wären: fo ift doch Einigkeit des Glaubens darum keine Schimäre, fondern vielmehr ein Ideal, dem wir uns immer mehr nähern müffen, ob es gleich nie völlig erreicht werden mag; denn der Zweck einer jeden vernünftigen Streitigkeit ift doch kein andrer, als die herbeyzuführende Einigkeit. Auch hat fich würklich in den neuern Zeiten die Anzahl

reli-

religiöfer Streitigkeiten fehr vermindert, nachdem der Lehrbegriff von fremdartigen Zufätzen und willkührlichen Beftimmungen fo ziemlich gereinigt worden ift; aber die angenommene Perfektibilität der Religion, wodurch fogar das Zufammenfetzen und anders Beftimmen für rechtmäfsig erklärt wird, mufs eine unabfehbare Menge von Streitigkeiten unaufhörlich hervorbringen, und von neuem Verwirrung und Uneinigkeit in der theologifchen Welt anrichten. — Hier, lieber Freund, ftimme ich Ihnen in Anfehung des erften Punktes völlig bey. Einigkeit des Glaubens, fo gemifsbraucht auf der einen, und fo befpöttelt auf der andern Seite diefes Wort auch immer feyn mag, ift dennoch ein heiliges Loofungswort für alle wahre Freunde der Religion, ift das Ziel, worauf fie alle aus allen Kräften hinarbeiten müffen. Wehe der Menfchheit, wenn fie ewig mit fich felbft wegen der heiligften, wichtigften, ihr unentbehrlichften Wahrheiten im Kampfe liegen follte! wehe den engherzigen Philofophen, die mit fkeptifcher Gleichgültigkeit oder indifferentiftifcher Kaltblütigkeit gelaffen

M zufezusehen können, wenn Meynungen über das, was der Mensch zu thun, zu glauben und zu hoffen hat, die Gemüther trennen, und alle herzliche, brüderliche Vereinigung der grossen Familie Gottes zu Einem Zwecke stören! Nein, lieber Freund, Einigkeit des Glaubens, des wahren Glaubens in dem, was Sittlichkeit und Religion betrift, muſs herbeygeführt werden, wenn der Menschheit geholfen werden soll; und Religionsstreitigkeiten sollen und müssen sich immer mehr vermindern. Es ist eben ihr Endzweck, daſs sie nach und nach aufhören; sie sollen gleichsam durch sich selbst aufgezehrt werden; und wenn Sie bey irgend einem Kampfe dieser Art der Kämpfer immer mehrere, den Streit immer hitziger, das Getümmel immer gröſser, die Staubwolken immer dichter werden sehen: so ist es ein sicheres Kennzeichen, daſs die Parteyen sich von dem Ziele, nach dem sie streben, immer weiter entfernen; oder, daſs sie gar kein Ziel sich vorgesteckt haben, sondern nur streiten, um zu streiten. Wenn aber auch ein Kampf dieser Art nach und nach aufhört, und die Parteyen endlich auseinander gehen,

gehen, so ist doch nicht allemal eine aufrichtige Vereinigung derselben die Ursache davon,
sondern man ist nur des Kampfes für diesmal
müde, oder schämt sich ihn länger fortzusetzen, so wie man etwa bey politischen Streitigkeiten, die mit dem Degen in der Faust
geführt werden, nachdem man sich eine Zeitlang fruchtlos herumgeschlagen hat, sich
endlich nach Ruhe sehnt, um neue Kräfte,
den (vorgeblich ewig) geschlossenen Frieden
bey der ersten günstigen Gelegenheit ohne
Gefahr brechen zu können, wieder zu sam-
meln. So eine Art von Frieden scheint mir
die von Ihnen gerühmte jetzige Ruhe unter
den verschiedenen Religionsparteyen und unter den einzelnen Gliedern derselben zu seyn.
Gereinigtere Religionsbegriffe und eine milde-
re Denkart mögen wohl einigen Antheil
daran haben; aber es ist gewiss keine herzliche Einstimmung der Gemüther weder in
ihren Ueberzeugungen, noch in ihren Gesinnungen. Es giebt noch eine Menge rüstiger
Kämpfer, die, wenn nicht äusere Umstände
sie zurück hielten, alle Augenblicke mit Freude und Muth einen neuen Kampf beginnen
wür-

würden. Andre halten es dem guten Tone zuwider, oder finden es aus Liebe zur Gemächlichkeit nicht rathſam, oder gar aus Gleichgültigkeit gegen die Religion überhaupt nicht der Mühe werth, über religiöſe Gegenſtände ein Wort zu verlieren. Im Grunde aber iſt man vielleicht jetzt darüber gerade am wenigſten einig. Wenn Sie nun aber von der angenommenen Perfektibilität der geoffenbahrten Religion eine Menge neuer Streitigkeiten, eine noch gröfsere Uneinigkeit und Verwirrung befürchten; ſo muſs ich Ihnen geſtehn, daſs ich das gerade Gegentheil glaube, und überzeugt bin, daſs das Vorurtheil von der abſoluten Vollkommenheit der chriſtlichen Religion weit mehr Streitigkeiten erzeugt habe, und nothwendig erzeugen müſſe, als die Vorausſetzung ihrer Perfektibilität. Denn erſtlich bekommt durch jenes Vorurtheil ſchon jede, auch die geringſte Abweichung in den unbedeutendſten Dingen von den Ausſprüchen der Schrift (z. B. in Anführungen und Erklärungen altteſtamentlicher Stellen, in Anſpielungen auf herrſchende Vorſtellungsarten, u. ſ. w.) oder auch

auch nur von den dafür gehaltenen Lehren des kirchlichen Syſtems eine ungemeine Wichtigkeit. Das abſolut Vollkommenſte iſt ein in allen ſeinen Theilen veſt verbundenes und genau beſtimmtes Ganze. Wer ſich an einem vergreift, vergreift ſich an allen. Man wittert überall Gefahr von Seiten der Neuerer, misdeutet die unſchuldigſten Ausdrücke anderer, die um irgend einer Urſache willen verdächtig ſind, und indem man ſie beſtreitet, und auf den rechten Weg zurückzuführen ſucht, bedient man ſich ſelbſt einiger zweydeutigen Ausdrücke, die wieder von andern aufgegriffen und zum Gegenſtande eines neuen Kampfes gemacht werden. Die Kirchengeſchichte iſt voll von Erzählungen ſolcher Streitigkeiten, worunter die Neſtorianſchen, Monophyſitiſchen, und Monotheletiſchen vielleicht das merkwürdigſte Beyſpiel ſind 25).

Hier-

---

25) Unter dieſen Streitigkeiten über bloſse Ausdrücke, deren die Kirchengeſchichte ſo viele erzählt, waren beſonders die ſehr häufig und heftig, welche über Kunſtwörter und recipirte Formeln geführt wurden. Man hat den Theologen

Hierzu kommt noch ein andrer nicht minder wichtiger Umstand. Die meisten Menschen, welche sich als würkliche oder seyn wollende Selbstdenker mit Beurtheilung und Bearbeitung religiöser Gegenstände befassen, (sie mögen übrigens Layen oder Gelehrte, Philosophen oder Theologen, oder von was immer für einer Fakultät, Dignität und Qualität seyn,) — die meisten, sage ich, bringen schon ein gewisses System mit, es komme nun,

logen wegen dieses Verfahrens sehr grofse Vorwürfe gemacht. Allein, wenn man es auch an sich nicht für recht erklären kann, so muſs man es doch sehr konsequent finden. Eine vollendete Theorie, dergleichen die in der Schrift enthaltene Religionslehre seyn sollte, kann ohne genau bestimmte Kunstwörter und ein für allemal vestgesetzte Formeln in ihrer Vollkommenheit nicht bestehen. Man muſs also darüber halten, um nicht mit den Worten auch die Sachen zu verlieren, und wenn auch die einmal in Gang gebrachten nicht die schicklichsten und besten seyn sollen, so ist es, wenn nur ihre Bedeutung richtig bestimmt ist, immer besser, sie beyzubehalten, um nicht durch neue Ausdrücke auch neue Begriffe unterzuschieben, und die ganze Theorie dadurch schwankend zu machen und zu verunstalten.

nun, woher es wolle, fey gebildet, wodurch es wolle, durch philofophifche und theologifche Kompendien, durch Katechifmen, Gebetbücher, myftifche und fanatifche Schriften, oder durch was immer für äufsere und innere Umftände. Nun läfst die grofse Feindinn der Wahrheit, welche die Augen der Sterblichen fo oft verblendet, die Eigenliebe, einen jeden fein Syftem, (das fowohl ein, nach Principien geordnetes Lehrgebäude, als ein Aggregat oder Chaos dunkler Begriffe, abergläubifcher Meynungen, und fchwärmerifcher Bilder feyn kann,) als das einzig wahre, als das vollkommenfte erblicken. Die Religion foll aber auch nach der Vorausfetzung, die einzig wahre und abfolut vollkommene feyn. A ift gleich B, C ift auch gleich B; alfo mufs natürlich auch A $=$ C feyn. Durch eine fo konfequente Schlufsfolge verleitet, hält jeder fein Syftem und das Syftem der Bibel für eins und eben daffelbe, und fo entfteht denn ein ganzes Heer von Streitigkeiten. Denn jedes Syftem ift von dem andern, wär's auch nur in Nebendingen, oder, was oft für das Wichtigfte gehal-

gehalten wird, in Worten und Formeln, verschieden. Da ist denn die Lehre Jesu bald Platonismus, bald Pythagoraismus, bald ein synkretistisches Gemengsel von beyden. Bald herrscht der Bischof von Hippo, bald der Philosoph von Stagira, oder beyde führen den Zepter gemeinschaftlich. Bald sind die Sentenzen des Lombard, bald die Summe des Thomas, bald König's Positivchen das non plus ultra alles religiösen und — wiewohl diefs immer nur beyläufig mit untergesteckt ist — moralischen Wissens. Bald muſs des Cartes, bald Leibnitz und Wolf, und endlich auch Kant mit Jesu aufs genaueste übereinstimmen. Hier liegt eigentlich die Hauptquelle der meisten bisher geführten Religionsstreitigkeiten, das abgerechnet, was zufällige Umstände zur Vervielfältigung und Verlängerung derselben beytrugen. Immer setzte man voraus, die Lehre Jesu, sey die absolut vollkommenste, und enthalte also schon alles, was die durch sie geleitete Vernunft in ihren spätern Untersuchungen über Religion und Moralität gefunden habe;

habe; nur follte es immer daran gefehlt haben, dafs man fie bisher nicht völlig durchfchauet, und den wahren Sinn, den fruchtbaren Innhalt der Schrift nicht gehörig aufgefafst hatte. Was war demnach natürlicher, als dafs, fo oft z. B. ein neues philofophifches Syftem aufkam, diejenigen, welche ihm beypflichteten, es fogleich mit der Religion in Verbindung zu fetzen, andere hingegen, es als derfelben gefahrlich in Miskredit zu bringen fuchten, und fo zwifchen den Freunden des neuen Syftems und den Anhängern der alten heftige Kriege ausbrachen, die zum Theil mit daher rührten, weil der Eine nur diefes, der Andere nur jenes mit der Schrift übereinftimmend fand, und diefe eine Art von Maafsftab abgeben follte, nach welchem man die Wahrheit oder Falfchheit einer Meynung oder eines ganzen Lehrgebäudes beurtheilen könnte. Daher die wechfelfeitigen Befchuldigungen, der Eine verderbe, der Andere verkenne die Lehre Jefu; der Eine rechne zu viel, der Andere zu wenig dazu. Wäre man hingegen ein für allemal in dem Grundfatz' übereingekommen, die geoffenbahrte Religion fey einer immer höhern Vollkommenheit fähig und bedürftig, fo würde man den Eifer in der Erkenntnifs zu wachfen, nie verlohren, weder das Alte, noch das Neue, darum, weil es alt oder neu ift, verworfen, oder gebilligt, fich nie über das Plus und Minus, wie die politifchen Rechenmeifter, entzweyt, fondern einander freundfchaftlich die Hände geboten, und Jeder mit Danke gegen die allwaltende Fürfehung zur Vervollkommnung der Religion die beffern Einfichten benutzt haben, welche die allmählige Entwickelung des menfchlichen Geiftes nothwendig herbey führen mufste.

Wird es aber nicht, wenn die Schrift, indem ihrer Lehre die abfolute Vollkommenheit abgefprochen wird, ihr richterliches und normatives Anfehen verliert, bey vorfallenden Streitigkeiten, (die, fo fehr man fich auch der Einigkeit des Glaubens nach und nach nähern möchte, doch nie ganz aufhören können,) an fichern Gründen zur Entfcheidung, wenigftens zur eignen Ueberzeugung und Beruhigung fehlen? und wird nicht durch die fortfchreitende Vervollkommnung nach und

und nach ein ganz anderer Grund gelegt werden, als der von Jesu und seinen Schülern gelegt ist? — Ich glaube, nein! die Ursachen, warum ich dieſs glaube, sind folgende:

Jede geoffenbahrte Religion, und mithin auch die chriſtliche, beſteht aus einer dreyfachen Art von Sätzen. Einige sind allgemein, und werden in derselben nur vorausgeſetzt, nicht bewieſen, weil sie der Grund aller Religion überhaupt sind, und ohne dieselben Niemand eine göttliche Offenbahrung vorgeben, den Menſchen gar nichts im Nahmen der Gottheit zur Beförderung ihrer moraliſchen Beſtimmung bekannt gemacht werden könnte. Sie begreifen leicht, daſs ich hierunter die Wahrheiten verſtehe: es iſt ein höchſtes moraliſch geſinntes Weſen, das von der Welt verſchieden und Urſache derselben iſt; wir sind auch freye moraliſche Weſen, und haben nach der phyſiſchen Auflöſung des Körpers in Anſehung des beſſern Theils unſers Ichs ein anderes Leben zu gewarten, wo jenes höchſte Weſen das hier

ſo

so offenbar verletzte Verhältnifs zwifchen Sittlichkeit und Glückfeligkeit herftellen wird. Diefe drey grofsen Wahrheiten, Gott, Freyheit und Unfterblichkeit, mögen in einer Offenbahrung noch fo dunkel und unentwickelt enthalten, fie mögen in dem kindifchen Alter der Menfchenvernunft noch fo fehr verkannt und entftellt, es mag ihnen in dem reifern Alter, wo die Vernunft nach veften Grundfätzen und durchgängig beftimmten Begriffen ftrebt, noch fo fehr widerfprochen worden feyn: fo werden fie doch immer und ewig unerfchütterlich ftehen bleiben, und die neueften Unterfuchungen über diefelben haben gelehrt, dafs, wenn man fie auch bisher auf wenig haltbare Stützen gründete, fie dennoch keineswegs grundlos, fondern dem menfchlichen Gemüth' um fo tiefer eingeprägt find., je weniger es diefelben bey den unnachläfsichften Forderungen feiner vernünftigen und finnlichen Natur entbehren kann.

Aufser diefen allgemeinen Wahrheiten enthält die chriftliche Offenbahrung noch eine

eine andere Art von Lehrsätzen, die auf Zeit und Ort einen genauen Bezug haben, und bloſse Anwendungen der allgemeinen religiöſen und moraliſchen Vernunftwahrheiten auf das locale und temporelle Verhältniſs und Bedürfniſs derer ſind, denen die Offenbahrung zuerſt bekannt gemacht wurde. Dieſe ſetzen alſo jene ſchon voraus. Es wird dabey ſchon als ausgemacht angenommen, daſs wir moraliſche, freye, für ein künftiges Leben beſtimmte, von einem höhern Weſen nach unſerm Daſeyn und Befinden abhängige Weſen ſind. Welches nun dieſe beſondern Sätze ſind, dieſs werden Sie aus dem, was ich Ihnen über den Zweck Jeſu bey ſeinen Belehrungen in einem der vorhergehenden Briefe geſchrieben habe, gleichfalls leicht errathen können. Es ſind nehmlich eben die vier Hauptwahrheiten, welche Jeſus den theoretiſchen ſowohl als praktiſchen Irrthümern ſeiner Zeitgenoſſen entgegenſetzte. Gott liebt die Menſchen; er liebt ſie alle; alſo müſſen wir ihn wieder lieben; und alle Menſchen, wie uns ſelbſt. Dieſe Grundſätze nun, ſo eine vortrefliche und

zweck-

zweckmäſsige Grundlage ſie für den Unterricht Jeſu waren, können gleichwohl unmöglich die oberſten und allgemein gültigen Prinzipien aller Religion und Moralität ſeyn und bleiben. Nicht die *oberſten*, weil **Liebe gegen Gott und Menſchen**, die nach der Lehre Jeſu der Grund unſrer ganzen moraliſchen und religiöſen Geſinnung ausmachen ſollte, ſelbſt wieder auf die **Liebe Gottes gegen die Menſchen** gegründet war, und alſo die Ueberzeugung vom Daſeyn Gottes, als eines moraliſchen Weſens, das Welturheber und Weltregierer iſt, vorausſetzt, die aber ſelbſt erſt wieder durch ein höheres, ſowohl ſeinem Daſeyn, als ſeiner Erkennbarkeit nach von allen andern Principien unabhängiges, Sittengeſetz begründet werden muſs. Auch nicht die *allgemeingültigen*, weil, wie wir ſchon geſehen haben, bey Aufſtellung und Empfehlung derſelben auf Zeit und Ort Rückſicht genommen war. Sie waren alſo gleichſam aus einem empiriſchen Grunde hergeleitet, d. h. nach einem damaligen, dortigen Verhältniſſ' und Bedürfniſſe der Menſchenwelt modificirt. Aber eben

eben darum können fie auch diefe Modificationen nicht ewig behalten, können in dieser Form keine allgemeine, immerwährende Gültigkeit und Brauchbarkeit haben, fondern müffen diefelbe erft von der durch fie geleiteten und geftärkten Vernunft erhalten. Sie müffen daher gleichfalls nach der jetzigen Stufe der Erkenntnifs modificirt, 26) d. h. genauer beftimmt, aus höhern Principien erwiefen, vefter verbunden, richtiger angewendet werden, als es nach der damaligen Stufe der Erkenntnifs und dem Grade des Bedürfniffes möglich und nöthig war; obwohl das Allgemeingültige, Wahre und Brauch-

---

26) Eine folche Modification würde es z. B. feyn, wenn Jemand die Liebe, die das Chriftenthum gebietet, nicht für eine pathologifche, fondern für eine praktifche gehalten wiffen wollte. (S. Kant's Grundl. zur Metaph. der Sitten. S. 13. vergl. mit der Kritik der prakt. Vernunft, S. 148. und Schmid über den Geift der Sittenlehre Jefu u. feiner Apoftel. S. 145. ff.) obwohl weder Jefus noch feine Schüler diefe genauere, an fich fehr nöthige Beftimmung und Einfchränkung ihres Grundfatzes in Gedanken haben mochten.

Brauchbare, was dabey zum Grunde, oder darin wie in einem Keime verborgen liegt, die Vernunft ewig dafür anerkennen wird und muſs. Ja, ſie wird und muſs, mag ſie in ihren Kenntniſſen auch noch ſo weit vorſchreiten, ſelbſt die erhabne Simplicität dieſer Lehren, wie ſie in der Schrift vor uns liegen, immer lebhafter fühlen, ihren Urheber immer mehr bewundern, und nicht bloſs als den Urheber dieſer Lehren, ſondern zugleich als den Urheber ihrer eignen Fortſchritte in der wichtigſten Gattung aller Kenntniſſe preiſen und verehren lernen.

Die dritte Art von Lehrſätzen endlich, die zur geoffenbahrten Religion gehören, iſt gröſstentheils hiſtoriſch und ſtatutariſch, und begreift alles das unter ſich, was bey und zur Bekanntmachung, Empfehlung, Ausbreitung und Erhaltung derſelben veranſtaltet wurde. Dieſe müſſen natürlich, wenn es Thatſachen ſind, nach Zeugniſſen und innern Gründen der Wahrſcheinlichkeit — und wenn es heilige Gebräuche, willkührliche Anordnungen u. ſ. w. ſind, nach ihrer Zweckmäſsigkeit und innern Güte beurtheilt und

ge-

geprüft werden; und wenn gleich dabey mancherley Verschiedenheiten in den Meynungen sich hervorthun können, so können dieselben doch unmöglich so bedeutend seyn, dafs dadurch das Wesen der Religion selbst aufgehoben würde.

Fürchten Sie also nicht, mein Lieber, dafs durch den Grundsatz von der Perfektibilität der geoffenbahrten Religion alle Gewifsheit und Sicherheit in unsern auf dieselbe sich beziehenden Ueberzeugungen vernichtet werde. Denn es wird damit keineswegs behauptet, dafs es überhaupt in der Religion nichts Absolutes und Veststehendes gebe. Die Religion ist nur in so ferne, als sie geoffenbahret, d. h. zu einer gewissen Zeit gewissen Personen mit Rücksicht auf die besondern Fähigkeiten und Bedürfnisse derselben bekannt gemacht ist, um diesen abzuhelfen, und jene zu erwecken und zu stärken, nicht von absolut vollkommener Beschaffenheit; sondern die auf diese Art geleitete Vernunft mufs in sich selbst, nicht in der Schrift, als einem hyperphysischen Erkenntnifsgrunde, die höchsten und letzten allgemeingültigen Grundsätze aller Religion aufsuchen, und dadurch erst der geoffenbahrten Religion einen vesten Grund, und nach und nach die höhere Vollkommenheit geben, deren sie fähig ist. Dafs es bisher an solchen Principien gefehlt habe, eben darum, weil man versäumt hatte, sie durch eine genaue und vollendete Zergliederung des Vorstellungs- und Erkenntnisvermögens da aufzusuchen, wo sie einzig und allein zu finden waren, haben die neuesten Untersuchungen über diesen Gegenstand nur zu augenscheinlich gelehrt; aber eben diese Untersuchungen und die allgemeine Erschütterung, die sie auf dem gesammten Felde der menschlichen Erkenntnifs verursacht haben, müssen nothwendig die frohe Hoffnung in uns erregen, dafs die Zeit nicht mehr fern seyn könne, wo die Vernunft diese allgemein gültigen, ewig vest stehenden Grundsätze unserer moralischen und religiösen Ueberzeugungen wird ausgemittelt, sie durch den, allen unpartheyischen Denkern abgenöthigten Beyfall zu allgemein geltenden erhoben, und dadurch den in der Schrift enthaltenen Lehrsätzen, die sich auf Erkeuntnifs und Verehrung des höchsten We-

sens

fens und auf die Bildung eines tugendhaften
Sinnes und Wandels beziehen, kurz — der
geoffenbahrten Religion felbft ihre wahre
Stärke, Veftigkeit und Brauchbarkeit gegeben
haben.

Ich würde, wenn es anders erlaubt wäre,
fich in folchen Dingen auf Auctoritäten
zu berufen, nichts Befferes thun können, als
wenn ich Sie hier an einen eben fo gründlichen Denker, als warmen Verehrer des
Chriftenthums verwiefe, der an mehrern Orten, vornehmlich aber im 5ten feiner **Briefe über die Kantifche Philofo-
phie** (Bd. I. S. 145. ff.) eben diefe Hoffnung
geäuffert, und der philofophirenden Vernunft
eben diefes Gefchäfft angewiefen hat. Indeffen werden Sie mir erlauben, aus jenem
Briefe wenigftens folgende Stellen auszuhe-
ben, die vielleicht auch dazu dienen können,
auf das bisher Gefagte mehr Licht zu werfen,
als ich meinen Gedanken felbft zu geben im
Stande war: „Die Feftfetzung und Verbreitung eines, der philofophirenden Vernunft
und dem gemeinen Menfchenverftande gleich
einleuchtenden Erkenntnifsgrundes für die

Grundwahrheiten der Religion ist es, worauf bey der Wiedervereinigung der Religion und Moral, oder bey der Wiederherstellung des Christenthums" — d. h. bey dessen Vervollkommnung — "in unsern Zeiten das Meiste ankömmt: so wie auf die Festsetzung und Verbreitung reiner Moral" — meiner Ueberzeugung nach nur besserer moralischer Grundsätze, als bis dahin im Gange waren — "das Meiste ankäm, als das Christenthum bey seiner Einführung zur Vereinigung der Religion und Moral den Grund legte" — und weiter hin: „soll die Philosophie nach ihrer Art an dem Christenthume thun, was dieses nach der seinigen an der Moral gethan hat, indem es von der Religion zur Moral durch den Weg des Herzens führte, so muſs sie von der Moral zur Religion durch den Weg der Vernunft zurückführen; d. h. sie muſs den Beweisgrund der verkannten und bezweifelten Religion aus den allgemein anerkannten Grundsätzen der Moral herleiten; so wie das Christenthum die Beweggründe, womit es die Moral verbreitet und belebt hat, aus der Religion geschöpft hat." — *Sie*

wer-

werden mir nach allen diefen wenigftens fo viel zugeben, dafs, wenn das grofse und ehrwürdige Gefchäft, welches hier der Philofophie aufgegeben wird, ausgeführt wäre — und die kritifche Philofophie, vornehmlich das neuefte und in der gegenwärtigen Hinficht intereffantefte Produkt ihres Urhebers, die Religion innerhalb den Gränzen der blofsen Vernunft, hat es, wo nicht fchon vollendet, doch gewifs fehr glücklich eingeleitet — dafs, fag' ich, es dann keineswegs an fichern Grundfätzen fehlen würde, nach welchen man die pofitive, in der Schrift aufgeftellte Religionslehre vervollkommnen, und dabey vorfallende Streitigkeiten entweder ganz fchlichten, oder wenigftens mit Einftimmung und zur Zufriedenheit beyder Parteyen beylegen könnte.

Es kann und foll demnach, wie Paulus mit Recht fagt, Niemand einen andern Grund legen, als der gelegt ift, welcher ift Jefus Chriftus; d. h. es foll Niemand auftreten, und eine neue Offenbahrung vorgeben, um jene ältere über den Haufen zu werfen, eine neue Lehre zu predigen, neue

Zeremonien, als göttliche Statuten einzuführen. Jesus hat uns bereits eine Lehre gegeben, in der die Vernunft Hülfsmittel und Antriebe genug findet, ihre höchsten Bedürfnisse zu befriedigen, und auf dem durch jene gebahnten Wege der Erkenntniſs immer weiter zu gehen. Jesus ist der Anfänger und Vollender unsers Glaubens, indem er alles gethan hat, was nach den Absichten Gottes bey seiner Sendung nöthig war. Wir dürfen nur das, was wir vorfinden, nach dem Maaſs unsrer übrigen Einsicht und Fähigkeit gehörig verarbeiten, und das Gebäude aufführen. Das Feuer der reiferen Prüfung wird es bald lehren, ob man edle Metalle und dauerhafte Steine, oder bloſses Holz und Stroh dazu verwendete! Der Grund ist gelegt, sagt TELLER sehr treffend, und einen andern soll Niemand legen; aber man soll ein immer festeres, geräumigeres, für den inwohnenden geistigen Anbeter bequemeres, anständigeres Gebäude auf demselben aufführen! Laſſen Sie uns, lieber Freund, bey diesem grofsen Werke mit redlichem Eifer das Unsrige thun. — Gott wird dann auch

auch das Seinige thun, und aus der Sprachenverwirrung der Bauleute, die auf einen falschen Zweck hinarbeiteten, nach und nach ein immer herrlicheres Wohnhaus für alle seine gläubigen Verehrer hervorgehen laſſen!

Neunter Brief.

Sie meynen, man könnte mir auch den Einwurf machen, es sey höchst unwahrscheinlich, daſs man den Zweck Jesu so lange verkannt, und bey seinem Streben nach Wahrheit in der Religion ein ganz falsches Ziel vor Augen gehabt haben sollte. „Wie wäre es möglich gewesen, einen Zweck so sehr zu verkennen, der so deutlich vor Augen liegen soll? Würde Gott nicht seine Absicht, uns durch seinen Sohn nur Anleitung und Hülfsmittel zu einer immer vollkommnern Erkenntniſs zu geben, viel deutlicher haben bekannt machen lassen, damit der menschliche Geist sogleich, und nicht erst nach so vielen Jahrhunhunderten angefangen hätte, das Vervollkommnungsgeschäfft zu betreiben? Sollte also nicht vielleicht die neuere Vorstellungsart blos eine schimmernde Hypothese seyn, die sich zwar durch mancherley Wendungen, die der menschlichen Eitelkeit schmeicheln, ganz gut ausschmücken läfst, die aber durch die Praxis vieler Jahrhunderte, bey der man sich im Ganzen doch ziemlich wohl befunden hat, widerlegt wird?"

Es freut mich, lieber Freund, dafs Sie nur sagen, man könnte einen solchen Einwurf machen, ohne selbst daran Theil zu nehmen. Sie haben es selbst gefühlt, dafs er gegen eine einmal erwiesene Behauptung von keinem grofsen Gewicht seyn könne, sondern unter die argumenta nimium probantia gehöre, mit denen man jede neue Wahrheit, die ein altes Vorurtheil wider sich hat, verdächtig machen kann. Ich werde mich daher auch bey der Beantwortung desselben nicht lange aufzuhalten brauchen.

Fürs erste werden Sie mir wohl gern den Beweis schenken, dafs es eine durchaus un-
statt-

ſtatthafte Maxime ſey „nichts für wahr und gut halten zu wollen, als was ſich gleichſam durch den vieljährigen Beſitz des allgemeinen Beyfalls, als wahr und gut legitimirt hat. Man hat zu oft und zu einleuchtend gezeigt, daſs die Wahrheit kein Ding ſey, bey dem die Verjährung wie bey einer Gerechtſame ſtatt finde; daſs jene Maxime, die in den Angelegenheiten des gemeinen Lebens zufälliger Weiſe wohl ihren guten Nutzen haben mag, auf wiſſenſchaftliche Gegenſtände angewendet, geraden Wegs zum Vernunftdeſpotiſmus führe; daſs dadurch überhaupt alle Vorurtheile, Irrthümer und Misbräuche geheiligt werden; daſs bey Vorausſetzung ihrer Gültigkeit weder Jeſus ſelbſt, noch Luther, noch irgend ein Reformator der ſittlichen und religiöſen Denkart, politiſcher oder kirchlicher Einrichtungen auftreten, und Hand an ſein groſses, heilſames Werk legen durfte. — dieſe und andre ſchädliche Folgen jener Maxime hat ſelbſt eine vieljährige Erfahrung zu auffallend dargethan, als daſs irgend ein verſtändiger Menſch ſie noch im Ernſt in Schutz nehmen könnte; und wenn jemand darnach zu handeln

deln fcheint, fo können Sie ficher fchliefsen, dafs nicht wahre Ueberzeugung, fondern Eitelkeit, Trägheit, Gewinnfucht und andre niedrige Leidenfchaften die Quellen des Eifers, und der unduldfamen Härte find, womit er alte Meynungen vertheidigt, und die entgegengefetzten neuen als gefährlich verfchreyet. Sie, mein Freund, der Sie fo unlautere Gefinnungen von Herzen verabfcheuen, und die Wahrheit jeder Behauptung blos nach den Gründen, auf denen fie beruht, nicht nach den Jahren, während welcher fie gegolten hat, zu beurtheilen pflegen — Sie würde ich in der That beleidigen, wenn ich hierüber weiter ein Wort verliehren wollte. Aber Ihr als blos möglich angegebener Einwurf veranlafst mich, noch ein paar andre Fragen zu erörtern, die fich einem nachdenkenden Gemüthe, wenn es den Grundfatz von der Perfektibilität der geoffenbahrten Religion als etwas Neues aufftellen und anpreifen hört, gleichfam von felbft aufdringen müffen, und deren Beantwortung vielleicht den letzten Anftofs wegräumen dürfte, den

Sie

Sie noch an diesem Grundsatze nehmen könnten.

1) Wie war es möglich, und wie gieng es zu, daſs Gottes Abſicht und der Zweck Jeſu bey Bekanntmachung der chriſtlichen Religion ſo ſehr verkannt, und dieſelbe für abſolut vollkommen gehalten werden konnte, da ſie doch nur zu einer fortſchreitenden Vervollkommnung unſrer religiöſen und moraliſchen Einſichten die Anlagen und Hülfsmittel enthalten ſollte? — Dieſs Phänomen möchte ſich auf folgende Art leicht erklären laſſen: Der Menſch ſtrebt bey aller Neigung zur Thätigkeit und zur Veränderung doch immer nach einem letzten Ziele, wo er ausruhen und genieſsen könne. Dieſs iſt nicht etwa ein Fehler individueller Trägheit und Indolenz; nein es iſt abſichtliche, weiſe Naturanlage; es iſt ein und ebenderſelbe Trieb zum Abſoluten, Unbedingten und Vollendeten, der uns zum Abändern, und der uns zum Veſthalten antreibt. Immer ſchaffen wir uns Ideale, und ohne zu bedenken, daſs dieſe nur in der Vernunft
ſelbſt

selbst existiren, tragen wir sie auf Gegenstände der Erfahrung über, um uns im Besitz' und Genusse derselben glücklich zu fühlen. Daher jene Verirrung des systematischen Geistes, ein System, an dem er viele Jahre bauete, endlich für vollendet zu halten, und jeden als einen Feind seiner Ruhe und Glückseeligkeit zu betrachten, der an dem Gebäude irgend einen Riss oder lockern Stein bemerkt haben will, oder wohl gar den ganzen Grund für schwach und unhaltbar anzugeben sich erdreistet. Kommt dann noch das Ansehen der Männer hinzu, die eine gewisse Lehre zuerst bekannt machten; sind sie gar als göttliche Gesandten, Inspirirte und Heilige verehrt, wie sollte der menschliche Geist nicht geneigt seyn, in einer eingebildeten Vollkommenheit ihrer Lehre ein sanftes Ruhebette zu suchen, auf welchem er sich, froh durch den Besitz eines erträumten Gutes, hinstrecken könne, ohne durch eigne Anstrengung das Pfund, das ihm blos zum Wucher anvertrauet war, vervielfältigen zu dürfen. Es ist daher gar nicht zu verwundern, dass man sehr bald die Schriften und Ausprüche der Lehre des

Chri-

Chriſtenthums für das non plus ultra alles religiöſen und moraliſchen Wiſſens anfahe, und um dieſes non plus ultra in ſeiner ganzen Reinheit und Vollkommenheit zu beſitzen, nichts weiter thun zu dürfen glaubte, als die locos claſſicos der heiligen Urkunde aufzuſuchen, nach einer gewiſſen Ordnung zu ſtellen, darüber ein wenig zu räſonniren, und, um den darin enthaltenen oder gefundenen Sinn veſt zu halten, ihn an gewiſſe Kunſtwörter zu binden; ungefähr ſo, wie man ſogar in unſern Zeiten noch das Exempel erlebt hat, daſs die Schriften eines gewiſſen Mannes von vielen ſeiner Verehrer als das non plus ultra alles philoſophiſchen Wiſſens angeſehen, und das Geſchäft, welches er dadurch vorzubereiten gedachte, ſchon für ganz vollendet gehalten wurde; daher ſich denn manche Kompendienſchreiber blos mit dem Zuſammentragen, Ordnen und Kommentiren der in jenen Schriften, als heiligen Urkunden der Philoſophie, enthaltenen, zu einer Wiſſenſchaft gehörigen Sätze begnügten, um z. B. eine recht vollkommene Logik und Metaphyſik der Welt vor Augen zu legen.

Dieſs

Diefs ist der gewöhnliche Gang der Kultur des menschlichen Geistes, dafs die wenigsten Verehrer und Nachfolger eines Erfinders oder Urhebers in Künsten und Wissenschaften weiter, als er selbst gehen zu können oder zu dürfen glauben; und dieser Fall findet immer um so eher statt, je wichtiger und erhabner die Wissenschaft oder Kunst ist, und jemehr dabey Verstand und Herz interessirt sind. Ein Wunder wäre es also gewesen, wenn er nicht auch bey der christlichen Religion eingetreten wäre. Ja er mufste hier um so mehr eintreten, je stärker die Veranlassungen, und je dringender die Ursachen waren, welche die ersten Christen bewogen, vest und pünktlich über das zu halten, was ihnen einmal bekannt gemacht war, und mehr für die Erhaltung und Ausbreitung, als für die Vervollkommnung des Christenthums zu sorgen. Erstlich bestand in den frühesten Zeiten das Christenthum in weiter nichts, als einem Kampfe gegen den jüdischen Partikularismus, und den unsittlichen Aberglauben des Heydenthums. Hier war also vorerst die ganz

ächte

ächte und unveränderte Lehre Jesu und der Apostel um so nöthiger, je mehr in jenen Zeiten die geringste Abweichung davon Spaltungen unter den Christen hätte hervorbringen, und das Zutrauen bey den neu zu Bekehrenden schwächen müssen. Zwar fingen bald einige Kirchenväter, vornehmlich **Klemens** und **Origenes**, an, von einer höhern Gnosis zu sprechen, und über die Religionswahrheiten weiter nachzudenken; allein theils folgte man nicht diesem von einem bessern Genius ihnen gegebnen Winke, theils leiteten sie selbst ihre vorgeblich tieferen Einsichten aus einer ziemlich unlautern Quelle, einer geheimen Tradition, ab, und verdarben damit auf der andern Seite das, was sie auf der einen gut gemacht hatten. In der Folge suchte man lieber durch List und Gewalt alles freye Untersuchen und weitere Fortschreiten in der Erkenntnifs zu hemmen, als dafs man es als Hauptmaxime beym Studium der Schrift hätte empfehlen sollen. Die sogenannten Ketzer widersetzten sich nur immer den Anmaafsungen der herrschenden Partey, dafs diese allein die Religion in ihrer wahren

wahren und vollkommenſten Geſtalt beſitzen wollte, und meynten, ſie ſelbſt ſeyen in dem ausſchließenden Beſitze dieſes Gutes. Die Reformatoren endlich hätten genug mit Beſtreitung der handgreiflichſten Irrthümer und mit Abſchaffung der gröbſten Misbräuche, mit dem Negativen zu thun, als daſs ſie an das Poſitive, die Vervollkommnung der geoffenbahrten Religion ſelbſt hätten denken können. Sie muſsten vorerſt nur dahin aus allen Kräften arbeiten, die Religion von den verderblichen Zuſätzen des Aberglaubens und der Unwiſſenheit zu reinigen, und ſie in ihrer urſprünglichen Geſtalt herzuſtellen; und dieſs groſse Werk konnten ſie einzig und allein dadurch ausführen, daſs ſie der Schrift in Religionsſachen das uneingeſchränkteſte Anſehen vindicirten, und alles für verwerflich erklärten, was nicht in ihr enthalten, aus ihr geſchöpft ſey. Das Verdienſt, welches ſie ſich dadurch erwarben, bleibt immer unſterblich; aber vielleicht war eben dieſer Grundſatz Schuld daran, daſs bald darauf der freyere Unterſuchungsgeiſt unterdrückt, und die zum weitern Fortſchreiten bereits geöffnete Bahn wieder verlaſſen wurde. Auf diese Art geschahe es denn, daſs man erſt spät einsehen lernte, die Bibel sey, wie SEMLER sagt, kein Regiſter aller in aller Zeit möglichen Kenntniſſe, und daſs man erſt in neuern Zeiten auf den Gedanken kam, es als Grundsatz aufzuſtellen, die geoffenbahrte Religion sey selbſt der Vervollkommnung fähig und bedürftig. 2) Aber, wenn man nun auch den Perfektibilitäts-Grundsatz aufzuſtellen vergaſs, hat man denn auch das Perfections-Geschäft immer vernachläſsigt, und hat die Summe religiöser und moralischer Begriffe seit Entſtehung des Chriſtenthums nicht den geringſten Zuwachs weder extensiv noch intensiv erhalten? — Hier, lieber Freund, zeigt sich ein merkwürdiger Beleg zu der alten Bemerkung, daſs es in der Praxis oft anders sey, als in der Theorie. Denn wenn Sie in der chriſtlichen Religions- und Kirchen-Geschichte, (deren pragmatische Bearbeitung, um dieſs im Vorbeygehen zu erinnern, unſtreitig sehr gewinnen müſste, wenn man ihr zum Hauptgesichtspunkte das Problem anwiese, was iſt

bis

bis hieher, in jeder Periode, von jedem merkwürdigen Manne, unter diefen und jenen günftigen oder ungünftigen Umftänden zur Vervollkommnung der Religion gefchehen oder nicht gefchehen?) wenn Sie alfo in jener Gefchichte nach diefem Geüchtspunkte den Veränderungen nachgehen, welche die Religion betroffen haben, fo werden Sie finden, dafs die meiften Freunde und Verehrer derfelben, welche in fich den Beruf fühlten, über das, was der Menfch, zu thun, zu glauben und zu hoffen hat, nach Anleitung der Offenbahrung nachzudenken, und nicht blofs nachzubeten, was ihnen ihre Lehrer darüber vorgefagt hatten, jenen Grundfatz ausübten, ob fie fich gleich deffelben nicht bewufst waren, und auf ein eingebildetes Ziel hinarbeiteten. Man bemerkt diefen Vervollkommnungstrieb fchon in den frühern Zeiten, und mufs ihn nicht minder in der heiligen Tradition mit der verborgenen Löwenklaue, als in der geheimen Gnofis mit der unfchuldsvollen Miene, in den kahlen Spitzfindigkeiten der Scholaftik eben fowohl, als in hohen Offenbahrungen, dem innern Lichte der Myſtik anerkennen, wenn gleich auf dieſen Wegen mehr Verſchlimmerung und zum Theil eine gräuliche Verwüſtung des Grundes und Bodens, den man bearbeitete, bewürkt wurde. Erwägt man aber, was in ſpätern Zeiten zur Bearbeitung religiöſer und moraliſcher Wahrheiten nach Anleitung der Schrift geſchehen iſt, ſo wird es noch weit einleuchtender, daſs jener Grundſatz ſelbſt von denen, die ihn nicht kannten, oder nicht annahmen, ſehr glücklich angewendet und befolgt worden iſt, und daſs die geoffenbahrte Religion in ihrem theoretiſchen und praktiſchen Theile gar ſehr an Vollkommenheit gewonnen hat. Dieſer Widerſpruch zwiſchen Theorie und Praxis, der ſonſt nicht immer für die Sache, worauf ſich beyde als auf ihr Object beziehen, heilſam und nützlich iſt, hatte doch hier die glückliche Folge, daſs der Fehler der erſtern durch die letztere zum Theil wieder gut gemacht wurde. Bey dieſer folgte man der Leitung des gemeinen und geſunden Verſtandes, der vermöge eines gewiſſen dunkeln Gefühls das Unvollkommene und Mangelhafte der Offenbahrung und die

Be-

Beſtimmung derſelben, durch menſchliche Bearbeitung immer vollkommner zu werden, ahndete; während bey jener die immer auf das Unbedingte gehende Vernunft das *Ideal* von einer abſolut vollkommenen Religion ſchuf, und es in der Offenbahrung als in concreto gegeben finden wollte. So war alſo der menſchliche Geiſt immer thätig, die geoffenbahrte Religion zu vervollkommnen, wenn er es ſich gleich nicht deutlich dachte, daſs dieſs ſeine Pflicht und die Beſtimmung der Offenbahrung ſelbſt mit ſich bringe. Eben der Vervollkommnungstrieb, der in frühern Zeiten das Syſtem bauete, und die Religion mit ſo viel unnützen Zuſätzen überlud; eben derſelbe riſs in neuern Zeiten nieder, ſuchte das Wahre und Gute aus den Trümmern hervor, entwickelte, benutzte und bildete es immer weiter aus; und glaubte dabey doch immer nur, die reine, unverfälſchte Chriſtuslehre aus ihren ächten Denkmälern hervorzuſuchen, ſich ihr immer mehr durch Zurückgehen zu nähern, während man ſie eigentlich vervollkommnete, und durch weiteres Fortſchreiten ſich von der urſprüngli-

chen

chen Einfalt derselben immer mehr entfernte.
Man verkannte also nur den eigentlichen
Zweck der Offenbahrung, Anleitung zu einer
immer vollkommnern Erkenntnifs zu seyn,
ungeachtet die Fürsehung durch Erweckung
und Leitung des menschlichen Forschungs-
geistes diesen Zweck sehr gut zu erreichen
wuſste, und ihn also auch nicht bey Bekanntmachung der Offenbahrung mit ausdrücklichen
Worten anzukündigen brauchte, indem diese
Ankündigung nicht nur nichts gefruchtet,
sondern sogar die Menschen abgeneigt gemacht haben würde, eine Offenbahrung als
göttlich anzunehmen, die sie selbst durch
eigne Thätigkeit immer mehr ausbilden und
vervollkommnen sollten.

Brie-

Briefe
über
die Perfektibilität
der
geoffenbahrten Religion.

Dritte Abtheilung

enthaltend

die Darstellung des Einflusses des Perfektibilitätsgrundsatzes auf die gesammte Theologie, und auf theologische und religiöse Denkart überhaupt.

Ὁ ἐξηγούμενος ὀφείλει μήτε κατ' εὔνοιαν ἐπιχειρεῖν τὰ κακῶς λεγόμενα σινίζαν, καὶ ὡς ἀπὸ τρίποδος ταῦτα δέχεσθαι, μήτε τὰ καλὰ κακοτρόπως δέχεσθαι κατὰ ἀπέχθειαν, ἀλλὰ κριτὴς ἀπαθὴς τῶν λεγομένων ὑπάρχειν καὶ πρωταμεν, τὴν διάνοιαν τοῦ ἀρχαίου σαφηνίζειν καὶ ἑρμηνεύειν τὰ αὐτῷ δοκοῦντα· ἔπειτα, τὴν παρ' ἑαυτῷ ἐπιφέρειν κρίσιν.

AMMONIUS *in decem categorias Aristotelis.* p. 5. *).

*) Der Verfasser der eben so schönen als lehrreichen Briefe die biblische Exegese betreffend, wird es dem Verf. dieser — mit jenen freylich weder in Form noch Materie zu vergleichenden — Briefe verzeihen, daß er von Ihm ein Motto entlehnte, welches eben so sehr zu seinem Zwecke paßte, als es unserm Zeitalter eingeschärft zu werden verdient.

Zehnter Brief.

„Wenn dem alſo iſt," erwiedern Sie in Ihrer Antwort auf meinen letzten Brief, „wenn das Perfektionsgeſchäft auch ohne den Perfektibilitätsgrundſatz ſo gut betrieben wurde: welches ſind denn die groſsen Vortheile, die man ſich zu verſprechen hätte, wenn die ältere Vorſtellungsart über Beſchaffenheit, Werth und Zweck der Offenbahrung der neuern Platz machte, da doch jene der Vervollkommnung der geoffenbahrten Religion nicht durchaus hinderlich, vielleicht gar beförderlich geweſen iſt?" Hierauf könnte ich Ihnen mit wenigem antworten: Alle die Vortheile, die ein deutlich gedachter und genau beſtimmter Grundſatz gewähren muſs,

wenn

wenn er an die Stelle eines dunkeln Gefühls tritt, dem man bis dahin als dem einigen Führer folgte. Indeſſen, da Sie mich doch nicht mit einer ſo kurzen Antwort davon laſſen würden, ſo muſs ich mich wohl in ein genaueres Detail einlaſſen, und will es alſo verſuchen, ob ich Ihnen meine Meynung auch von Seiten des wohlthätigen Einfluſſes empfohlen kann, den ſie auf **Schrifterklärung**, **Dogmatik**, **Moral** und auf **theologiſche** und **religiöſe Denkart** überhaupt nothwendig haben muſs. Freylich dürfen Sie hier keine ausführliche und vollſtändige Entwickelung aller dieſer Punkte erwarten. Nur die Grundzüge kann ich entwerfen, und einige Winke geben. Das Uebrige mögen Sie ſelbſt hinzudenken, und den unvollkommnen Schattenriſs nach Gutdünken ausmahlen.

Alle unſere Kenntniſs von der chriſtlichen Religion, wie ferne ſie poſitive, zu einer gewiſſen Zeit und von gewiſſen Perſonen bekannt gemachte Religion iſt, muſs aus der Schrift oder denjenigen Denkmählern geſchöpft werden, welche uns ſowohl die reliligiöfen und moralifchen Grundfätze derer, die diefe Religion zuerft bekannt machten, darlegen, als auch von den Schickfalen diefer Perfonen und von der erften Verbreitung ihrer Grundfätze einige Nachricht geben. Auf die richtige Erklärung diefer Denkmäler wird alfo ungemein viel ankommen. Denn wenn fie gleich nach unfrer Vorausfetzung nicht die einzige und untrügliche Quelle aller religiöfen und moralifchen Erkenntnifs find: fo ift es doch nicht nur überhaupt für jeden Chriften intereffant zu wiffen, welches die Begriffe, Vorftellungsarten und Grundfätze der erften Stifter und Lehrer feiner Religion waren; fondern es hat auch eine vieljährige Erfahrung gelehrt, dafs die religiöfe Erkenntnifs der Chriften immer mit der Erklärung jener Denkmäler gleichen Schritt gehalten, und, wenn diefe unrichtig, willkührlich und verderbt war, auch die Religion felbft an Reinigkeit, Würde und Vollkommenheit gar fehr verlohren habe. Nun ift jede Erklärung bekanntlich nur dann vollkommen richtig, wenn man mit den Worten eines Schriftftellers genau diefelben Begriffe

ver-

verbindet, die er selbst damit verband, und
bey seinen Lesern damit verbunden wissen
wollte; die Begriffe selbst mögen übrigens
beschaffen seyn, wie sie wollen; sie mögen
uns falsch, irrig, widersprechend, verwerflich scheinen, oder nicht, genug, wenn sich
erweisen läfst, dafs der Schriftsteller dieses
oder jenes sagen wollte, so ist sein Inter-
pret gerechtfertiget, gesetzt auch, dafs sich erweisen liefse, der Auctor hätte etwas anderes
(der Wahrheit nach) sagen sollen. Jede
Erklärung, die diese Eigenschaft nicht hat,
wird also für unrichtig und fehlerhaft gehalten werden müssen.

Es sind aber die Quellen unrichtiger Auslegungen von doppelter Art. Entweder liegt
dabey Unwissenheit (vermeidliche oder
unvermeidliche) oder Vorurtheil zum
Grunde. Jenes wird der Fall seyn, wenn
man entweder nicht die Worte äcbt und vollständig vor sich hat, welche der Schriftsteller
brauchte, oder die zur Erklärung derselben
nöthigen philologischen und historischen
Kenntnisse nicht besitzt, oder endlich, wenn
ge-

gewiſſe ganz beſondere Umſtände völlig unbekannt ſind, die auf die Worte des Schriftſtellers und deren Verſtändniſs eine nahe oder entfernte Beziehung haben. Aus Vorurtheil aber wird man dann in der Erklärung eines Schriftſtellers fehlen, wenn man gewiſſe vorgefaſste Meynungen zur Erklärung mitbringt, und entweder dieſe ſelbſt in den Worten des Schtiftſtellers ſucht, oder wenigſtens vorausſetzt, es dürfe in deſſen Gedanken und Urtheilen nichts vorkommen, was den Grundſätzen einer erleuchteten Vernunft überhaupt oder unſern eignen individuellen Ueberzeugungen widerſpreche. Wenden wir dieſes auf die heilige Schrift an, ſo iſt wohl nicht zu läugnen, daſs bey ihr die letztere Quelle weit reichhaltiger an fehlerhaften und unrichtigen Auslegungen geweſen ſey, als die erſtere. Denn wenn gleich vornehmlich in ältern Zeiten viele zur richtigen Erklärung des neuen Teſtaments erforderlichen Hülfsmittel mangelten, und unſer Zeitalter hierin groſse Vorzüge hat: ſo kann doch auf der andern Seite nicht geläugnet werden, daſs bey unwiſſenden Auslegern auch immer Vor-

ur-

urtheile aller Art im Spiele waren, und daſs ſelbſt ſolchen Auslegern, die mit den beſten Hülfsmitteln und Vorkenntniſſen verſehen waren, gewiſſe vorgefaſste Meynungen oft die Augen verblendeten, und verurſachten, daſs ſie den ächten Sinn der Schrift, der zuweilen ſehr offen da lag, verkannten, weil er ihnen nicht gefiel. Es war daher nicht ſelten der Fall, daſs unphiloſophiſche Köpfe und Leute von ſehr eingeſchränkten Kenntniſſen, indem ſie ſich bloſs ihrem ſchlichten Menſchenverſtande und natürlichen Wahrheitsgefühle überlieſsen, den Sinn der Schrift weit richtiger auffaſsten, als groſse Kritiker, Sprachforſcher und Philoſophen. Die Urſache läſst ſich leicht begreifen. Die erſtern fragten nur, was lehrt die Schrift? das Wie und Warum lieſsen ſie an ſeinen Ort geſtellt ſeyn. Sie bekümmerten ſich nicht darum, ob und in wieferne der ſich darbietende Sinn mit dem, was die Vernunft für wahr zu halten gebietet, übereinſtimme oder im Widerſpruche ſtehe, ſondern nahmen ihre Vernunft willig unter dem Gehorſam des Glaubens gefangen; und trafen ſo den wahren

Sinn

Sinn der Schrift oft fehr glücklich. Nachdem aber kühne Vernünftler oder würklich nachdenkende und wahrheitliebende Männer auftraten, und fich zu zeigen bemühten, man könne unmöglich, ohne der Vernunft Gewalt anzuthun, gewiffe vorgebliche Lehrfätze und Gebote der Schrift als allgemein wahre und gültige Grundfätze der Religion und Moralität annehmen, fo fuchte man die Worte derfelben fo lange zu drehen und zu wenden, bis man in ihnen etwas Andres und Befferes gefunden zu haben meynte, damit fie nur nicht weiter etwas der Vernunft Anftöfsiges enthalten möchten, weil man vorausfetzte, die Schrift dürfte und könnte dergleichen nicht enthalten, entfernte fich aber dadurch oft gar fehr von dem klaren und fimpeln Wortverftande der Bibel. Wollen Sie hiervon ein recht auffallendes Beyfpiel haben, fo denken Sie an die Mofaifche Schöpfungsgefchichte. Unftreitig haben diejenigen, welche alles, wie es dafteht, nahmen, alfo glaubten, Gott habe würklich fucceffiv gefchaffen, habe, wie ein Menfch, gefprochen, gehandelt, geruht, den Verfaffer diefes fchönen Fragments aus

der

der älteften, noch ganz ungebildeten Naturphilofophie am beften verftanden. Gewifs dachte er fich den Schöpfer und die Schöpfung nicht anders, als er beydes befchrieben hat, nehmlich ganz menfchlich, ganz finnlich. Seine Elohim, und derjenige von ihnen, dem er ausfchliefslich das Schöpfungswerk beylegt, waren wohl nichts anders, als Wefen höherer Art, denen die uralte Welt zwar gröfsere Macht und Weisheit, aber fonft gleiche Körperbildung, (nach feinem Bilde fchuf er fie;) gleiche Denkart, und gleiche Handlungsweife mit den Menfchen zufchrieb. Die Schöpfung war ihm keine Hervorbringung aus Nichts, fondern eine Bildung aus einem unförmlichen rohen Erdftoffe, (einem Chaos, wenn gleich keinem griechifchen,) wobey die Thätigkeit des Elohim und die Kräfte der Elemente gleichmäfsig würkten 27). Ihm war die Welt kein Syftem

---

27) Es ift merkwürdig, dafs der Verfaffer jener Urkunde da, wo wir alles aus und nach natürlichen Gefetzen erklären, nehmlich bey der Bildung und Einrichtung der Himmelskörper, Gott

Syftem unzähliger und unermefslicher Körper
und Syfteme von Körpern; fondern Himmel
und Erde; eine Welt, deren Mittelpunkt die
Erde ift, und in der alles auf diefen kleinen
Punkt Bezug hat, alles um deffen und feiner
Bewohner willen da ift. Als aber die männliche durch eine Menge von Erfahrungen
und Beobachtungen geleitete Vernunft über
diefes alte Denkmal der unerfahrnen kindifchen Vernunft kam, und anfing zu philofo-
phiren, dafs Gott unmöglich fo reden und
han-

Gott unmittelbar — da hingegen, wo wir mit
jener Erklärungsart nicht fortkommen, nehmlich bey der Schöpfung der organifirten und
lebendigen Kreaturen, die blofse Natur würken
läfst, obwohl auf Befehl und in Gemein-
fchaft Gottes V. 16. 17. Gott machte Lichter
— und fetzte fie an den Himmel. V. 20. 24.
Gott fprach: die Waffer follen wimmeln von
lebendigen Thieren — und die Erde bringe
hervor lebendige Thiere; vergl. mit V. 12.
wo die Erde ganz allein Pflanzen und Bäume
hervortreibt. Ein kurzes Nachdenken mufs
aber jeden lehren, dafs diefs ganz der Denkart
einer noch ungebildeten Vernunft angemeffen ift.

P

handeln, fondern dafs er durch feinen allmächtigen Willen alles in einem Augenblicke aus dem Nichts hervorziehen könne; als man die Gröfse, den Zufammenhang, die alle Begriffe überfteigende Herrlichkeit und Unermefslichkeit des Weltgebäudes einfehen und bewundern lernte: da wurde das arme Denkmal gewandt, gedreht, verzerrt und gefoltert. Bald fand man blofse Allegorie, bald die tiefften phyfikalifchen Einfichten darin, und erfchöpfte fich dann in den feinften Bemerkungen und tieffinnigften Hypothefen über das ganze Schöpfungswerk, und deffen einzelne Theile; die freylich zufälliger Weife manche fchöne und lehrreiche Unterfuchung herbeyführten, aber immer, je gelehrter und fcharffinniger fie waren, defto mehr den wahren Gefichtspunkt verrückten, aus welchem man den ächten Sinn des alten morgenländifchen Barden hätte auffinden können 28). Ein anderes

---

28) Man vergl. die ältefte Urkunde des Menfchengefchlechts, (Riga. 1774, 4.) Th. 1. Abfch. 1. Kann man gleich der Hypothefe und Verfahrungsart des Verf. keineswegs Bey-

andres Beyſpiel kann Ihnen die Lehre von der Buſse und Begnadigung an die Hand geben. Diejenigen, welche annahmen, die Schrift lehre, der Sünder, welcher Gnade bey Gott ſuche, müſſe vor demſelben zittern, und hohe Seelenangſt fühlen; faſsten den Sinn mancher darauf ſich beziehenden, beſonders altteſtamentlichen, Schriftſtellen ganz richtig. Dieſe Vorſtellungsart iſt den mangelhaften und irrigen Begriffen, die man in jenen Zeiten von der Gottheit und ihrem Verhältniſſe gegen die Uebertreter ihrer Geſetze hatte, vollkommen angemeſſen. Nur hätte man dieſs nicht zu einem Glaubensartikel für uns, und Furcht und Zittern vor dem Herrn zur

Beyfall geben, ſo iſt doch dasjenige ſehr gegründet und wahr, was er, obwohl in ziemlich ſtarken Ausdrücken, über den bisherigen Sinn und Unſinn der Schulen in Erklärung dieſer Urkunde am angef. O. ſagt, und es bleibt immer ſein Verdienſt, auf den einzig richtigen und natürlichen Weg in Auslegung jener Urkunde geführt zu haben, den nachher andre, und vorzüglich Eichhorn und Gabler ſo glücklich betraten.

zur nothwendigen Bedingung der Begnadigung machen follen. Diejenigen aber, welche eine beſſere, dem Geiſte des Chriſtenthums gemäſsere Theorie hierüber aufzuſtellen fuchten, fingen an, jene Stellen anders und milder zu erklären, entfernten fich aber dadurch in der That vom fimpeln Wortverſtande, und gaben wider ihren Willen Anlaſs zu nicht ganz ungerechten Klagen der Gegenpartey über Schriftverdrehung 29). Das πρῶτον ψεῦδος war hierbey immer, daſs man die in der Schrift enthaltenen Sätze und Ausfprüche für eine abfolut vollkommene und einzig richtige Religionstheorie hielt; daſs man voraus

---

29) S. Spalding's Gedanken über den Werth der Gefühle in dem Chriftenthume, (Leipz. 1764.) S. 200. ff. vergl. mit der Beurtheilung diefer Schrift von einem Ungenannten, (Frankfurt. 1764.) S. 67. ff. Will man mehrere Beyfpiele willkührlicher und gezwungener Schriftdeutungen, fo wird man deren eine Menge in Eberhard's Apologie des Socrates finden, deren exegetifcher Theil dem philofophifchen bey weitem nachfteht.

aus setzte, es dürfe kein Irrthum, keine falsche, unvollkommene Vorstellungsart von religiösen Dingen in der Schrift vorkommen, weil ihre Verfasser vom Geist' in alle Wahrheit seyen geleitet worden. Die ersten glaubten also alles als wahr und gültig annehmen zu müssen, was die Schrift irgendwo von einer Sache sage, wenn auch die Vernunft Einwendungen dagegen machte; die andern hingegen meynten, man müsse seine Zuflucht zur Interpretation nehmen, und allenfalls lieber den Worten der Schrift einige Gewalt anthun, ehe man den Rechten der Vernunft etwas vergäbe. Sobald man dagegen eingesteht, es können manche irrige und mangelhafte Vorstellungen über religiöse und moralische Gegenstände in der Schrift unbeschadet ihres Ansehens und Werthes vorkommen, und es sey nur unsre Pflicht, nach andern Gründen dieselben zu berichtigen und vollkommner zu entwickeln: so kann den gewissenhaften Ausleger nichts weiter hindern, den klaren, simpeln Wortverstand der Schrift, so wie ihn Sprachgebrauch, Kontext, und die allgemeine Denkart des Zeitalters an die Hand geben,

geben, aufzufinden und einzugeftehen. Die zweyte Quelle unrichtiger Schrifterklärungen muſs alſo durch den Perfektibilitätsgrundſatz wo nicht ganz verſiegen, doch wenigſtens groſsentheils verſtopft werden, und, indem man dadurch Zeit gewinnt, einzig und allein auf die Verſtopfung der erſten Quelle hinzuarbeiten, ſo muſs er nothwendig für die geſammte Hermeneutik von den wohlthätigſten Folgen ſeyn.

Eilf-

Eilfter Brief.

Sie glauben alſo würklich, mein Freund, die ſogenannte Accommodirmethode, da man den Ausdrücken der Schrift einen beſſern, reinvernünftigen Sinn unterſchiebt, als ſie dem ſimpeln Wortverſtande und der Abſicht ihrer Urheber nach haben ſollten, ſey von keinen ſchädlichen Folgen, ſey ein ganz erlaubtes Mittel, der Unvollkommenheit heiliger Bücher zu Hülfe zu kommen, ſey ein Mittel, deſſen ſich nicht nur Jeſus und die Apoſtel in ihren Anführungen altteſtamentlicher Schriftſtellen bedient hätten, um ihre reineren geiſtigeren Lehren dadurch den Juden annehmlicher zu machen, ſondern deſſen

Rechtmäfsigkeit und fogar Nothwendigkeit in den neueften Zeiten auch von dem Erften aller Interpreten der reinen Vernunftreligion, dem Stifter der kritifchen Philofophie, fowohl durch Gründe als durch Beyfpiel dargethan worden feyn folle. Ich geftehe es, die Auctoritäten, die Sie mir entgegenfetzen, find wichtig; das Problem, deffen Auflöfung Sie mir dadurch aufgeben, ift fchwer, und gern würde ich daher ausweichen und ftillfchweigen, wenn nicht die Steine, die Sie mir in den Weg geworfen haben, zu grofs wären, als dafs man fo leicht vorbey oder darüber hingehen könnte. Laffen Sie uns daher verfuchen, ob wir fie bey Seite fchaffen können!

Vorerft alfo wollen wir die Frage unterfuchen: Haben Jefus und die Apoftel würklich accommodirt? — Ich bitte Sie, hier gleich zu bemerken, dafs diefe Frage mit einer andern, zwar ähnlich klingenden, aber wefentlich verfchiedenen, nicht verwechfelt werden dürfe, nehmlich mit der Frage, ob fie fich accommodirt haben? Denn wenn man von Accommodation überhaupt

haupt fpricht, fo gefchieht diefs in einer doppelten Beziehung. Es giebt eine Accommodation der Worte in fremden Ausfprüchen, und eine Accommodation der Meynungen in eignen Urtheilen. Dort accommodirt man die Ausfprüche andrer nach feiner Meynungen, hier accommodirt man fich in feinen Ausfprüchen nach den Meynungen andrer. Man könnte jene Art der Accommodation die exegetifche, diefe, die dogmatifche nennen. Hier ift blos von der erftern die Rede; von der letztern werde ich in einem der folgenden Briefe zu fprechen Gelegenheit haben.

Was alfo die exegetifche Accommodation betrift, fo lehrt fürs erfte der Augenfchein, dafs die neuteftamentlichen Schriftfteller (worunter man auch Jefum mit begreifen kann, weil doch ein beträchtlicher Theil des neuen Teftaments Worte aus feinem Munde, wenn gleich nicht aus feiner Feder find) fehr häufigen Gebrauch von Stellen des alten Teftaments machen, um gewiffe Sätze und Behauptungen entweder direct zu beweifen, oder

oder nur beyläufig zu erläutern. Hier entſteht nun ſehr natürlich die Frage, welchen Werth dieſe Anführungen in Anſehung der Schriftauslegung haben? Es war eine Zeit, wo man dieſe Deutungen der neuteſtamentlichen Schriftſteller für vollkommen richtig hielt, weil ſie als Inſpirirte untrügliche Religionslehrer geweſen ſeyen, und mithin nicht nur ihre Lehre ſelbſt in allen Stücken die vollkommenſte ſey, ſondern auch der Geiſt am richtigſten die Worte habe müſſen auslegen können, die er einſt den Schriftſtellern des alten Teſtaments eingegeben habe. Weil man aber doch offenbar ſahe, daſs nicht alle dieſe Deutungen buchſtäblich wahr ſeyn könnten, ſo fiel man auf den mannichfaltigen Sinn der Schrift, vermöge deſſen man in dieſer ergiebigen Quelle finden konnte, was man nur immer wollte. Andre hingegen, deren guter Geſchmack dieſe betrügliche und ſchwankende Auslegungsart unmöglich billigen konnte, gaben vor, dieſs ſeyen meiſtens bloſse Anwendungen, welche die neuteſtamentlichen Schriftſteller von den Ausſprüchen der altteſtamentlichen gemacht hätten, ob ſie gleich

gleich den richtigen und eigenthümlichen Sinn der von ihnen angeführten Worte sehr wohl eingesehen hätten; sie hätten oft dieselben blos nach ihrem Sinne accommodirt, um theils ihren Zeitgenossen unter dieser gefälligern Hülle die wichtigsten Wahrheiten mitzutheilen, theils ihrer ganzen Lehre und besonders der von Jesu dem Messias, durch Berufung auf die Ausspüche und vorgeblichen Weissagungen des alten Testaments mehr Eingang zu verschaffen. Allein hier entsteht nun wieder eine neue Schwierigkeit, indem man nehmlich bestimmte Kriterien angeben sollte, durch welche man sogleich erkennen könnte, in welchen Fällen man jene Deutungen entweder für blosse Anwendungen, oder für würkliche Erklärungen zu halten habe? Manche wollten diese Kriterien in den Anführungsformeln, andre in der Art des Gebrauchs finden, den die neutestamentlichen Schriftsteller von Stellen des alten Testaments machen 30). Wenn sie z. B. aus den-

---

30) Man sehe Dathe zu Jes. 7, 14. und seine Einleitungen zu verschiedenen Psalmen, die Messianische genannt werden.

denselben argumentirten, und sich beym Beweise von Hauptsätzen darauf beriefen, so müsse man eine eigentliche Erklärung annehmen, und sey also verbunden, das A. T. in solchen Stellen nach dem Neuen zu erklären, weil man in diesem Falle ganz authentische Ausleger vor sich habe. Allein die bessern Einsichten in die Sprache, Denkart und den Zusammenhang der alttestamentlichen Schriftsteller haben gelehrt, dass selbst in solchen Stellen, wo die neutestamentlichen Schriftsteller nicht blofs allegiren, sondern interpretiren, nicht blofs alludiren, sondern argumentiren, sich mancherley wichtige Einwendungen gegen ihre Erklärungen machen lassen; und da tritt dann die grofse Bedenklichkeit ein, wie diese Schriftsteller, welche die Menschen in alle Wahrheit leiten sollten, sich solche falsche Deutungen erlauben, und ihre Zuhörer oder Leser absichtlich irre führen konnten. Meines Erachtens bleibt diefs immer Betrug, wär' es auch ein sogenannter frommer, in guter Absicht geschehener Betrug, und wenn man es mit Recht unsern Predigern nicht gestatten will, zum

Be-

Beweife oder zur Erläuterung ihrer Behauptungen fich folcher Schriftftellen zu bedienen, die eigentlich nichts von dem enthalten, was fie beweifen oder erläutern follen: fo glaub' ich, liefse fich auch das Verfahren der neuteftamentlichen Schriftfteller fchwerlich entfchuldigen, wenn fie abfichtlich falfch gedeutet hätten. Aber eben diefes Abfichtliche bezweifle ich. Denn da zu ihren Zeiten hermeneutifche Grundfätze galten, vermöge deren folche Erklärungsarten, wie wir fie im N. T. vorfinden, nicht blos für zuläfslich, fondern auch für richtig gehalten wurden; da ferner jene Schriftfteller gröfstentheils ungelehrte Ausleger, und nicht über allen Irrthum erhaben waren: fo glaube ich, dafs eben jene Erklärungen mit zu dem Irrigen und Mangelhaften gehören, was dem Wahren und Guten in der Schrift beygemifcht ift.

Und diefs ift denn auch infonderheit der Fall bey den meiften derjenigen Deutungen altteftamentlicher Stellen, in welchen Ausfprüche und Begebenheiten des A. T. als Vorbedeutungen und Weiffagungen auf Perfonen und

und Ereignisse des N. T., vornehmlich auf Jesum und dessen Schickfale angegeben werden. Bekanntlich nennt man diese Stellen des A. T., von welchen im N. T. ein solcher Gebrauch gemacht wird, oder von welchen spätere Ausleger nach Anleitung des N. T. einen solchen Gebrauch gemacht haben, m e s- s i a n i s c h e Weissagungen; allein selbst dieser Ausdruck enthält eine grofse Zweydeutigkeit. Denn man muss, wie auch schon andre, und vorzüglich ECKERMANN in seinen bekannten B e y t r ä g e n angemerkt haben, einen grofsen Unterschied machen zwischen e i g e n t l i c h m e s s i a n i s c h e n W e i s s a g u n g e n, d. h. solchen Ausfprüchen der alten Propheten, worin die Hoffnung eines grofsen aus David's Geschlechte zu erweckenden Mannes enthalten ist, der eine heilfame Verbesserung und Erweiterung im ganzen, politischen sowohl als religiösen Zustande der Israelitischen Nation bewürken sollte — dergleichen Erwartungen durch den Verfall des Staats und der Religion bey jedem ächten Patrioten und Verehrer des Jehova, der bedachte, was derselbe ehedem für diesen Staat und diese Re-
li-

ligion gethan hätte, nothwendig rege und mit dem gröfsern Verfalle immer lebhafter werden mufsten — und zwifchen Weiffagungen von Jefu, dem Stifter der chriftlichen Religion. Dafs Weiffagungen der erftern Gattung in den Schriften des A. T. anzutreffen find, kann nur der läugnen, der fie auch nicht einmal flüchtig durchblättert hat; und wer mir z. B. Jef. 9. u. 11. und unzählige andere Stellen der Propheten von Hiskias, Serubabel, oder Gott weifs, von was fonft für würklichen Perfonen des A. T. erklärt, von deffen exegetifchem Gefühle, und Sinne für prophetifche Bilderfprache hab' ich eben keine hohen Begriffe. Ob aber Weifsagungen der letztern Art darin vorkommen, ift eine andere Frage, die wohl fchwerlich möchte bejaht werden können. Zwar kann man nicht in Abrede feyn, dafs in den Lebensumftänden Jefu und den Schickfalen feiner Schüler und feiner Religion Ereigniffe und Umftände vorkommen, welche mit den Befchreibungen von Meffias und gewiffen Begebenheiten oder Umftänden im A. T. oft fehr genau zufammentreffen. Allein theils

find

find diefs doch weiter nichts als blofse Aehnlichkeiten und Parallelen, dergleichen man überall in Begebenheiten älterer und neuerer Zeiten aufgreifen kann, die aber hier nach dem herrfchenden Grundfatze, dafs der Meffias alles Grofse und Merkwürdige feiner Stammväter in fich vereinigen müffe, defto eher aufgegriffen, und von den neuteftamentlichen Schriftftellern zu Begründung ihrer Behauptung, Jefus fey der erwartete Meffias, benutzt wurden; theils konnte von Seiten Jefu manches abfichtlich gefchehen, um fich den prophetifchen Meffiasbildern, von denen er eigentlich fo himmelweit entfernt war, etwas anzunähern, und dadurch feiner Perfon und Lehre Anfehen und Beyfall zu verfchaffen; theils endlich konnte Gott felbft um eben diefes Zweckes willen die Schickfale Jefu und feiner Lehre fo moderiren, dafs jene Aehnlichkeiten daraus entfprangen; und in wieferne es nun auch von feiner Difpofition abhing, dafs die altteftamentlichen Schriftfteller gerade auf diefe Vorftellungen und Bilder geriethen, fo kann man wohl fagen: Gott habe durch die Propheten Jefum als den Meffias

fias vorher ankündigen laſſen. Nur hat man hierbey allemal zu bedenken, 1) daſs die Propheten bey ihren Ausſprüchen etwas ganz anders im Sinne hatten, als ſich durch die nachmalige Entwickelung der Umſtände nach dem weiſen Plane Gottes zeigte, und daſs folglich 2) jene Ausſprüche, wenn man ihren wahren Sinn erforſchen will, von den Ausſprüchen und Begebenheiten des N. T. ganz unabhängig gemacht, und ſowohl nach den in jenen Zeiten herrſchenden Ideen, als auch aus den damaligen Begebenheiten und Umſtänden erklärt werden müſſen, geſetzt auch, daſs man bey der annaliſtiſchen Kürze und den vielen Lücken in der Geſchichte des Iſraelitiſchen Volks überhaupt, und einzelner Perſonen deſſelben inſonderheit nicht allemal nachweiſen könnte, worauf ſich wohl die dichteriſchen Seher des A. T. in ihren Ausſprüchen mögen bezogen haben.

Aus dieſen Bemerkungen ergiebt ſich, wie mich dünkt, ſehr natürlich die Folge, daſs die ganze vorgebliche Accomodation der neuteſtamentlichen Schriftſteller in Erklärung ſo

Q vieler

vieler Ausſprüche des A. T. eine blofse Erdichtung ſey, um ſich auf eine gute Manier aus der Verlegenheit zu retten, in die man kam, wenn man jene Deutungen als falſch zugeſtehen ſollte; und ich glaube daher mit vollem Rechte läugnen zu können, daſs es eigentliche Accommodationen im N. T. gebe. *) Denn dieſes Wort zeigt allemal eine **abſichtliche** falſche Deutung einer Stelle an,

*) Dafs diejenigen Stellen, worin die Verfaſſer des N. T. ihre eignen Gedanken in gewiſſe bekannte Ausdrücke und Formeln des A. T. blofs einkleiden, gar nicht hieher gehören, verſteht ſich wohl von ſelbſt. Diefs ſind weder Interpretationen noch Accomodationen, ſondern Wortſpiele, Alluſionen, oder, wie man es nennen will. Die Griechen machten es eben ſo mit ihrem Homer, und wir noch heutiges Tages mit unſrer ganzen Bibel, ohne auch nur von fern an Interpretation dabey zu denken. Bey den Ebräern war diefs eine ganz gewöhnliche Art der Gedankeneinkleidung, deren ſich ſchon die Propheten bedienten. Man vergl. darüber eine kurze, aber treffende Bemerkung in HERDER's Geiſt der ebräiſchen Poeſie. Th. 2. S. 296 u. 97.

an; bey welcher man den richtigen Sinn wohl einsieht, ihn aber aus gewissen Ursachen, (die übrigens beschaffen seyn mögen, wie sie wollen) verschweigt oder entstellt. Und eine solche Accommodation halte ich der Würde und dem Charakter der neutestamentlichen Schriftsteller für unanständig. Wollte man also ja dieses Wort noch ferner brauchen, so würde man darunter nichts weiter verstehen dürfen, als eine fehlerhafte Auslegung im N. T. von Stellen des A. T. dergleichen z. B. auch ein Professor auf seinem Katheder, oder ein Prediger auf der Kanzel machen kann, in der Meynung, er habe den wahren Sinn der auszulegenden Worte angegeben, so daſs man ihn also wegen eines Betrugs nicht in Anspruch nehmen kann.

Sie sehen demnach, werthester Freund, daſs diejenigen, welche sich willkührliche Deutungen der Schrift erlauben, um einen wirklich oder scheinbar bessern Sinn hineinzulegen, als die Worte mit sich bringen, sich keineswegs auf das Beyspiel der neuteſtamentlichen Schriftſteller berufen dürfen. Dieſe interpretirten in der Lauterkeit und Einfältigkeit ihres Herzens ohne alle abſichtliche Verdrehung, und wenn wir uns durch ſie irre führen laſſen, ſo iſt die Schuld lediglich unſer, daſs wir die beſſern, uns von Gott verliehenen Hülfsmittel zum Verſtändniſse der Schrift nicht gewiſſenhaft brauchen. Zugleich ſehen Sie aber auch hieraus, daſs unſer Grundſatz für die Erklärung des A. T. noch einen beſondern Nutzen hat. Denn durch ihn wird die hermeneutiſche Regel bewährt, und über alle Bedenklichkeit erhoben, daſs man das A. T. völlig unabhängig vom Neuen und ganz für ſich allein erklären müſſe, und daſs die Deutungen, welche von Stellen des erſtern in dem letztern gemacht werden, nur dann für gültig und authentiſch zu halten ſind, wenn ſie mit dem nach Sprachgebrauch' und Kontext gefundenen Sinne der altteſtamentlichen Schriftſteller übereinſtimmen.

Ob nun aber das Accommodiren überhaupt, und inſonderheit die Kantiſche Accommodirmemethode nebſt den Grundſätzen, nach welchen dieſer Philoſoph dabey verfahren iſt, zuläſslich und nützlich ſey? — dieſe Unterſuchung muſs ich bis auf meinen nächſten Brief verſparen. Der Gegenſtand ſcheint mir zu wichtig, als daſs er mit Wenigem abgeurtheilt werden könnte, und ich fürchte, mein Brief möchte Ihnen ohnehin ſchon zu lang dünken. Alſo leben Sie wohl.

Zwölfter Brief,

Warum wollen Sie mich zu einer so weiten Abschweifung verleiten? lieber Freund! Was kann Ihnen mit meinem individuellen Urtheile über die ganze Kantische Schrift gedient seyn, von der nur ein kleiner, zum Ganzen nicht wesentlich gehöriger, obwohl tief in dasselbe verwebter Theil in meinem Wege liegt? Die Religion innerhalb der Gränzen der blofsen Vernunft ist unstreitig eins der wichtigsten Producte neuerer, vielleicht das wichtigste Product aller Zeiten über den Gegenstand, den es betrift, ist ein Werk einzig in seiner Art, das ganz das Gepräge des originellen, tief denkenden Geistes trägt, der ihm das Daseyn gab.
Gleich-

Gleichwohl dürfte sich die Stimme des Publikum's vielleicht nie zu einem einhelligen Urtheile über den Gehalt und Werth deſſelben vereinigen. Anders wird es der Philoſoph, anders der Theolog, anders der Naturaliſt, anders der Supernaturaliſt, anders der Gelehrte, anders der Ungelehrte, wenn dieſer davon Notiz nehmen ſollte, anſehen und beurtheilen. Sie werden daher am beſten thun, wenn Sie ſich bey Leſung deſſelben an die Relationen und Urtheile anderer gar nicht kehren, ſondern ſich ganz dem Eindrucke überlaſſen, den es auf Sie ſelbſt macht, und in Ihrem eignen Kopfe und Herzen die Daten zu einem beſtimmten Urtheile über daſſelbe ſuchen. Laſſen Sie mich alſo jetzt von Beurtheilung des Ganzen abſtrahiren, und nur bey dem ſtehen bleiben, was eigentlich zu unſrer Abſicht gehört, und Sie zuerſt veranlaſste, dieſes Werk meiner Behauptung von der Unzuläſsigkeit und Schädlichkeit der exegetiſchen Accommodation entgegen zu ſetzen.

Den Gebrauch, welchen der Königsbergiſche Philoſoph in dem ganzen Werke von den Ausfprüchen der Schrift macht, finden Sie in demjenigen Abfchnitte deffelben, welcher die Ueberfchrift führt: „Der Kirchenglaube hat zu feinem höchften Ausleger den reinen Religionsglauben," (S. 149-157.) zugleich mit den Gründen für diefe Verfahrungsart näher charakterifirt; bey ihm wollen wir alfo ftehen bleiben, und die darin vorgetragenen Grundfätze über Schriftauslegung nicht blofs nach allgemeinen hermeneutifchen, fondern auch nach andern Gründen, auf welche hierbey befondere Rückficht zu nehmen feyn dürfte, prüfen. Wir haben nicht nöthig, um diefer Prüfung willen, wenn fie auch gegen den Verfaffer ausfallen follte, ihn oder fonft Jemanden um Verzeihung zu bitten. Denn er felbft wollte weder in diefer, noch in einer andern feiner Schriften nachgebetet, fondern geprüft feyn; und die, welche lieber das Erfte, als das Letzte thun, mögten, wenn ihnen auch unfer Attentat zu Ohren käme, immer zürnen! Was kümmert's uns!

Dafs eine Schrift auslegen fo viel heifse, als den Sinn, den ihr Verfaffer mit

fei-

feinen Worten verband, darlegen; dafs diefe Darlegung, wenn fie hiftorifch wahr feyn foll, unverfälfcht feyn müffe; dafs dem blofsen Ausleger keine Beurtheilung der Gedanken feines Schriftftellers zukomme, und es ihm gleich viel feyn müffe, ob der exegetifch richtige, d. h. buchftäbliche Sinn auch philofophifch richtig, d. h. wahr, vernünftig und praktifch anwendbar fey oder nicht, — diefs find lauter Sätze, welche in der angewandten Logik als allgemein gültige Grundfätze der Hermeneutik aufgeftellt werden, und welche der Verfaffer der quäftionirten Schrift wohl fo gut, als jeder andere, gekannt haben, und wenn vom blofsen hiftorifchen Auslegen die Rede ift, auch gewifs nicht abläugnen wird. 31)

---

31) Weiter ausgeführt, und befonders auf Bibelerklärung angewendet, kann man jene Grundfätze lefen in Keil's Progr. über die hiftorifche Erklärungsart der heiligen Schrift, und deren Nothwendigkeit, welches eben unter diefem Titel, von Carl Aug. Hempel, Leipzig, 1793. 8. aus dem Lat. überfetzt worden ift.

Sie sehen also leicht, daſs, wenn wir ihn
bloſs auf diese Grundsätze verweisen, und
sein Verfahren einzig und allein darnach prüfen wollten, wir etwas sehr vergebliches,
gar nicht zum Ziele treffendes thun würden.
Ihn veranlaſstten wahrscheinlich die höchsten
Principien der Vernunft selbst, deren Interesse
alles andre untergeordnet werden muſs, nehmlich die praktischen, jene Regeln der Auslegung bey einer Schrift zu verletzen, deren
ganzer Zweck auf Religion und Moralität gerichtet, mithin durchaus praktisch ist. Wir
wollen ihn also vorerst selbst sprechen lassen.
„Auslegung einer Offenbahrung", sagt er,
(S. 150.) und dieser Zusatz muſs wohl bemerkt werden, „ist die durchgängige Deutung
„derselben zu einem Sinne, der mit den all-
„gemeinen praktischen Regeln einer reinen
„Vernunftreligion zusammenstimmt. — Diese
„Auslegung mag uns selbst in Ansehung des
„Textes oft gezwungen scheinen, oft es auch
„würklich seyn, und doch muſs sie, wenn
„es nur möglich ist, daſs dieser sie annimmt,
„einer solchen buchstäblichen vorgezogen
„werden, die entweder schlechterdings nichts
„für

„für die Moralität in fich enthält, oder diefer „ihren Triebfedern wohl gar entgegenwürkt." Man fieht alfo, dafs der Verfaffer eine mo - ralifche Auslegung im Sinne hat, die er von der hiftorifchen zwar nicht mit ausdrücklichen Worten, aber doch der Sache nach unterfcheidet. Denn er redet bald darauf (S. 153.) noch von einem andern Ausleger, dem Schriftgelehrten, der auffer der Grundfprache des Textes auch eine ausgebreitete hiftorifche Kenntnifs und Kritik befitzen foll, um eine heilige Schrift fowohl nach ihrer hiftorifchen Glaubwürdigkeit zu beurkunden, als auch ihrem wahren Sinne nach zu erforfchen. Da es nun ganz offenbar ift, dafs diefe beyden Ausleger nicht neben einander beftehen können, weil es fchon a priori einleuchtet, dafs fie einander oft widerfprechen werden, fo entfteht die Frage, welchem von beyden der oberfte Rang gebühre. Kant entfcheidet für den erften, in den Worten: „Diefem Schriftausleger ift „nun noch ein anderer beygefellet, aber un- „tergeordnet, nämlich der Schriftge- „lehrte." Hier fragt es fich nun von neuem,

ob

ob diese Unterordnung blofs erlaubt, oder nothwendig, und in beyden Fällen, ob sie durchaus (absolut), oder nur in gewisser Hinsicht (hypothetisch) erlaubt oder nothwendig sey? Es leuchtet in die Augen, dafs es bey Beantwortung dieser Fragen auf den Zweck ankomme, den man beym Lesen und Forschen, und mithin auch beym Auslegen der Schrift hat. Es kann diefs nehmlich entweder in blofs historischer, oder in moralischer Absicht, entweder blofs für sich, oder für andre geschehen. Studirt und interpretirt Jemand die Schrift blofs in der Absicht, um sich oder andere von dem zu unterrichten, was darin erzählt und gelehrt wird, wie Moses und die Propheten, Jesus und die Apostel, und wer sonst einen Beytrag zu der so heterogenen Schriftensammlung geliefert hat, die wir unschicklich genug unter der Kategorie, **Wort, Gottes, heilige Schrift**, zusammenfassen — wie alle diese Männer über politische oder religiöse, theoretische oder praktische Gegenstände dachten, wie sie lebten, was sie thaten und würkten: so ist es ganz offenbar, dafs die

mo-

moralifche Schriftauslegung der hiftorifchen weichen, und ihr den Platz allein laffen müffe. Denn wie wollte fich jene anmaafsen, nach ihren praktifchen Principien über alle jene Dinge eine Entfcheidung geben zu können! Will aber Jemand die Schrift in moralifcher Hinficht brauchen, fo fcheint es, könne und müffe die moralifche Auslegung den oberften Rang behaupten. „Alle Schrift von Gott eingegeben ift nützlich zur Lehre, zur Strafe, zur Befferung," u. f. w. „und da", fetzt Kant hinzu (S. 152.), "das Letztere, nämlich die moralifche Befferung des Men-„fchen, den eigentlichen Zweck aller Ver-„nunftreligion ausmacht, fo wird diefe auch „das oberfte Princip aller Schriftauslegung „enthalten." Hieraus folgt wenigftens foviel, dafs es dem, der die Schrift für fich zu feinem praktifchen Gebrauche liefet, erlaubt feyn mufs, die Worte der Schrift fo auszulegen, wie er es feinem praktifchen Intereffe gemäfs findet, mithin fich nicht daran zu kehren, was Sprache und Kontext für einen Sinn heifchen, da ja ohnehin die Erforfchung diefes letztern ein für die meiften Lefer zu

fchwe-

fchweres Gefchäft feyn würde. Aber eine andre Frage ifts, ob er vermöge der Natur der Sache nothwendig fo verfahren müſſe, d. h. ob der praktifche Gebrauch der Schrift und ihr Zweck, moralifche Befferung zu bewürken, ganz verlohren gehen würde, wenn der Lefer nicht zu gezwungenen oder wenigſtens ganz willkührlichen und erdichteten Deutungen feine Zuflucht nähme? woraus denn, wenn diefe Frage mit Ja beantwortet werden müfste, fich ferner leicht würde entfcheiden laſſen, ob der, welcher andre vermittelft der Schrift moralifch belehren und beffern will, fich folcher Deutungen nicht nur bedienen dürfe, fondern wohl gar müſſe?

Um nun hierüber eine fichere Auskunft treffen zu können, fo laſſen Sie uns die verfchiedenen Arten des Verhältniſſes unterfuchen, in welchem eine heilige Schrift, auf die eine geoffenbahrte Religion fich gründet, in Anfehung ihrer Ausfprüche und Lehren zur reinen Vernunftreligion ſtehen kann. Im allgemeinen läfst fich ein dreyfaches Verhältnifs der Art denken. Sie können fich verhalten,

halten, entweder wie A zu A, oder wie A zu B, oder endlich wie A zu $a+x+x+x\ldots$ d. h. die Offenbahrungsreligion ist entweder der reinen Vernunftreligion völlig angemessen, und widerstreitet ihr in keinem ihrer Theile; oder sie ist von ihr ganz verschieden, und steht mit ihr, wenigstens, (weil doch eine Schrift, die gar nichts mit der Vernunftreligion gemein hätte, und dieser durchaus entgegen wäre, schwerlich als heilig und geoffenbahrt anerkannt werden würde,) in den wesentlichen Unterscheidungslehren in geradem Widerspruche; oder endlich sie ist ihr zwar nicht vollkommen adäquat, enthält aber die Keime der reinen Vernunftreligion, so dafs sie sich derselben vermöge eines in ihr selbst liegenden Princips progressiver Ausbildung und Entwickelung immer mehr nähert, und nach und nach eine reinere und vollkommnere Gestalt bekommt. Findet das erste Verhältnifs statt, so ist offenbar, dafs es keiner eigenen moralischen Auslegung bedarf, indem die blofse historische Darlegung des Sinnes einer solchen heiligen Schrift zum moralischen Gebrauche derselben

hin-

hinlänglich ist. Findet das zweyte statt, so würde eine heilige Schrift freylich nach ihrem buchstäblichen Sinne gar keinen moralischen Nutzen gewähren, im Gegentheile vielleicht gar zur Immoralität verleiten. Man müste also, wenn sie nun einmal moralisch gebraucht werden sollte, zu einer gezwungenen Deutung seine Zuflucht nehmen. Allein in diesem Falle würde es weit besser seyn, sie, wenn es nur irgend möglich wäre, ganz bey Seite zu legen, und ein andres menschliches Buch an ihre Stelle zu setzen; es würde auch bey einer solchen Auslegungsart, vermöge deren man aus allem alles machen kann, völlig gleichgültig seyn, ob wir die sibyllinischen Bücher oder das Israelitische Prophetenbuch, Muhammed's Reden oder Jesu Parabeln, Ovid's Heldenbriefe oder Pauli Sendschreiben zum öffentlichen Religionsbuche und zur Grundlage des Kirchenglaubens machten; es würde ferner der Schriftgelehrte selbst keinen moralischen Gebrauch von seiner heiligen Schrift machen können. Denn da er als Schriftgelehrter die Pflicht hat, den historischen Sinn der Schrift unbefangen,

fangen zu erforfchen, fo müfste er beym mo'
ralifchen Gebrauche derfelben alle feine richtigen Einfichten vergeffen, und fich auf die
gewaltfamfte Art felbft täufchen. Er müfste
aber auch andre, nehmlich die Ungelehrten,
täufchen, und man könnte ihn bey feinen
Auslegungen allerdings der Unredlichkeit be-
fchuldigen, weil, wenn er nicht würklich
behauptete, das fey der eigentliche Sinn der
Schrift, niemand fich an feine Deutungen
kehren, und fie moralifch anwenden, wenn
er es aber behauptete, er die feiner Unterwei-
fung und moralifchen Bearbeitung Anvertraue-
ten vorfätzlich und wiffentlich hintergehen
würde, welches fich mit folchen Zwecken
fchwerlich dürfte vereinbaren laffen. Eine
folche Deutungsart könnte ferner auch von
gar keinem reellen und beftändigen Nutzen
feyn, wie diefs die Erfahrung fchon gelehrt
hat, und felbft das Beyfpiel der griechifchen
und römifchen Moralphilofophen, auf welches fich Kant beruft, (S. 150.), fattfam
beweifet. Sie fuchten freylich durch ihre
Deutungen der zum Theil fo abgefchmackten
und unmoralifchen heydnifchen Mythologie

R einen

einen vernünftigern, edlern Sinn zu geben. Aber wer weiſs es nicht, wie ſehr die guten Stoiker, (denn ſie waren es hauptſächlich, welche ſich dieſes Verdienſt zu erwerben ſuchten,) deshalb von andern Philoſophen durchgezogen wurden, und wie wenig ſie mit ihren Deutungen ſelbſt beym Volke zur moraliſchen Beſſerung ausrichteten. Dieſes blieb immer dabey, wenn Jupiter, deum pater atque hominum rex, ſeinen Begierden unterliegt, wer mag es dem ſchwachen Sterblichen, dem homuncio übel nehmen! Dem Gelehrten und Einſichtsvollen helfen alſo ſolche Deutungen gar nichts, weil er ohnehin weiſs, daſs ſie keinen Grund haben und ihre Falſchheit ihm immer lebhaft einleuchtet; höchſtens kann er ſich alſo an ihnen als an feinen Spielen des Witzes beluſtigen; die darunter verborgenen Wahrheiten aber würde er lieber ohne ſolche Hülle ſchauen. Dem Ungelehrten und Unverſtändigen hingegen helfen ſie nur wenig, theils weil ſie oft zu künſtlich ſind, als daſs er ſie begreifen könnte, theils, weil das Unnatürliche, Schwankende, Gezwungene, das ſein

natür

natürlicher Wahrheitsſinn oft ſehr wohl fühlt,
ihn mehr verwirrt als aufklärt, und die ganze
Sache verdächtig macht 32). Weil nun alſo
das

---

32) Wenn z. B. Kant (S. 44. der Religion
etc. der Vernunft) ſagt, die Schrift ſtelle dadurch, daſs ſie in der Geſchichte vom Sünden-
falle das Böſe zwar im Weltanfange, doch
noch nicht im Menſchen, ſondern in einem
Geiſte von urſprünglich erhabnerer Beſtimmung voranſchickte, den erſten Anfang
alles Böſen überhaupt als für uns unbegreiflich,
den Menſchen aber nur als durch Verführung ins Böſe gefallen, alſo nicht von
Grund aus verderbt, ſondern als noch einer
Beſſerung fähig, vor: ſo kann man nicht umhin, dieſe Accommodation als einen ſchönen
Midraſch zu bewundern, aber für den, der
da weiſs, daſs in der Moſaiſchen Erzählung
kein Wort, keine Sylbe von einem verführen-
den Geiſte geſagt wird, thut alles dieſs keine
Würkung, und iſt um nichts lehrreicher, als
wenn es mit dürren Worten geſagt wäre, ohne
den böſen Geiſt zu Hülfe zu rufen. Oder
wenn man (S. 148. der Krit. der prakt.
Vernunft) lieſt, das Gebot: liebe Gott
über alles, und deinen Nächſten als
dich ſelbſt, bedeute ſo viel, als: ſtrebe
darnach, daſs du Gottes Gebote gern thueſt,
und

das Accommodiren im erſten Falle unnöthig und überflüſsig, im zweyten untauglich und zweckwidrig iſt, ſo kann es in dem dritten und

und alle Pflichten gegen andre gern ausübeſt; anderwärts hingegen, (S. 228. der Religion etc. der Vernunft), wiederum lieſt, das Gebot: liebe Gott über alles, ſey eine allgemeine Regel für das innere und äuſsere Verhältniſs der Menſchen, und bedeute: thue deine Pflicht aus keiner andern Triebfeder, als der unmittelbaren Werthſchätzung derſelben; und das Gebot: liebe einen jeden als dich ſelbſt, ſey eine beſondre Regel für das äuſsere Verhältniſs derſelben, und bedeute: beförd're andrer Wohl aus unmittelbarem, nicht von eigennützigen Trieben abgeleiteten Wohlwollen; ſo fühlt bey aller Richtigkeit deſſen, was jene Gebote bedeuten ſollen, gewiſs auch der Ungelehrteſte, und dieſer um ſo mehr, je ungeübter er im Denken iſt, wie willkührlich, ſchwankend und gezwungen die Deutung iſt, und es wird ſchwer halten, ihm begreiflich zu machen, wie alles dieſs in jenen ſimpeln Worten verborgen ſeyn ſolle. Wie mag nun, fragt man billig, durch ſolche Deutungen ein würklicher moraliſcher Nuzen entſtehen? — Den Umſtand, daſs man durch ein ſolches Verfahren den

Fein-

und letzten Falle, der gewissermaaſsen die beyden erſten in ſich vereinigt, (A : A + B, woraus, weil B als negative Gröſse gedacht werden

Feinden der guten Sache Gelegenheit giebt, ſich verdächtig zu machen, und den Freund der Wahrheit als einen Schriftverdreher mit dem gröſsten Scheine Rechtens der Unredlichkeit zu bezüchtigen, will ich nicht einmal erwähnen, ungeachtet er Beherzigung, vornehmlich in unſern Zeiten, verdient. Einen andern Umſtand aber will ich lieber mit den Worten eines Andern anführen: „Man pflegt zwar durch eine ſogenannte vernünftige Auslegung dem Uebel einigermaaſsen abzuhelfen, und die poſitive Lehre der Aufklärung, den Vorurtheilen, und dem Geſchmacke des Zeitalters jedesmal zu accommodiren." (Die beyden letzten Stücke fallen bey Kant wohl weg; denn ſeine Accommodation iſt wahrlich nicht im Geſchmacke und nach den Vorurtheilen des Zeitalters). „Allein theils iſt dieſer Weg mehrentheils hiſtoriſch unredlich, theils unzulänglich, um der Vernunft die völlige Freyheit in Befolgung ihrer eignen Grundſätze gegen jede willkührliche Beſchränkung zu ſichern." Schmid im Verſuch einer Moralphiloſophie §. 53. S. 119.

werden muſs, eine Verminderung von A entſteht,) eben ſo wenig ſtatt finden, und es bleibt auch hier kein andrer Weg übrig, als der, welchen die Natur der Sache ſelbſt an die Hand giebt. Man laſſe der Schriftgelehrſamkeit ihren Weg in der Schriftauslegung ganz allein gehen, und warte ruhig ab, was ſie herausbringen werde, ohne die Vernunftreligion einzumiſchen. Man gehe dann unverhohlen mit der Sprache heraus. Dieſes und jenes bedeutet dieſer oder jener Ausſpruch der Schrift, diefs iſt ihre Lehre. Sollte dieſer hiſtoriſch gefundene Sinn den Grundſätzen der reinen Vernunftreligion nicht angemeſſen ſeyn, ſo bekommt ſie nun allererſt ihr Geſchäfft, die in der Schrift aufgefundene Lehre zu reinigen und zu vervollkommnen. Hier hat ſie alsdann freyes Spiel, und die Schriftgelehrſamkeit darf ſich wiederum ihrer Seits dabey nicht einmiſchen. Dieſe liefert jener blos den Stoff zur Bearbeitung der geoffenbahrten Religion, aber ſie liefert ihn auch ganz allein. Die Vernunftreligion wird dann erſt zu Rathe gezogen, wenn dieſer Stoff zu einem ganzen Lehrgebäude einer geoffenbahrten

ten Religion verarbeitet werden foll. Will man daher genau fprechen, fo giebt es eigentlich weiter gar keinen Schriftausleger, als den Schriftgelehrten; diefer ift nicht nur keinem andern untergeordnet, fondern nicht einmal beygefellet; er leidet in dem ihm angewiefenen Gefchäffte niemanden neben fich. Wenn es daher (S. 154.) heifst: „Vernunftreligion „und Schriftgelehrfamkeit find die eigentli„chen berufenen Ausleger und Depofitäre „einer heiligen Urkunde": fo mufs es lauten: Schriftgelehrfamkeit ift der eigentliche und einzige berufene Ausleger einer heiligen Urkunde; aber die Vernunftreligion ift Depofitär derfelben, wiefern ihr nehmlich der Stoff von jener anvertrauet wird, dem fie die Form geben, und zum Gebrauche zurichten foll; und wenn ferner (S. 157.) gefchrieben fteht: „es giebt keine andern Ausleger der Schrift, „als reine Vernunftreligion und Schriftgelehr„famkeit, von welchen der erftere allein „authentifch, und für alle Welt gültig, „der zweyte aber nur doctrinal ift": fo mufs man die Lefeart wenigftens dahin ändern, dafs die Prädikate umgetaufcht werden.

Die Vernunftreligion muſs die Doctrin des auf die Schrift ſich gründenden Kirchenglaubens entwerfen, wenn dieſer rechter Art ſeyn ſoll. Aber die Gelehrſamkeit kann allein die Schrift authentiſch, und gültig für alle, welche die Grundſätze und Gründe ihrer Erklärungen verſtehen, und mithin auch für die, welche ſie nicht verſtehen, auslegen 33).

So

33) Man glaube nicht, daſs hiermit geſagt ſeyn ſolle, Gelehrſamkeit ſey allein zum Verſtändniſſe der Schrift hinreichend. Auch die ausgebreitetſte, vielumfaſſendſte Kenntniſs kann niemanden zu einem geſunden Exegeten machen. Waſſer allein thut's freylich nicht. Geſundheit des Kopfes und Herzens ſind unentbehrliche Führer in Schriften, die eben von Leuten geſchrieben ſind, die ſich nicht durch Gelehrſamkeit, ſondern durch die Einfältigkeit eines geſunden Verſtandes und die Güte eines unverdorbenen Herzens zu Lehrern der Menſchheit qualificirten. Wer alſo die Aeuſserungen dieſes unverdorbnen Wahrheitsgefühls, dieſes natürlichen Menſchenſinnes interpretiren will, muſs dieſe himmliſchen Geiſtes-

So wenig ich nun aber die Kantifche Accommodirmethode billigen, und weder die Gründe dafür als gültig anerkennen, noch das Beyfpiel für nachahmungswürdig halten kann; fo fehr liebe und fchätze ich doch die Kantifchen Accommodationen, und ich wollte lieber vieles andre drum hingeben, ehe ich die Schriftftellen mit ihren Deutungen aus jenem Buche ftreichen liefse. Es find köftliche Oeltropfen, geprefst aus den fchönen Oliven von Jerufalems Bergen, die fiesgaben felbft befitzen, fonft werden ihm, wenn er fich nur mit Gelehrfamkeit vollpfropft, böfe Säfte in die Augen treten, dafs er den Wald vor lauter Bäumen nicht ficht. Wer aber mit gelehrten Kenntniffen gar nicht belaftet ift, der wird vor übergrofser Leichtigkeit den Wald gar überfliegen, und höchftens nur die Blätter an den Wipfeln fchauen, ohne Stamm und Wurzel je kennen zu lernen. Was die Früchte betrift, fo find fie gemeines Gut, und die meiften werden gewöhnlich von denen gebrochen, die weder immer in der Luft um die Wipfel herumflattern, noch auf der Erde zwifchen Stämmen und Wurzeln ewig herumtappen.

die dem Ganzen eine heilige Salbung geben. Es sind reizende, süfsduftende Blumen auf einem reichen Aehrenfelde, nicht durch Feindes Hand gesäet, sondern aufgeschossen durch die Güte und Fruchtbarkeit des Bodens; sie auszujäten wäre wahrlich Schade; wie mancher körnige Fruchthalm würde zugleich mit ausgerissen werden! In der That, Freund, die Accommodationen Kants nicht blos von kräftigen Bibelsprüchen, sondern auch von sterilen Kirchenformeln sind zum Theil so scharfsinnig, so elegant, so fruchtbar und lehrreich, dass man sogleich den Meister in der Kunst erkennt, fremden Ausdrücken eigne Gedanken aus einem reichen Vorrathe zu leihen. Hätten alle die, die diese gefährliche Kunst versucht haben, sie mit solchem Glücke versucht, wahrhaftig, es stünde ein gut Theil besser in der christlichen Welt. Aber eben darum ist das Beyspiel, das dadurch der philosophischen und theologischen Welt gegeben worden ist, desto verführerischer, und es ist zu wünschen, dass nicht jene traurigen Zeiten wieder kommen, wo man sich nicht scheute, ohne alle gelehrte Kenntnisse über

die

die Bibel in den Tag hinein zu räfonniren, alles in ihr zu finden, und alles aus ihr zu nehmen, was man nur immer wollte. Wenigftens fängt es fchon an, ein wenig vorzufpucken, und es kommen in Kompendien des Naturrechts, in metaphyfifchen, politifchen und andren Schriften, worin man nichts weniger erwartet hätte, ● hie und da Allegationen und Interpretationen von Bibelftellen zum Vorfchein, bey denen der Exeget wohl den Kopf fchütteln, und halb erftaunt, halb unwillig das Ne futor ausrufen möchte. Doch der gute Genius unfrer Zeiten wird diefem Unfuge bald ein Ende machen, und die Zunft der allzugefälligen Nachahmer wird das Läftige der frommen Miene, die fie angenommen haben, und des Inftruments, das fie mit ungewohntem Arme führen, wohl noch zu rechter Zeit fühlen lernen. Was aber die Theologen betrift, fo werden fie fich von der Unbrauchbarkeit diefes Inftruments, das auch die Befferen unter ihnen fchon längft verroften liefsen, immer mehr überzeugen, je mehr fie die Wahrheit des

Grund-

Grundſatzes einſehen und beherzigen werden, daſs die Bibel kein komplettes Repertorium alles religiöſen und moraliſchen Wiſſens ſey.

Drey-

Dreyzehnter Brief.

Wenn gleich die Bildung der theologischen Glaubens- und Sittenlehre nicht einzig und allein von der Schrift abhängt, sondern vermöge unsers Grundsatzes die Vernunft einen wichtigen Antheil an diesem Geschäfte bekommt und bekommen muſs, wenn es glücklich von statten gehen soll: so ist doch, wie die Erfahrung so vieler Jahrhunderte gelehrt hat, eine gesunde Exegese immer ein sehr heller und sicherer Leitstern bey Entwerfung des theologischen Systems gewesen. Wenn also jene durch unsern Grundsatz gewinnt, und frey von allem Vorurtheile den wahren und richtigen Sinn der heiligen Schriftsteller, sowohl ohne Entstellung, als ohne Ver-

zie-

zierung, auffinden lehrt; fo wird auch das Syftem an Gründlichkeit gewinnen, indem man weder in Gefahr feyn wird, falfche, in der Schrift nicht gegründete Lehrfätze in daffelbe als Lehrfätze der Schrift aufzunehmen, noch auch richtig erkannte Wahrheiten der Vernunft mit fälfchlich aus der Schrift hergenommenen, und alfo unftatthaften Gründen zu erweifen. Aber freylich ift hiermit bey weitem noch nicht alles gethan. Die Religion, wie fie in der Schrift enthalten ift, ift nur dem Grade damals möglicher Erkenntnifs angemeffen, und folglich nicht von abfoluter Vollkommenheit. Es ift alfo unfere Pflicht und Schuldigkeit, die uns von Gott auf diefem Wege mitgetheilte Erkenntnifs fo zu benutzen, als es feiner Abficht, warum er fie uns mittheilte, gemäfs ift. Da nun diefe Abficht keine andere war, als der menfchlichen Vernunft auf dem Wege zur Erkenntnifs der Wahrheit in Sachen der Religion zu Hülfe zu kommen, unfere natürlichen Fähigkeiten und Einfichten fo zu ftärken und zu erhöhen, dafs wir nun nach feiner Anleitung immer weiter fortftreben können, und uns

auf

auf diefe Art zu dem Grade von Sittlichkeit und Glückfeligkeit zu führen, der für das menfchliche Gefchlecht nach feiner jedesmaligen Lage erreichbar ift: fo folgt, dafs wir alle Lehren der Schrift forgfältig zu prüfen, und nichts anzunehmen berechtigt feyn müffen, als was mit unfrer vernünftigen Natur, mit unfrer wahren Vollkommenheit und Wohlfahrt nach probehältigen Grundfätzen als übereinftimmend erkannt wird. Wir werden demnach das Wahre und Gute, das in der Schrift enthalten ift, von dem damit nach der Natur der Sache nothwendig vermifchten Irrigen, Mangelhaften und minder Brauchbaren abfondern, jenes immer deutlicher entwickeln, genauer beftimmen, möglichft erweitern, mit einem Worte, immer mehr vervollkommnen müffen.

Sie fehen fchon aus diefem kurzen und allgemeinen Abriffe, lieber Freund, was für eine veränderte Geftalt das theologifche Syftem gewinnen müfste, wenn man unfern Grundfatz zur höchften Richtfchnur bey Aufführung deffelben machte. Es würde freylich fehr intereffant feyn, bey jedem einzelnen hen Lehrſätze des Syſtems die Hauptmomente jener Umgeſtaltung zu verfolgen, und gleichſam mit einem Blicke zu überſchauen. Allein eine ſolche Unterſuchung würde uns viel zu weit führen, weil ſie nicht anders als durch eine unverfälſchte Darſtellung der Hauptlehren der Schrift nach dem eigenthümlichen Sinne ihrer Urheber, und eine unpartheyiſche Prüfung derſelben nach den höchſten Principien der Vernunft möglich wäre. Ein fruchtbares Feld der Nachforſchung, deſſen Umfang aber zu groſs iſt, als daſs ich es wagen ſollte, Sie zu einer Excurſion auf daſſelbe einzuladen, und Ihre Geduld, die ich ſo ſchon ermüdet zu haben fürchte, noch ferner auf die Probe zu ſtellen. Ich will daher jetzt nur bey jenen allgemeinen dogmatiſchen Begriffen und Grundſätzen ſtehen bleiben, die der ſyſtematiſchen Anordnung der Religionswahrheiten gewöhnlich als Prolegomene vorausgehen, und von denen ich gleich im Anfange unſers Briefwechſels über den vorliegenden Gegenſtand eine kurze Cenſur vorausgeſchickt hatte. Hier habe ich denn zugleich Gelegenheit, eine kleine Schuld abzutragen, die Sie vielleicht von meiner Seite

ſchon

schon für ganz vergessen hielten. Sie waren nehmlich mit jener Censur nicht durchgängig zufrieden, und setzten mir verschiedene Erinnerungen entgegen, die ich damals unbeantwortet lassen muste, weil es mir noch an den dazu erforderlichen Entscheidungsgründen fehlte. Jetzt ist es Zeit, auf diese Gegenerinnerungen Rücksicht zu nehmen, und, indem ich behaupte, das theologische System und die gesammte dogmatische Methode müsse durch den Perfektibilitätsgrundsatz eine ganz andre Gestalt gewinnen, so will ich blofs an jenen Begriffen und Grundsätzen ὡς δι' ἐσόπτρου zu zeigen mich bemühen, von welcher Beschaffenheit und von welchem Umfange diese Umgestaltung seyn werde.

Angenommen also, dafs die christliche Offenbahrung keine absolut vollkommene Religion enthalten sollte, sondern einer fortwährenden Vervollkommnung fähig und bedürftig ist: so wird gleich der Unterschied zwischen objectiver und subjectiver Religion etwas anders bestimmt werden müssen. Man kann allerdings die Religionswahr-

S   hei-

heiten, wieferne fie in der Schrift enthalten und vorgetragen, (alfo **Object unfrer Erkenntnifs**) find, von der Erkenntnifs, die wir (als **erkennende Subjecte**) davon haben, unterfcheiden. Aber die Behauptung, die man gewöhnlich hinzufügt, jene (die **objective Religion**) fey nur eine einzige und die allein wahre und vollkommene, diefe (die **fubjective**) könne nach den verfchiedenen Subjecten fehr mannichfaltig, irrig und unvollkommen feyn, wird wegfallen müffen; und diefs um fo mehr, da ja alle Religion eigentlich und genau genommen fubjektiv ift. Religion bedeutet urfprünglich weiter nichts, als gewiffe auf ein höheres Wefen, dem man fich unterworfen denkt, fich beziehende Gefinnungen oder Gefühle, die auch in Handlungen übergehen können; in einem veredelten Sinne aber die herrfchende Gefinnung, Gott als den Urheber und Executor des moralifchen Gefetzes und aller Anforderungen deffelben zu verehren. Diefe Gefinnung fteht nun freylich wieder in Verbindung mit gewiffen theoretifchen Einfichten oder Ueberzeugungen, die ein Objec

der

der Erkenntnifs find, und welche man nun auch durch das Wort Religion bezeichnen kann. Sie find und bleiben aber immer fubjectiv, wenn fie auch zur Belehrung andrer von Jemanden aufgezeichnet worden find; mithin find auch die in der Schrift enthaltenen Religionswahrheiten nicht minder fubjektiv, als die in einem andern Lehrbuche der Religion. Dort find uns die Religionseinfichten, welche auf Veranftaltung der Gottheit gewiffen Männern zur Belehrung der Menfchheit zu Theil geworden waren, hier die Kenntniffe irgend eines andern Mannes von der Religion aufbewahrt. Die in beyden vorgetragene Lehre kann nun dem Grade der Vollkommenheit nach fehr verfchieden feyn; da aber vermöge der Natur der Sache keine Erkenntnifs zu keiner Zeit und in keinem endlichen Subjecte, (dem unendlichen aber kann man gar keine Religionskenntnifs beylegen,) die abfolut vollkommenfte feyn kann; fo folgt, dafs auch das, was man im dogmatifchen Sinne objective Religion nennt, diefe Befchaffenheit nicht haben, und man darunter nichts weiter verftehen könne, als die Einfichten und Ueberzeugungen der heiligen

ligen Schriftsteller von denjenigen Wahrheiten, welche zur Erkenntnifs und Verehrung des höchsten Wesens gehören, nebst ihren Begriffen von Sittlichkeit und Tugend, welche und wie wir sie in der Schrift vor uns finden; subjective Religion aber würde die Kenntnifs seyn, welche wir sowohl von jenen Einsichten und Begriffen der heiligen Schriftsteller, als von allen die angegebnen Gegenstände betreffenden Wahrheiten überhaupt besitzen. Nun kann es wohl seyn, dafs die subjective Religion hinter der objectiven weit zurück bleibt — und würklich hat sich die Lehre Jesu und seiner Schüler in den Händen ihrer Bekenner so viele Jahrhunderte hindurch statt der beabsichtigten Vervollkommnung leider! nur allzusehr verschlimmert — aber dafs es so seyn sollte und müfste, kann vermöge unsers Grundsatzes auf keine Weise zugegeben werden.

Die verschiedenen **Stufen der Offenbahrung** wird man immerfort bemerken und aufzählen, man wird auch die christliche, als die **höchste** unter denselben anführen kön-

können; nur wird man sich zu hüten haben, dieses nicht **absolut**, sondern **relativ** zu verstehen, wieferne sie nehmlich an Vollkommenheit jene frühern Offenbahrungen übertrift. Man wird sie auch für die **letzte** ausgeben und behaupten können, sie solle **Universalreligion** werden, und **ewig** dauern; aber nur nicht in ihrer ersten ursprünglichen, sondern in ihrer nach der jedesmaligen Weltlage veränderten und vervollkommneten Gestalt. Man wird also nicht mit HERINGA 34) sagen können: „Jesus wollte das ganze Reformationswerk **auf einmal** vollenden; seine Religion sollte eine Religion für alle folgende Jahrhunderte seyn. So viele Nationen, als nur die Erde trägt, sollten durch alle Zeiten **eine und dieselbe** Lehre glauben und bekennen." Denn dafs diefs eine ganz unmögliche Forderung, ein schlechterdings unausführbares Project Jesu

34) In der gekrönten Preisschrift: über die Lehrart Jesu und seiner Apostel mit Hinsicht auf die Religionsbegriffe ihrer Zeitgenossen, aus dem Holländ. übers. Offenbach 1792. S. 23. fl.

gewesen wäre, lehrt die Natur der Sache und der Erfolg gleich unwidersprechlich. Wie stimmen damit auch die gleich folgenden Worte desselben Schriftstellers zusammen: „Nun bedenke man aber einmal, wie himmelweit die Begriffe einer solchen Menge verschiedener Völker von einander verschieden sind, wie sehr diese Begriffe von Zeit zu Zeit verbessert oder verschlimmert werden, wie vielen Einfluss das Klima, die Lage, die Schicksale, die Beschäftigungen der Menschen auf ihre Denkart haben!" Wenn dem so ist, so ist es unmöglich, dass **alle Nationen der Erde durch alle Zeiten hindurch eine und dieselbe auf einmal vollendete Lehre glauben sollten**. Hier sind fast so viele Widersprüche als Worte. Spricht man aber den Satz so aus: Jesus wollte, dass nach Anleitung seiner Lehre jeder seiner Bekenner zu allen Zeiten und an allen Orten so viele und so richtige, religiöse und moralische Begriffe erhalten sollte, als nach eines jeden individueller Beschaffenheit und Lage möglich war; so hat er einen sehr vernünftigen Sinn, und eine christliche Universalreligion in diesem Ver-

stan-

ſtande iſt nicht blofs möglich, fondern auch höchſt wünſchenswürdig 35). Es würde daher vielleicht nicht undienlich ſeyn, wenn man ſtatt ſo vieler andern unnöthigen Kunſtwörter in den Kompendien der Dogmatik künftig zur **Perennität** und **Univerſalität** der chriſtlichen Religion noch die **Perfektibilität** derſelben als eine dritte und weſentliche Eigenſchaft hinzuſetzen und auf ſie vorzüglich Rückſicht nehmen wollte. Denn die letztere Eigenſchaft iſt gewiſſermaaſsen die einzige Bedingung, unter welcher jene beyden erſten ſtatt finden und realiſirt werden können.

Was den Unterſchied betrift, den man in neuern Zeiten zwiſchen **Religion** und **Theologie** gemacht hat, ſo iſt zwar nicht zu läugnen, daſs er manches Gute bewürkt hat, vorzüglich um die Kunſtſprache des Syſtems aus dem populären Vortrage zu ver-

---

35) Man vergl. auch Teller's vortrefliche Gedanken hierüber. im 7ten Kap. der **Religion der Vollkommnern**, S. 53, ſl.

verdrängen. Deſſen ungeachtet iſt er aber doch unſerm Grundſatze zufolge, wo nicht überflüſſig, doch wenigſtens, (woferne nicht dadurch neue Vorurtheile, beſonders gegen das gelehrte und philoſophiſche Studium der Religion erzeugt werden ſollen.) 36) ganz anders, nehmlich dahin zu beſtimmen, daſs nicht beyde als ausſchliefsende, wohl gar feindſelige Dinge einander entgegengeſetzt, ſondern vielmehr als zwey verträgliche Schweſtern einander beygeſellt werden, von denen die eine zu der andern ſich wie Mittel zum Zwecke verhält. Denn ſoll ich Ihnen meine Meynung aufrichtig ſagen, ſo ſcheint es faſt, als wäre dieſe ganze Diſtinction in der

Aus-

36) Daſs hiermit nicht geſagt ſeyn ſolle, der würdige, ſelbſt um die gelehrte Theologie ſo verdiente Urheber des in Anſpruch genommenen Unterſchieds zwiſchen ihr und der Religion habe dieſe Vorurtheile gehegt oder beabſichtigt, ſondern daſs er vielmehr jenen Nutzen vor Augen hatte, braucht wohl nicht erſt erinnert zu werden. Aber die beſte Sache iſt dem Miſsbrauch' unterworfen; dieſem ſollte durch genauere Beſtimmungen hier vorgebeugt werden.

Ausdehnung, die man ihr nach und nach gegeben hat, nichts weiter, als ein Nothhelfer, ein Schlupfwinkel, in den man sich allenfalls zurückziehen kann, wenn die Vernunft mit dem Systeme oder mit der Schrift selbst ins Gedränge kommen sollte. Man hat dadurch freyen Spielraum gewonnen, um so viel zur Theologie und so wenig zur Religion zu rechnen, dafs man weiter keinen Anstofs zu fürchten braucht. Ich weifs aber nicht, ob diese Art, sich aus der Verlegenheit zu ziehen, die rechte sey, und diejenigen so ganz unrecht haben mögten, welche diese Distinction, wiewohl meistentheils aus unzeitigem Eifer, als unstatthaft verschrieen haben. Wollte man ganz mit der Sprache herausgehen, so müfste man eigentlich so sagen: Das kirchliche System enthält zwar manches Wahre, Gute und Brauchbare; zugleich aber auch vieles Falsche, Unnütze und Unsinnige. Jenes ist Religion, dieses ist — ich weifs selbst nicht, wie man's nennen mögte, etwa patristischen Sauerteig, scholastischen Unrath, nur aber ums Himmels Willen nicht Theologie. Man würde sonst diese ihrer Bestimmung nach so nützliche Wissen-

Wissenschaft zu tief herabwürdigen, wenn man sie zu einem blossen Gedächtnisskram elender Spitzfindigkeiten machen wollte. Vielmehr würde man unter der Theologie, wieferne sie positive Religionstheorie ist, die Wissenschaft zu verstehen haben, in welcher die Wahrheiten der geoffenbahrten Religion möglichst geläutert und vervollkommnet dargestellt werden sollen. Doch Sie werden die Unzulässigkeit jenes Unterschiedes nach seiner gewöhnlichen Form noch deutlicher einsehen, wenn Sie die einzelnen Rücksichten in Erwägung ziehen wollen, nach welchen Religion und Theologie von einander unterschieden werden. Schon in ihren Quellen sollen sie sehr verschieden seyn. Der Erkenntnissgrund der Religion sey die Schrift; die Theologie nehme ausser derselben noch die Philosophie und gesammte Gelehrsamkeit zu Hülfe 37). Allein die Schrift kann uns blofs von

37) Die Gelehrsamkeit kann eigentlich an und für sich gar keine Quelle religiöser Erkenntnisse seyn, sondern uns blofs eine historische Notiz von dem verschaffen, was andre in Hinsicht auf

von den Religionswahrheiten belehren, welche und wie fie die Verfaſſer derſelben ihren Zeitgenoſſen vortrugen. Da es nun unſere Pflicht iſt, nach Anleitung dieſes Unterrichts in unſern religiöſen und moraliſchen Erkenntniſſen immer weiter zu ſtreben, ſo müſſen alle philoſophiſche und gelehrte Kenntniſſe, wieferne ſie uns bey dieſem Fortſtreben leiten können, für uns Erkenntniſsquellen der Religion ſeyn. Alles, was die Vernunft durch Erfahrung oder durch Entwickelung ihrer eigenthümlichen Ideen und Principien herausgebracht hat, iſt, ſobald es dazu geſchickt iſt, unſere Religionseinſichten zu berichtigen, zu

auf dieſe Kenntniſſe gedacht und geſagt haben. Diefs wird nun die Vernunft prüfen müſſen, und alſo iſt dieſe die einzige Quelle der Religion. Man vergl. eine Anmerkung von Kant in der Kritik der prakt. Vernunft, S. 248. Wieferne aber gelehrte Kenntniſſe Hülfsmittel zur Entdeckung, Berichtigung und Erweiterung unſrer Vernunfteinſichten ſeyn können, inſoferne kann man auch ſie eine (aber nur mittelbare) Quelle religiöſer und moraliſcher Erkenntniſſe nennen.

zu erweitern und zu beveſtigen, eine Erkenntniſsquelle der Religion, mag ſie übrigens aus einem Philoſophen oder Kirchenvater, aus der Natur (ſowohl unſers Gemüths als der Gegenſtände auſſer uns) oder aus der Schrift ihren Urſprung nehmen. Auch in Anſehung des Inhalts ſollen Religion und Theologie ganz verſchieden ſeyn. Verſteht man nun unter Theologie bloſs das kirchliche Syſtem, ſo iſts freylich wahr, daſs dieſes viel Unnützes und Falſches enthalte. Allein von der Theologie, als Theorie über die Religion, kann doch dieſe letztere unmöglich ſo ausgeſchloſſen werden, daſs man berechtigt wäre, beyde ganz zu trennen, und einander gerade entgegenzuſetzen. Man pflegt ja auch zu ſagen, die Religion betreffe das ὅτι, die Theologie das πῶς und διότι. Warum ſoll aber jene ein bloſses blindes Glaubenschriftenthum, und nur dieſe ein Vernunftchriftenthum ſeyn? Würde man nicht dadurch ganz wider die Abſicht jene herabwürdigen, und dieſe ungebührlich erheben. Die Theologie kann daher auch in Anſehung ihres Zwecks der Religion nicht entgegen geſetzt werden, woferne man nicht behaupten will, jene erlerne

lerne man nur, um Brod zu verdienen, diese um seelig zu werden. Denn wenn die Theologie nach ihrer wahren Bestimmung uns richtigere und gründlichere Belehrungen über Verehrung des höchsten Wesens und unsere eigne Bestimmung geben soll, als eine gemeine und oberflächliche Kenntniss der Religion vermag, so muss sie auch denselben Hauptzweck haben, und der ganze Unterschied kann nur darin bestehen, dass die Theologie zugleich das Mittel seyn soll, unsre Religionseinsichten immer vollkommner zu machen. Freylich muss sie, wenn sie zu einer blossen Sammlung leerer Spitzfindigkeiten und zu einer Rüstkammer für die Polemik gemacht wird, der wahren christlichen Weisheit und Tugend mehr nachtheilig als beförderlich seyn; aber diess ist nicht Fehler der Theologie, sondern der Theologen, der sich Gottlob! in unsern Zeiten immer unsichtbarer zu machen scheint. In Ansehung des Alters ist die Theologie, als System betrachtet, freylich jünger, als die Religion. Allein, wenn es vom ersten Ursprunge des Christenthums an Pflicht seiner Bekenner war, die ihnen mitgetheilten Religionsgionskenntniſſe durch eignes Nachdenken zu vervollkommnen; wenn es infonderheit Pflicht der Lehrer der Religion von jeher war, an diefer Vervollkommnung zu arbeiten; und wenn die Theologie nichts weiter fagen foll, als eine vollkommnere Darſtellung und Entwickelung der Religionswahrheiten: fo würde es vielleicht nicht ungereimt feyn, zu behaupten, daſs es von jeher ein theologiſches Studium gab, und daſs der Apoſtel Paulus ein wahrer chriſtlicher Theolog war, indem die äuſſere Form des Vortrags nichts Wefentliches bey der Sache ausmacht. Denn es kann uns endlich auch die Einkleidung nicht berechtigen, die Religion der Theologie, oder diefe jener entgegen zu fetzen. Die Wahrheiten der Religion müſſen freylich anders für den Einfältigen, im Denken Ungeübten, und anders für den Mann von Fähigkeit und Uebung im Nachdenken dargeſtellt werden; allein bleiben fie deswegen nicht immer Religion, man mag fie entweder in die Form eines Syſtems gieſsen, oder kunſtlos und populär darſtellen; man mag fie dem jugendlichen Verſtande durch Frage und Antwort

wort ablocken und einprägen, oder mit dem Feuer und allen Künften der Beredfamkeit dem erwachfenen Zuhörer ans Herz legen? Wie follte wohl mit der Religion dadurch, dafs ich ihre Begriffe genau erkläre, ihre Lehrfätze ftreng erweife, und alles gehörig zufammenordne, eine fo gewaltige Metamorphofe vorgehen, dafs fie nun auf einmal zur Theologie würde, ich meyne, zu einer folchen Theologie, die man von der Religion nothwendig trennen, und derfelben gar entgegenfetzen müfste? — Aus allen diefen ergiebt fich alfo die Folge, dafs man zwar die Theorie der Religionswahrheiten, welche in diefem oder jenem Compendium enthalten ift, von den Religionswahrheiten, die in der Schrift vorgetragen find — dafs man die wiffenfchaftliche und gelehrte Behandlung der Religion, der fich die Theologen, als ein eigner Stand von öffentlichen Religionslehrern, gewidmet haben, von dem Nachdenken über die Religion, wieferne es jedes vernünftigen Menfchen Pflicht ift — dafs man endlich den fyftematifchen, nur dem geübten Denker angemeffenen Vortrag der Religion von dem populäpulären, für den grofsen Haufen beftimmten unterfcheiden könne, und nach den Zwecken, die Jeder fich vorgefetzt hat, forgfältig unterfcheiden müffe: dafs aber ein folcher Unterfchied zwifchen Theologie und Religion, vermöge deffen beyde einander als zwey wefentlich verfchiedene Dinge entgegengefetzt werden müfsten, in der Natur der Sache keinen Grund habe, und den wahren Zweck und Werth fowohl der Religion als der Theologie aus den Augen verrücke 38).

Auch der Begriff von **Grundartikeln** des Chriftenthums mufs zufolge des Perfektibilitätsgrundfatzes eine andere Beftimmung leiden, woferne nicht durch willkührliche Veft-

---

38) Der verewigte Morus fcheint die Unftatthaftigkeit eines folchen Unterfchiedes fehr wohl gefühlt zu haben, indem er ihn in feiner *epitome theologiae chriftianae*, Prolegg. fect. 3. §. 1. blofs auf den modum difcendi docendique religionem einfchränkt; und Henke fügt in den *lineamentis inftitt. fid. chrift.* Prolegg. cap. 4. §. 17. wegen des Gebrauches diefes Unterfchieds eine fehr nöthige Warnung bey.

Veſtſetzung und Ausdehnung deſſelben auf jeden nur einigermaaſsen bedeutenden Ausſpruch der Schrift dem Geiſte der Vervollkommnung ein ewiger Damm geſetzt werden ſoll, den er ohne Gefahr des Verluſts der Seeligkeit nicht überſteigen darf. Daſs man nehmlich jenen Begriff gar nicht durch den Begriff der Seeligkeit, wie es gewöhnlich geſchieht, beſtimmen könne, erhellet unwiderſprechlich aus folgender Betrachtung: Die Seeligkeit und Verdammniſs iſt keineswegs etwas Abſolutes, ſondern durchaus etwas Relatives. Die Schrift ſtellt freylich beyde aus dem erſten Geſichtspunkte vor. Sie trennt die Frommen und Seeligen von den Gottloſen und Verdammten, und beſchreibt den Zuſtand von beyden ſo, als wenn ſie, ewig von einander durch eine weite Kluft geſchieden, eine gewiſse Summe von Freuden oder Quaalen zu genieſsen oder zu dulden hätten. Dieſe Vorſtellungsart iſt nun zwar der Sinnlichkeit ſehr angemeſſen, und dient vornehmlich dazu, rohen Gemüthern den weſentlichen Unterſchied des Guten und Böſen und die Verſchiedenheit der beyderſeitigen Folgen

gen recht anschaulich darzustellen; allein sie
widerspricht gleichwohl der Natur der Sache,
und muſs daher selbst zu den mangelhaften
Vorstellungsarten der Schrift gerechnet werden. Denn wenn man sich einen deutlichen
Begriff von Seeligkeit und Verdammniſs 39)

ma-

---

39) Schon diese Ausdrücke führen etwas Unrich-
tiges bey sich, indem sie geradezu auf den Begriff einer ewigen Trennung der Frommen
und Gottlosen hinführen. Man begreift aber
gar nicht, wozu eine solche Trennung dienen,
ja wie sie auch nur möglich seyn soll. Der
allwissende Herzenskündiger, der die unendlichen Mischungen des Guten und Bösen in
menschlichen Charaktern nach ihren feinsten
Unterschieden und mannichfaltigsten Graden
kennt, kann bey Bestimmung des ewigen
Schicksals der Menschen unmöglich sich nach
unsern groben Klassificationen richten. Die
Frommen mögten auch aus dem Umgange mit
den Gottlosen, selbst in jenem Leben, noch
viel lernen können, und vielleicht wäre es
manchem interessanter, den Wüterich Nero,
als seinen spruchreichen Lehrer näher kennen
zu lernen. Wenn nur jener nicht mehr römi-
scher Kayser ist, so haben wir uns nicht vor
ihm

machen will, fo kann beydes in nichts weiter beftehen, als in dem Maafse von Wohl oder Wehe, das einem jeden in der zukünftigen Verbindung der Dinge zugetheilt wird, und welches im genaue-

ihm zu fürchten. Es ift recht gut, den himmelweiten Unterfchied der Principien des Guten und Böfen in abftracto durch fcharfe Gränzlinien darzuftellen; aber daraus läfst fich nicht auf das empirifch beftimmte Verhältnifs des Schickfals der Menfchen im künftigen Leben fchliefsen. Es ift auch eine ganz precäre Vorftellung, fich die Herftellung des Gleichgewichts zwifchen Sittlichkeit und Glückfeeligkeit als unmittelbar nach dem Tode eintretend vorzuftellen. Sie ift nur durch einen unendlichen Progreffus möglich, und die Annäherung zur Seeligkeit mufs nothwendig mit der Annäherung zur Heiligkeit gleichen Schritt halten; und fo wird fich das Gleichgewicht wohl felbft herftellen, ohne dafs wir eine Scheidung der Böcke von den Lämmern vorauszufetzen brauchen. Die Menfchen müffen würklich einmal aus einem Paradiefe vertrieben worden feyn, weil fie noch immer fo lüftern darnach find, und es fich nicht wollen ausreden laffen, dafs es wenigftens in jenem Leben anzutreffen feyn müffe.

ſten Verhältniſſe mit ſeiner in dieſem Leben erlangten Empfänglichkeit ſtehen muſs, oder kürzer, in der der Sittlichkeit proportionirten Glückſeeligkeit. Es werden alſo hierbey unendliche Stufenunterſchiede vorkommen, ſo daſs man einen veſten Punkt, wo das Eine von dem Andern ſich ſcheidet, gar nicht angeben kann, ſondern ein und daſſelbe Subjekt ſeelig und verdammt genannt werden kann; **verdammt**, wiefern es einem andern Subjekte wegen der mindern Würdigkeit und Empfänglichkeit an Glückſeeligkeit nachſteht; **ſeelig**, wiefern es wieder einem andern wegen der gröſsern Würdigkeit und Empfänglichkeit vorgezogen iſt. Eine Trennung der Seeligen und Verdammten und Anweiſung derſelben an beſondere Oerter iſt eine Vorſtellung, die, ſobald man der Sache gehörig nachdenkt, und ſich nicht blos zwiſchen ſinnlichen Bildern herumtreibt, gar nicht ſtatt finden kann. Jeder trägt, wie man ſehr richtig im Sprüchworte ſagt, ſeinen Himmel und ſeine Hölle bey ſich, d. h. das Maaſs von Wohl oder Wehe, das ihm zukommt, iſt genau durch die Empfänglichkeit beſtimmt,

beſtimmt, die er mitbringt, und in jedem Augenblicke feiner ewigen Fortdauer beſitzt. Dieſe Receptivität aber wird nun freylich wiederum abhängen von dem Maaſse der Erkenntniſs und Tugend, die ſich jemand in dieſem Leben erworben hat. Je richtiger, vollkommner und reifer feine Einſichten waren, und je weiter er es in der Befolgung der moraliſchen Geſetze Gottes in allen ſeinen Geſinnungen und Handlungen gebracht hat, deſto gröſser muſs natürlich feine Glückſeeligkeit in jenem Leben ſeyn. Es kann daher allerdings nicht gleichgültig in Rückſicht der Seeligkeit oder Verdammniſs ſeyn, ob jemand gewiſſe Wahrheiten kennt oder nicht kennt, läugnet oder annimmt. Denn wegen des groſsen Einfluſses, den unſre Kenntniſſe und Ueberzeugungen auf unſre Geſinnungen und Handlungen haben, muſs nothwendig durch das Eine oder das Andre unſre Receptivität erhöht oder vermindert werden 40). Wollte man

---

40) Wenn Socrates durch die vollkommnern Einſichten, welche das Chrtſtenthum feinen vernünftigen Bekennern gewährt, mehr Empfäng-

man demnach einen Grundartikel der chriftlichen Religion nach der gewöhnlichen Art für einen folchen erklären, den man ohne Verluft der Seeligkeit nicht ignoriren oder wenig-

pfänglichkeit für die Freuden jenes Lebens erlangt hätte, fo könnte er infoferne **verdammt** heifsen, wiefern ein folcher chriftlicher Socrates dem heydnifchen in Anfehung des Grades der Seeligkeit übertreffen würde; er mufs aber auch höchft **feelig** in Rückficht vieler Menfchen heifsen, die entweder das Chriftenthum fo wenig kannten, wie er, oder bey denen die Wahrheiten des Chriftenthums ohne alle Würkfamkeit auf Geift und Herz bleiben. Der Streit über die Seeligkeit des Socrates und der Heyden überhaupt war alfo ein fehr unnützer Streit von Seiten derer, die ihn erregten, ob er gleich manche fchöne und fruchtbare Unterfuchung veranlafst hat. Das Befste aber, was man daraus lernen kann, ift wohl diefes, dafs man fieht, wie fehr eine falfche Dogmatik und ein unerleuchteter Eifer für das Chriftenthum den Kopf verdrehen, und infonderheit das Herz verftimmen kann. Denn welch ein Grad von lieblofer, antichriftifcher Härte gehört nicht dazu, alle Heyden ins ewige Feuer zu werfen!

nigftens nicht läugnen dürfe; fo würde man vorausfetzen, die Seeligkeit fey etwas Abfolutes, eine gewiffe beftimmte Summe von Freuden des zukünftigen Lebens, eine Art von Muhammedanifchen Paradife, das an eine gewiffe beftimmte Summe von Wahrheiten, die man zu glauben, und von Handlungen, die man zu verrichten habe, als Bedingung gebunden fey. Da man aber von einer einzelnen Wahrheit eben fo wenig fagen kann, fie fey zur Seeligkeit nöthig, als von einer gewiffen Handlung, z. B. der Wohlthätigkeit, fie fey eine nothwendige Bedingung der Seeligkeit, weil Moralität einzig und allein in der gefammten Gefinnung, pflichtmäfsig aus Pflicht zu handeln, und das Gefetz aus reiner Achtung für daffelbe zu beobachten — das höchfte Gut aber, nach dem wir ftreben müffen, in einer der Sittlichkeit vollkommen proportionirten Glückfeeligkeit befteht: fo kann auch kein einziger Artikel der chriftlichen Religion, wenn von dem Verhältniffe deffelben zur Seeligkeit die Rede ift, an fich fundamental genannt werden. Im Gegentheile können und müffen fie alle fundamental heifsen, weil der höhere oder mindere Grad von Seeligkeit und Verdammnifs fich genau nach dem Verhältniffe der gefammten Gefinnung und nach den mit ihr als Grund verknüpften Ueberzeugungen richten mufs. Hieraus erhellet denn zugleich, dafs durch die gewöhnliche Beftimmung des Begriffes von einem Grundartikel gar nichts erklärt, vielmehr zu groben Misverftändniffen und unnöthigen Verwirrungen Gelegenheit gegeben wird. Ein Grundartikel würde alfo richtiger für einen Lehrfatz erklärt werden, welcher zum Wefen, zum eigenthümlichen Charakter der Religion gehört; auf welchen alfo die Religion gegründet und erbauet ift. Wenn nun aber weiter beftimmt werden foll, welches diefe Grundartikel feyen, fo, glaub' ich, mufs man eine dreyfache Art von Religionsgrundartikeln unterfcheiden, woferne nicht über die Anzahl und Rangordnung derfelben ewige Streitigkeiten herrfchen follen. Zu diefer Unterfcheidung und Klaffificirung wird uns dasjenige, was ich Ihnen bereits über den Zweck Jefu, und über die Gewifsheit in der religiöfen Erkenntnifs gefchrieben habe,

einen

einen guten Leitfaden abgeben können. Zuerſt nehmlich giebt es **allgemeine** Grundartikel, auf welchen alle Religion überhaupt, und mithin auch die chriſtliche beruht. Dieſs ſind die drey grofsen Wahrheiten: **Gott, Unſterblichkeit, und Freyheit** 41).

Ohne

---

41) Die Freyheit kann eigentlich zwar kein unmittelbarer Glaubensartikel einer Religion ſeyn. Sie iſt nur die oberſte Bedingung vom Daſeyn des moraliſchen Geſetzes, und der Sittlichkeit und Religion überhaupt; dahingegen Gott und Unſterblichkeit Bedingungen der vollſtändigen Ausübung des moraliſchen Geſetzes ſind, wiefern es die Hervorbringung des höchſten Guts unnachläſslich gebietet, dieſes höchſte Gut aber, als nothwendiges Objekt eines durchs moraliſche Geſetz beſtimmten Willens, nur durch die Gottheit und in einem andern Leben realiſirt werden kann. Mithin ſind nur die Lehren vom Daſeyn Gottes und der Unſterblichkeit der Seele eigentliche Grundwahrheiten der Religion. Allein eben weil ohne Freyheit gar keine Moralität und Religion ſtatt finden würde, ſo muſs die Lehre von der Freyheit des Menſchen unter die fundamentalen Glaubensartikel der Religion aufgenommen werden, und eine Religion, oder ein Religionsſyſtem, welches

Sätze

Ohne diese Wahrheiten ist weder eine positive Glaubens noch Sittenlehre, (welcher letztern Charakter allemal der ist, daſs ihre Gebote als vom Willen Gottes unmittelbar abhängig dargestellt werden,) möglich, weil die reine Vernunftreligion selbst auf und in ihnen beruhet. Das Christenthum setzt sie daher überall voraus, ohne sie erst zu erweisen, und zum Hauptinhalte seiner Lehre zu machen. Sodann giebt es b e s o n d e r e, der christlichen Religion eigenthümliche Grundartikel, d. h. solche, ohne welche das Chri-

sten-

Sätze enthielte, die mit der menschlichen Freyheit im Widerspruche ständen, oder welches sie gar ausdrücklich läugnete, (wie dieſs angeblich beym Muhammedanismus, offenbar aber beym Prädestinationismus der Fall ist,) würde schon dadurch seine Falschheit beweisen, ohne daſs man nöthig hätte, seine übrigen Sätze und Ansprüche auf Göttlichkeit oder Wahrheit zu prüfen. Die Stellen der Israelitischen Religionsschriften, welche der Freyheit zu widersprechen scheinen, lassen sich entweder anders erklären, oder wenigstens mit der Kindheit der menschlichen Vorstellungsart von der göttlichen Handlungsweise entschuldigen.

stenthum nicht Christenthum seyn würde. Diese
werden also theils in einer nähern Bestimmung
und speciellern Anwendung allgemeiner religiöser und moralischer Wahrheiten auf die besondern Umstände und Verhältnisse, unter welchen
Jesus seine Lehre zuerst bekannt machte,
theils in gewissen Lehrsätzen und Verordnun-
gen bestehen, die sich blos auf die positive
Form des Christenthums beziehen. Jene
könnte man theoretisch - praktische,
oder mit einem kürzern Ausdrucke, dogmatische (in weiterer Bedeutung), diese statu-
tarische oder historische Grundartikel
der christlichen Religion nennen. Die dogmatischen sind keine andern, als die vier
Hauptsätze, welche Jesus in seinen Lehrvorträgen vorzüglich heraus hob, um gewissen
damals herrschenden theoretischen und praktischen Vorurtheilen entgegen zu arbeiten.
Ich habe sie bereits in einem der vorigen
Briefe angegeben, und brauche sie also hier
nicht zu wiederhohlen. Was aber die statutarischen oder historischen Grundartikel betrift, so bestehen sie in gewissen Thatsachen,
Einrichtungen und Vorschriften, welche sich

auf

auf die Einführung, Annehmung und Verbreitung, mit einem Worte, auf das Positive des Christenthums beziehen. Sie können eben deswegen auch zufällige Grundartikel heisen, weil sie nicht nothwendig in der Vernunft selbst gegründet sind, sondern etwas Geschehenes und willkührlich Verordnetes voraussetzen. Gleichwohl machen sie den eigentlichen Charakter des christlichen Glaubens aus, wodurch er sich als ein Offenbahrungsglaube von dem reinen Vernunftglauben unterscheidet, und man könnte sie daher zum Unterschiede von den beyden ersten Arten der Grundartikel des Christenthums welches eigentlich Grundartikel der christlichen Religion sind, Grundartikel des christlichen Glaubens nennen. Dahin gehört also alles, was in der Schrift von der Person und Würde Jesu, dem Zwecke seiner Sendung, seinen Verdiensten um das menschliche Geschlecht, seinem gegenwärtigen Verhältnisse gegen dasselbe, seinen Anordnungen zum Besten seiner Lehre, u. s. w. gesagt wird. Ganz genau läst sich ihre Anzahl und ihr Inhalt nicht bestimmen, weil hierbey sehr vieles auf die subjektive Ueberzeugung eines jeden von der

histo-

hiſtoriſchen Glaubwürdigkeit gewiſſer Thatſachen, und von der allgemeinen Zweckmäſ-
ſigkeit und Verbindlichkeit gewiſſer Verord-
nungen ankommt. So würden z. B. Taufe
und Abendmahl hieher gerechnet werden
müſſen, wenn es ſich erweiſen lieſse, daſs
Jeſus damit würklich zwey für alle Zeiten
und Chriſten gültige Zerimonien habe einfüh-
ren wollen, und daſs er nicht etwa, wie
man in neuern Zeiten behauptet hat, die erſte
bloſs für erwachſene Juden und Heyden, die
zum Chriſtenthume übertraten, das letzte
aber nur für ſeine Jünger oder erſten Bekenner zu einem Vereinigungsbande beſtimmt
habe, das bloſs ſo lange dauern ſollte, als es
der neuen Geſellſchaft noch an veſter Kon-
ſiſtenz neben den übrigen Religionsgeſell-
ſchaften mangelte. Auf alle Fälle aber gehören ſie jetzt zur poſitiven Form des Chriſtenthums; und da ſich gegen ihre Beybehaltung gar
nichts Erhebliches ſagen läſst, vielmehr ihre
Zweckmäſsigkeit zur brüderlichen Vereinigung
der Chriſten ſehr einleuchtend iſt: ſo verdienen ſie allerdings eine Stelle unter den ſtatu-
tariſchen Grundartikeln des Chriſtenthums.

Nach

Nach dieser Klassification der Grundartikel des Christenthums läfst sich nun leicht über die Verschiedenheit in den Angaben und Bestimmungen urtheilen, die man von ihnen in den theologischen Kompendien oder andern Schriften antrift. Bald ist nur eine einzige Art von Grundartikeln als die Summe aller Grundartikel überhaupt angegeben, wie diefs z. B. in der Schrift: **über heutige und künftige Neologie**; (S. 38. in der Note) geschehen ist, wo der Verfasser blofs die statutarischen Grundartikel als die alleinigen, und auch diese nicht einmal alle, (vermuthlich, um, weil er ihnen einen zu hohen Rang angewiesen hatte, nicht zu viel zum Wesen des Christenthums rechnen zu müssen,) angegeben hat; — bald sind alle Arten unter einander geworfen, ohne die Natur und den Werth einer jeden gehörig zu bestimmen, wie diefs z. B. in DÖDERLEIN's sonst so vortreflicher und lehrreicher **institutio theologi christiani** (P. I. Proll. c. 2. §. 23.) der Fall ist. Aus diesem Verfahren ist denn sehr wohl die Uneinigkeit und Verwirrung begreiflich, die über den

Begriff

Begriff sowohl, als den Rang und die Anzahl der Fundamentalartikel bisher geherrscht hat. Hätte man immer die verschiedenen Arten derselben unterschieden, und das Verhältniſs einer jeden zum Ganzen, und zu den höchsten Zwecken der Vernunft erwogen, so hätte nie ein Streit darüber entstehen können.

Vier-

Vierzehnter Brief.

Ich mufste neulich die angefangene Erörterung der dogmatifchen Grundbegriffe in Beziehung auf unfern Grundfatz abbrechen, weil ich fürchtete, fchon zu viel darüber gefagt zu haben. Sie werden aber hoffentlich auch nicht verlangen, dafs ich diefe Erörterungen weiter fortfetzen, und mich erklären folle, was zufolge des Perfektibilitätsgrundfatzes von der Glaubensanalogie 42), der Infpira-

---

42) Die Glaubensanalogie kann in keinem andern, als exegetifchen Sinne, und zu keinem andern, als exegetifchen Gebrauche zugelaffen werden. Wenn ich einen Schriftfteller lefe, der

spiration, der Behauptung, die Schrift fey die einzige und ficherfte Glaubens- und Lebensnorm, von den daraus hergeleiteten Affektionen derselben, von dem Verhältniße der Vernunft zur Offenbahrung 43), von dem Vor-

der viele dunkle Stellen hat, wo es fchwer hält, feine wahre Meynung zu enträthfeln, fo bilde ich mir aus denjenigen Stellen, wo er feine philofophifchen, theologifchen, politifchen, phyfikalifchen Grundfätze deutlich zu erkennen giebt, einen allgemeinen Begriff von feinem philofophifchen u. f. w. Syfteme. Diefem analog werden dann jene dunkeln Stellen erklärt So auch bey der Schrift. Für die Dogmatik hat diefe αναλογια της πιςεως nur einen mittelbaren Gebrauch; die Paulinifche aber hat bekanntlich einen ganz andern Sinn und Zweck. Röm. 12, 6.

43) Es ift merkwürdig, dafs auch in andern pofitiven Religionen über diefes Verhältnifs geftritten wurde, die Vernunft aber immer den kürzern dabey zog. ABULPHARAGIUS erzählt in feiner Gefchichte der Dynaftien (Dyn. IX.

Vorgeben, man müsse die christliche Religion zu ihrer ersten Reinigkeit und Einfalt zurückführen

IX. S. 166 — 171.) dafs auch im Islam, wie in allen übrigen Religionen, Streitigkeiten entstanden wären, deren Urfachen die verschiedenen Erkenntnifsquellen der Religion gewesen feyen. Er führt dieser Quellen vier an, nehmlich die Schrift oder den Koran, die Sonna oder die Tradition, den Confenfus oder die Analogie, und endlich, (denn fie mufs immer mit dem letzten Platze vorlieb nehmen,) die Vernunft. Nun führt er einige Hauptmänner nahmentlich an, von denen manche diefer, manche jener Auktorität folgten. Einige verwarfen die Vernunft durchaus; andre waren zwar nicht fo ftreng, hielten fich aber doch lieber an die übrigen Erkenntnifsquellen; der einzige Abu Hanipha (Aluooman Ibu Thabet hiefs diefer Vernunftfreund eigentlich, und ftarb im J. Ch. 772.) zog die Vernunft, wenn ihre Entfcheidungen klar genug waren, vor. Ift diefs nicht ganz fo, wie im Chriftenthume? Wenn nun ein (ci-devant) doctor forbonnicus und ein Imam zufammenkämen, und ftritten über die Wahrheit ihrer Religionen, beriefen fich aber beyde nur auf Schrift, Tradition

oder

führen 44), und von andern verwandten Gegenständen zu halten seyn dürfte. Es ist dieß auch

oder menschliche Auktorität: so müsten nothwendig beyde Theile recht behalten, und der Islam wäre so wahr und gut, als das Christenthum. Bey allem den waren die Muhammedanischen Theologen noch billiger als manche christliche. Denn A b u l p h. setzt hinzu, bey aller Verschiedenheit der Meynungen, die, wie er erzählt hatte, die Wurzeln und die Zweige des Glaubens betrafen, habe man doch niemanden für einen Ungläubigen oder Ketzer erklärt,

ولا يلزم بذلك تكفير ولا تضليل

sind seine Worte nach dem Arabischen.

44) Die Nothwendigkeit und Nützlichkeit einer Darstellung der ersten, ursprünglichen Lehre des Christenthums, wie sie in der Schrift enthalten ist, wird wohl kein Vernünftiger läugnen. Aber daſs man hierbey durchaus unparteyisch verfahre, sich weder Vertierungen noch Verzerrungen erlaube, und vorzüglich, daſs man sich keinen falschen Zweck dabey vorsetze, um uns etwa wieder zu den ςοιχειοις zurückzuführen, und uns dabey vestzuhalten
— dieſs

auch nach dem, was ich Ihnen bisher geschrieben habe, gar nicht nöthig. Denn theils sind einige dieser Punkte schon beyläufig erläutert worden, theils werden Sie auch selbst leicht die Modificationen hinzudenken können, nach welchen bey Voraussetzung einer progressiven Perfektibilität der Religion diese dogmatischen Begriffe und Grundsätze näher bestimmt werden müsten. Aber einen Umstand kann ich doch nicht ganz übergehen, ohne etwas darüber zu sagen, theils, weil ich mich in einem der vorigen Briefe, als ich von einer wenigstens dem Nahmen nach verwandten Materie handelte, zu einer ausführlichern Auseinandersetzung desselben anheischig machte, theils auch, weil er besonders in unsern Zeiten so grosses Interesse gefunden hat, dass nicht nur seit wenigen Jahren mehrere Schriften über denselben von genannten und ungenannten Verfassern erschienen sind, sondern auch eine ganze gelehrte

Ge-

— diess sind wohl sehr billige Foderungen. Ob sie bey allen Versuchen der Art erfüllt worden sind, mögen andre beurtheilen.

Gesellschaft einen eignen Preis auf die beste Beantwortung ihrer denselben betreffenden Frage gesetzt hat. Ob ich nun gleich weit davon entfernt bin, um diesen Preis hinterdrein noch kämpfen, oder mir ein Schiedsrichterliches Ansehen in einer Sache, die ungeachtet alles dessen, was darüber von so vielen guten Köpfen gesagt worden ist, noch immer nicht entschieden seyn dürfte, anmaassen zu wollen: so werden Sie mir doch erlauben, Ihnen meine Gedanken darüber mitzutheilen, und nach einem Auswege zu suchen, der vielleicht näher, als die bisher versuchten Wege, zum Ziele träfe. Accommodation (im dogmatischen Sinne des Wortes) von Jesu und seinen Schülern gebraucht, soll eine Art von Herablassung derselben zu gewissen damals herrschenden Irrthümern und Vorurtheilen seyn, vermöge welcher sie bey ihren Lehrvorträgen in Erzählungen, Gesprächen, Briefen oder Reden nicht die reine Wahrheit bekannt machten, sondern ihre Aussprüche nach jenen Vorurtheilen und Irrthümern modificirten. Man setzt also hierbey voraus, die ersten Lehrer des Christenthums hätten selbst zwar alles

auf

auf das vollkommenfte und richtigfte eingefehen; fie wufsten, meynt man, dafs diefe oder jene Vorftellungen ihrer Zeitgenoſſen irrig und mangelhaft waren; aber aus gewiffen Urfachen liefsen fie diefelben entweder unangetaftet ftehen, oder fie bequemten fich wohl gar fo fehr darnach, dafs fie diefelben in ihren Vortrag einwebten, und fcheinbar beftätigten. Nun bemerkte man freylich gar bald, dafs man diefe Behauptung nicht fo ganz allgemein und unbeftimmt aufftellen könnte, weil uns auf diefe Art alle Möglichkeit benommen wäre, jemals die wahre Meynung Jefu und feiner Schüler zu entdecken, woran doch einem jeden Chriften nothwendig fehr gelegen feyn mufs 45). Man fuchte daher gewifse allgemeine Regeln veftzufetzen, nach

wel-

45) Sehr einleuchtend hat diefs HERINGA dargethan in der fchon oben angeführten Preisfchrift: über die Lehrart Jefu und feiner Apoftel, im ganzen 1ten Abfch. S. 11-112., wiewohl ich glaube, dafs wohl wenige jenen Satz in der Allgemeinheit und mit der Unbeftimmtheit mögten vorgetragen haben, wie der Verf. es vorauszufetzen fcheint.

welchen die Accomodation beurtheilt, und in jedem einzelnen Falle mit Sicherheit entschieden werden könnte, ob und in wie weit sich diefer oder jener von den erften Lehrern des Chriftenthums zu Volksirrthümern herabgelaffen habe. Nun laffen fich im Allgemeinen nur zwey Wege als möglich gedenken, auf welchen man folche einfchränkende und leitende Regeln zur Beurtheilung der Accommodation auffinden könnte. Erftlich kann man a priori, d. h. nach allgemeinen Gründen der Moralität auszumachen fuchen, ob und in wieferne Herablaffung zu fremden Irrthümern einem wahrhaftigen und redlichen Manne, infonderheit aber einem Religionslehrer, (in unferm Falle noch überdiefs einem göttlich auktorifirten,) erlaubt feyn könne. Sodann kann man a pofteriori, d. h. aus ältern gleichzeitigen oder auch jüngern Schriftftellern, (z. B. den Verfaffern der Apocryphen, dem Philo und Jofeph, den Rabbinen u. f. w.) die unter den Zeitgenoffen Jefu und feiner Schüler herrfchenden Meynungen aufzufinden fuchen, um mit denfelben ihren

Vortrag zu vergleichen, und die Spuren jener Meynungen darin zu entdecken,

Allein ich zweifle, daſs man je auf einem dieſer Wege zur nöthigen Gewiſsheit in dieſer ſo wichtigen Sache gelangen werde. Um bey dem Letztern anzufangen, ſo iſt es erſtlich überhaupt nicht wahrſcheinlich, wenigſtens nicht ausgemacht, daſs wir auf dieſem Wege alle damals unter dem Volke herrſchenden Meynungen entdecken werden. Es konnten ja wohl noch manche andre auſſer denen, die wir in jenen Quellen finden, im Schwange ſeyn. Wie nun, wenn Jeſus und die Apoſtel auch auf dieſe Rückſicht nahmen, und wir manches für poſitive Lehre derſelben hielten, was bloſse Herablaſſung wäre? Zweytens lieſse ſich gegen die Aechtheit dieſer Quellen wohl auch manches einwenden. Die Rabbinen z. B. mögen noch ſo ſklaviſch an den Meynungen und Lehrſätzen ihrer Vorfahren gehangen haben, ſo läſst ſich doch nie mit Sicherheit ſchlieſsen, daſs eine Meynung, die bey ſpätern Rabbinen vorkommt, gerade ein Erbſtück ihrer Väter ſey. Man würde ihnen

wahr-

wahrhaftig auf der einen Seite zu viel Ehre
anthun, wenn man behaupten wollte, fie hätten nicht für fich manchen Aberwitz ausbrü-
ten können; auf der andern aber fie zu fehr
erniedrigen, wenn man glaubte, fie hätten
gar nichts an den väterlichen Satzungen geändert, fondern fie wie blofse Mafchinen
weiter gegeben. Und dann, könnte nicht
vielleicht diefe oder jene Meynung, die wir
felbft bey gleichzeitigen Schriftftellern finden, blofs die Privatmeynung eines einzelnen Mannes, oder eine eigne Meynung der
Gelehrten gewefen feyn, von der das Volk
gar keine Notiz nahm, auf welche alfo Jefus
und die Apoftel, wenn auch ihre Ausfprüche
darauf Beziehung haben könnten, doch nicht
würklich Rückficht nahmen. Aber gefetzt,
wir wüfsten alle damals herrfchende Meynungen, wir kenneten fie ganz ächt und unverfälfcht — woher weifs man denn nun,
dafs alle diefe Meynungen, auch Vorurtheile
und Irrthümer waren? denn folche Meynungen
verfteht man doch eigentlich, wenn von Accommodation die Rede ift. Ift es nicht offenbar, dafs diefer Weg blofs ein Erkenntnifs-

U 5   grund

grund der Vorurtheile und Irrthümer ift, wie ferne fie damals herrfchende Meynungen waren, nicht aber ein Beurtheilungsgrund diefer Meynungen, wieferne fie Irrthümer und Vorurtheile feyn follen? Man ift alfo, wenn man gewiffe Lehren der Schrift oder des Syftems als Vorurtheile und Irrthümer beftreiten will, die aus der Volksphilofophie oder Theologie jener Zeiten entlehnet feyen, zu denen fich daher die erften Lehrer des Chriftenthums nur herabgelaffen hätten, um kein Haar breit weiter, wenn man gezeigt hat, es feyen jene Lehren würklich damals herrfchende Meynungen gewefen. Denn eben aus der Uebereinftimmung der Schrift mit diefen Meynungen fchliefsen die Gegner auf ihre Richtigkeit. Jefus und die Apoftel, fagen fie, würden nicht dazu gefchwiegen, fie nicht gebilligt, nicht in ihre öffentlichen Reden eingewebt, nicht im vertrauteften Unterrichte erwähnt, und dadurch beftätigt haben, wenn diefe Meynungen würkliche Irrthümer gewefen wären. Laffen Sie uns diefs durch einige Beyfpiele anfchaulicher machen. Es kann, ohne gegen alle gefunde

und

und natürliche Auslegung zu verstoßen, nicht geläugnet werden, daſs die Apoſtel ſehr oft, ſehr nachdrücklich, ſehr deutlich und ohne den kleinſten Wink von Herablaſſung von dem Tode Jeſu als einem würklich verſöhnenden Tode in der ſtrengſten Bedeutung des Wortes reden. Man hat dieſs gleichwohl für Accommodation erklärt, weil die alte Welt geglaubt habe, Gott könne ohne Söhnopfer die Sünde nicht vergeben, und weil die Apoſtel dem ſo ſchimpflichen, für Juden und Heyden ſo anſtößigen Kreuzestode dadurch einen beſſern Anſtrich hätten geben wollen. Nein, ſagen die Gegner, durch den Tod Jeſu hat eben Gott gezeigt, daſs dieſer Glaube der alten Welt ein wahrer Glaube iſt, hat eben darum Jeſum einen ſo Schmach- und Schmerzvollen Tod ſterben laſſen, damit er ein deſto vollgültigeres Opfer für die Sünden der ganzen Welt wäre. Noch mehr — aus dem Buche der Weisheit (Kap. 2, 23. 24.) ſchlieſst man, daſs die Meynung, der Teufel habe Antheil an der erſten Sünde durch Verführung der Eva gehabt, ſchon vor Jeſu da geweſen ſey. Da nun bey Moſes nichts davon ſteht, ſo ſchlieſst man weiter, iſt die Aeuſſerung Jeſu,

Joh.

Joh. 8, 41., eine blofse Anſpielung auf dieſe Meynung, und Jeſus diſputirt hier nur mit den Juden κατ' ανθρωπον. Nein, antworten die Gegner, weil Jeſus gar keine Veranlaſſung hatte, auf dieſe Idee hier anzuſpielen, weil er gar nicht genöthigt war, ſich in einer ſo unbedeutenden Sache zu accommodiren: ſo durfte er dieſe Meynung, wenn ſie unrichtig war, nicht durch ſeine Anſpielung beſtätigen, brauchte ſie wenigſtens, wenn er es bedenklich fand, ſie zu beſtreiten, gar nicht zu erwähnen. Da er es aber dennoch gethan hat, ſo ſchlieſsen wir, er habe den Moſes ergänzen, und uns belehren wollen, wer eigentlich der Erbfeind unſers Geſchlechtes ſey. Ferner — daſs ſchon vor Jeſu die Juden viel von Engeln und Teufeln zu ſagen wuſsten, iſt unleugbar, und wer es läugnen wollte, den könnte man ſchon dadurch überführen, daſs ſie im neuen Teſtamente als ganz bekannte Maſchinen auftreten und agiren. Aber ſetzt man denn nicht voraus, was erſt zu erweiſen war, wenn man nun gleich annimmt: alſo ſind alle Ausſprüche der Schrift, die eben dieſe Meynung enthalten, daſs es

En-

Engel und Teufel gebe, und beyde in der Sinnenwelt würken, blofse Accommodationen zu einem jüdifchen Vorurtheile? Wer diefes in fo vielen, fo unzweydeutigen Aeufferungen der neuteftamentlichen Schriftfteller finden kann, der mufs entweder fein Wahrheitsgefühl ganz abgeftumpft, oder es fich veft in den Kopf gefetzt haben, das nicht in der Bibel zu fehen, wozu, um es zu fehen, nur zwey gefunde Augen gehören. Wie aber, wenn es noch unter uns Götzendiener gäbe, und es fiele einem folchen ein, zu fagen: die Juden glaubten fchon vor Jefu, ein einiger Gott fey Urheber und Regierer der Welt; euer Jefus hat fich alfo auch hierin nur accommodirt; giebt er fich doch felbft für einen Sohn Gottes, oder, wie viele unter euch glauben, für einen wärklichen Gott aus; gewifs, er glaubte mehrete Götter, aber er wollte den Juden nur nicht anftöfsig werden, darum ging er nicht mit der Sprache heraus! — Halten Sie diefes nicht für Scherz, lieber Freund! wer wollte bey einer fo wichtigen Sache fcherzen! Nur fo viel wollte ich damit fagen, dafs derjenige, welcher in einem Ausfpruche sprüche oder einer Lehre der Schrift Accommodation findet, nicht blofs beweisen müsse, dafs damit irgend eine damals herrschende Meynung in Verbindung stehe, sondern auch, welches weit mehr sagen will, erstlich, dafs diese Meynung ein Vorurtheil, ein Irrthum war, und dann, dafs Jesus und die Apostel, ungeachtet sie anders davon redeten, sie doch dafür erkannten. Der oben zuletzt angegebene Weg also, zu einem richtigen Urtheile über Accommodation zu gelangen, führt, so nützlich er auch zur Interpretation seyn, und so sehr man auch wünschen mag, ihn in dieser Hinsicht immerfort ebner zu machen, dennoch in dogmatischer Hinsicht zu keiner sichern Auskunft.

Aber der zuerst angegebene noch viel weniger. Denn wenn sich gleich im Allgemeinen gewisse Regeln vestsetzen lassen, nach denen bestimmt wird, ob und in wieferne sich ein Religionslehrer zu Volksirrthümern herablassen könne: so wird es doch bey Anwendung jener Regeln auf specielle Fälle immer gar sehr auf die subjectiven Ueberzeugun-

gungen, auf das enge oder weite Gewiſſen,
auf die Aengſtlichkeit oder Liberalität deſſen
ankommen, der die Frage entſcheiden ſoll.
Hält Jemand z. B. die vorhin angeführten
Lehren für ſehr wichtig, wie ſie es denn
auch in der That ſowohl an und für ſich, als
durch den Gebrauch, den man davon machen
kann und wirklich gemacht hat, ſind: ſo wird
er es auf keine Weiſe mit den Pflichten ſolcher Religionslehrer, die ſich für göttliche
Geſandten gaben, und die Wahrheit ihrer
Lehre ſelbſt mit dem Tode beſiegelten, zu-
ſammenräumen können, ſich in ſo wichtigen
Dingen zu accommodiren, und dadurch ge
fliſſentlich den Irrthum zu beſtättigen. Man
wird daher, wenn auch alle in Beſtimmung
gewiſſer allgemeiner Regeln übereinkämen,
dennoch gar ſehr bey der Anwendung derſelben ſchwanken, wenn nicht vorher durch
anderweite Gründe gewiſs und überzeugend
dargethan iſt, daſs eine gewiſſe Meynung, zu
welcher ſich die Lehrer des Chriſtenthums
herabgelaſſen haben ſollen, nicht nur eine
damals herrſchende Volksmeynung, ſondern
auch in der That ein Vorurtheil, ein Irrthum
war. Wollen Sie ſich von der Richtigkeit

dieſer

diefer allgemeinen Speculation über das, was gefchehen würde, überzeugen, fo dürfen Sie nur das erwägen, was bereits in diefer Hinficht gefchehen ift. Lefen Sie zu dem Ende im 2ten Abfch. der mehr erwähnten Heringa'fchen Preisfchrift (S. 114-122.) die 18 Regeln, die er als Principien aufgeftellt hat, um darnach auszumachen, in wieferne Jefus und die Apoftel fich als religiöfe und moralifche Volkslehrer accomodiren konnten; und lefen Sie dann zugleich die Anwendung, die er davon macht, (S. 139-278.) indem er die mit Hülfe der Accomodirmethode beftrittenen Lehrfätze des kirchlichen Syftems durchgehet, und Sie werden fehen, wie wenig oder wie viel man, je nachdem es die anderweiten Grundfätze und Ueberzeugungen eines Jeden geftatten, auf diefe Art zur pofitiven Lehre Jefu und der Apoftel rechnen kann. Denn in der That wird Niemand, der die Accomodation überhaupt zuläfst, an den Heringa'fchen Regeln viel auszufetzen finden, und gleichwohl weifs Heringa nach denfelben das ganze kirchliche Syftem in der Schrift zu finden; da hingegen ein andrer, der anders von diefem

fem Syfteme dächte, daffelbe nach ebendenfelben Regeln aus dem N. T. herausdemonftriren könnte.

Es dürfte alfo, fo lange man dabey immer vorausfetzt, die in der Schrift enthaltene chriftliche Lehre müffe an und für fich die vollkommenfte feyn, und was etwa Irriges und Mangelhaftes beygemifcht fcheine, fey blofse Herablaffung der erften Lehrer des Chriftenthums zu den herrfchenden Begriffen und Meynungen ihrer Zeitgenoffen — es dürfte, fag' ich, bey diefer Vorausfetzung auf den vorhin durchfuchten Wegen wohl fchwerlich zu einer Gewifsheit über die Frage kommen, wenn und wo nun würklich Accommodation ftatt finde? Auf welchem Wege alfo fonft? Fragen Sie; ich denke, die Antwort ift fehr leicht. Man gehe den natürlichen Weg, auf welchem wir Gewifsheit in aller unfrer Erkenntnifs, wieferne fie Vernunftwahrheiten betrift, kommen; man gebe jene Vorausfetzung auf, und gehe den Weg einer vernünftigen, bedachtfamen Prüfung! Vorerft alfo werden wir einzig und allein in

X   folsolchen Fällen Accommodationen anzunehmen berechtigt seyn, wo es entweder ausdrücklich gesagt, oder durch andere Aussprüche, Handlungen und Umstände nicht undeutlich zu verstehen gegeben ist, man habe sich in einem gewissen Falle blofs accommodirt. Wenn man z. B. sieht, wie Jesus nur nach und nach seine Schüler mehr von seinen wahren Absichten wissen läfst; wie er ihre und des Volkes Schwachheiten, wenn sie ihn für einen irdischen Retter hielten, duldet; wie er seinen vertrauten Schülern manches offen darlegt, was er dem Volke entweder gar nicht oder nur in änigmatische Parabeln gehüllt mittheilte; oder wie Paulus als Nasiräer sich öffentlich im Tempel zeigt, den Timotheus beschneidet, und, um allen alles zu werden, in minder wesentlichen Stücken dem zärtlichen oder unerleuchteten Gewissen der Schwachen nachgiebt: so darf man wohl das Wort Accommodation in seiner vollen Bedeutung brauchen. Denn offenbar liefs man sich hier absichtlich herab; und wer diefs nicht sehen wollte, der müfste entweder blind seyn, oder die Augen mit Gewalt

walt verschliefsen. Wo aber keine absichtliche Herablassung bemerkbar ist, z. B. also, wo unterrichtet, bewiesen, ermahnet, getröstet wird, und die Belehrungen, Beweis- Trost- und Ermunterungsgründe aus gewissen Vorstellungen hergenommen werden, die uns irrig und mangelhaft scheinen; (z. B. aus den Verhältnissen und Einwürkungen der unsichtbaren Welt auf die sichtbare, aus der baldigen Wiederkunft Christi zum Weltgerichte u. s. w.): da wird es uns keineswegs erlaubt seyn, Accommodation anzunehmen; denn hier würde die Lehrweisheit zu einer Beredungsklugheit gemacht, und ihr die Wahrhaftigkeit und Redlichkeit aufgeopfert werden. Blofs auf Seiten Gottes, der es so veranstaltete, oder, wenn man will, zuliefs, dafs die Menschen durch seine Gesandten so und nicht anders belehrt, ermuntert und getröstet wurden, würde eine Art von Accommodation statt finden; diese aber würde weiter nichts seyn, als das überall bemerkbare Verfahren Gottes, nach welchem er das menschliche Geschlecht nur nach und nach zur Vollkommenheit führt. Ich will es

in-

indessen nicht läugnen, daſs es vielleicht einige Fälle geben mögte, wo es nicht ganz deutlich einleuchtet, ob hier positiver Lehrton oder bloſse Accommodation statt finde. In solchen Fällen, deren jedoch so gar viele nicht seyn dürften, glaube ich, daſs man, wenn von Jesu selbst, oder seinem groſsen und würdigen Nachfolger, Paulus, die Rede ist, und das Erstere auf Irrthümer, die sich mit ihren sonstigen Einsichten gar nicht reimen lieſsen, führen würde, für das Letztere entscheiden müſse. Man sieht es aus ihrem ganzen Benehmen gar zu deutlich, daſs sie weit hellern und freyern Geistes waren, als ihre Zeitgenossen, aber oft nothgedrungen, schwiegen oder nachgaben, wenn reden und widerstehen nichts gefruchtet haben würde, und daher manches der Folgezeit überlieſsen. Aber man hüte sich nur, dieses zu weit auszudehnen, und suche lieber aus Charakter, Denkart und Handlungsweise beyder Männer die Regeln zur Beurtheilung der Fälle, wo es zweifelhaft ist, ob sie sich accommodirten, zu abstrahiren; folge aber nicht der Frivolität derer, welche überall, wo ihr System

nicht

nicht hinpaßt, Accommodation finden. Uebrigens ist es Pflicht und Geschäft, der Vernunft, der durch Jesu Lehre erleuchteten, gestärkten, erhöhten Vernunft, durch eine gewissenhafte und bescheidne Prüfung das Unvollkommne und Unbrauchbare, mag es auch damit in Rücksicht auf die eigne Ueberzeugung der ersten Lehrer des Christenthums eine Bewandnifs haben, was es für eine wolle, von dem Vollkommnern und Bessern zu scheiden, und zum eignen Nutzen zu verwenden. Entsteht hierbey Streit und Verschiedenheit der Meynungen, so erinnern Sie sich an das, was ich Ihnen schon vormals über diesen Punkt geschrieben habe. Man streite immer! Die Reibung der Gemüther wird elektrische Funken der Wahrheit hervorlocken, und diese Funken werden nach und nach zu hellleuchtenden, sanfterwärmenden Flammen werden!

Funfzehnter Brief.

Man hat den hohen Werth und die Vortrefflichkeit der moralischen Vorschriften des Evangelium's immer anerkannt, und mit Recht gepriesen. Selbst viele von denen, welche mit den übrigen Lehren desselben sehr unzufrieden waren, wagten es doch nicht, seine Sittenlehre zu verunglimpfen, und manche rühmten die letztere nur um so mehr, um dagegen die Glaubenslehre desto ungescheuter herabwürdigen zu können. Doch hat es auch nicht ganz an Leuten gefehlt, welche selbst die christliche Moral mit ihren Angriffen nicht verschonten, und sie als eine Sittenlehre verschrieen, die der wahren Tugend nachtheilig, und dem Wohle der

der Staaten gefährlich fey, weil fie theils von manchen Tugenden und Pflichten (als der Vaterlandsliebe, der Freundfchaft u. f. w.) gar nichts fage, theils aber durch manche ihrer Forderungen (z. B. in Anfehung der Duldung von Beleidigungen, des Gebrauchs zeitlicher Güter, u. f. w.) entweder Schwärmer oder Heuchler bilde, mithin auf der einen Seite mangelhaft und unvollftändig, auf der andern aber überfpannt und unbefolgbar fey. Dafs es nicht immer die reinften Abfichten und die triftigften Gründe waren, wodurch man zu einem fo harten Ausfpruche bewogen wurde, liegt wohl mehr als zu fehr am Tage. Indeffen ift, wie allemal bey zwey Extremen, fo auch bey jenem Lobe ebenfowohl als bey diefem Tadel zu fürchten, dafs man nicht den Weg einer völlig unpartheyifchen, vorurtheilfreyen Prüfung eingefchlagen habe. Um diefen Mittelweg finden zu können, mufs man vor allen Dingen den Gefichtspunkt veftfetzen, aus welchem die Sittenlehre Jefu betrachtet werden foll. Verlangt man, dafs fie das vollftändigfte Moralfyftem feyn, oder wenigftens einem folchen zur Grundlage dienen foll, fo wird man ein-

eingeſtehen müſſen, daſs ſie dazu gar nicht tauglich ſey. Dieſs ſcheinen auch alle die gefühlt zu haben, welche, beſonders in neuern Zeiten, Syſteme der chriſtlichen Moral zu entwerfen unternahmen. Entweder wählten ſie irgend ein philoſophiſches Moralprincip, und verbanden es mit den moraliſchen Vorſchriften des Evangelium's auf eine ſolche Art, daſs dieſe nach jenem modificirt und auf daſſelbe erbauet wurden; oder, wenn ſie weniger philoſophiſch dachten, verwarfen ſie alle bisher bekannten Principien, und reiheten ohne allen veſten Grund die moraliſchen Vorſchriften an einander, wie es ihnen nach Vernunft, Schrift und Erfahrung, (drey ſehr heterogenen Principien!) tauglich ſchien.

Allein man würde auch der criſtlichen Moral ſehr Unrecht thun, wenn man, ich will nicht ſagen, ſyſtematiſche Vollſtändigkeit, ſondern nur nach ihren Grundzügen die höchſte Vollkommenheit von ihr erwarten wolle. Sie iſt durchaus populär, temporell und local, und nur von dieſer Seite betrachtet ict wird man ihren wahren Werth, ihre über alle philofophifche Lehrgebäude des Alterthums weit erhabne Vorzüge unpartheyifch fchätzen lernen. Das Erfte, die Popularität, ift von allen anerkannt, und der Augenfchein lehrt es zu offenbar, als dafs es könnte geläugnet werden. Die beyden andern Punkte find zwar in vorigen Zeiten nicht immer gehörig bemerkt und richtig angewendet worden, fondern man trug faft alle Vorfchriften des neuen (zuweilen auch gar des alten) Teftaments, fie mochten auf uns paffen oder nicht, dennoch als verbindlich, auf uns über. Indeffen hat man längft fchon angefangen es als Grundfatz bey Entwerfung eines chriftlichen Moralfyftems aufzuftellen, dafs Jefus und die Apoftel bey ihren Vorfchriften fehr oft auf Zeit und Ort und Umftände Rückficht genommen, und alfo diefe Vorfchriften nicht fo geradezu in das Syftem aufgenommen werden dürften. Manche derfelben müfsten jetzt ganz wegfallen, manche hingegen fehr eingefchränkt, oder auch wohl erweitert werden, wenn fie einen Platz im Syfteme finden follten, je nachdem es die allgemeinen in der

Ver-

Vernunft felbft liegenden Grundfätze der Moralität verlangten. Hier bemerken Sie hun, lieber Freund, welche Fortfchritte die chriftliche Moral durch diefen einzigen Grundfatz, der genau befehen nichts anders, als unfer Perfektibilitätsgrundfatz, nur in andre Worte gekleidet, ift, gemacht hat. Es ift augenfcheinlich, dafs fie dadurch von dem glücklichen Zeitpunkte an, da man fie von der Glaubenslehre, der fie vorher immer nur als pediffequa nachhinken mufste, zu trennen und unabhängiger zu machen wagte, fehr an Vollkommenheit gewonnen, und fich weit über ihre ehemalige ftolze, fo üppig gepflegte, fo hoch geachtete Beherrfcherinn emporgefchwungen habe. Ja es läfst fich aus dem Gange der theologifchen Aufklärung in neuern Zeiten beweifen, dafs die freyere Kultur der Moral es war, welche der Glaubenslehre aufhalf, und auch fie von fo manchem alten Sauerteige reinigte. Den Moralifchen fahe man nicht fo auf die Finger, weil ihre Wiffenfchaft nicht fo geachtet war, und auf das Kirchenwefen nicht folchen Einflufs zu haben fchien. Sie hatten alfo freyern Spielraum,

raum, und unvermerkt theilte sich dieser Geist der Freyheit auch den Dogmatikern mit 46).

Bey allem dem dürfte es vielleicht doch keine ungegründete Behauptung seyn, dafs selbst

46) Ein Erfahrungs-Beweis für die Wahrheit, die viele den A-priori-Beweisen eines gewissen Philosophen nicht glauben wollen, dafs alle religiöse Kultur von der moralischen ausgehen müsse. Man könnte ihn noch durch die Bemerkung verstärken, dafs auch die Lutherische Reform von einer Widersetzlichkeit gegen praktische Irrthümer anhob. Vielleicht dürften noch Zeiten kommen, wo die Dogmatik das Recht der Erstgeburt und Herrschaft, das sie nur durch die List ihrer Pflegemutter, der Kirche, und vermittelst des von blöden Augen geleiteten weltlichen Armes an sich gerissen hat, ihrer eigentlich ältern Schwester, der Moral, zurückgeben, sich vor ihr bücken, und ihr sanftes Zepter küssen wird. Der kleinere aber listigere Jakob erhielt zwar von der Hand des blinden Isaaks durch den Betrug der Rebecca den Segen der Erstgeburt zum Nachtheile seines ältern, redlichern Bruders; aber er hat ihn nicht immer und ewig behalten.

selbst jener Grundsatz eben darum, weil er nicht in die rechte Formel eingekleidet war, auch seine volle Würkung nicht gethan, und die christliche Moral durch denselben noch keineswegs die höchste Blüthe der Vollkommenheit erreicht habe. Man gab zwar zu, dafs die christliche Moral in einzelnen Vorschriften ihrer temporellen und localen Beziehung wegen der Abänderung unterworfen sey, setzte aber dabey voraus, dafs sie an und für sich nach dem Allgemeinen, dem Geiste, der ihren Vorschriften zum Grunde liege, die höchste Vollkommenheit und Brauchbarkeit habe, und man daher die christliche Moral nur in der möglichsten Reinheit darzustellen suchen müsse. Dagegen glaube ich nun, dafs die christliche Moral selbst in ihren Grundprincipien durchaus auf Zeit und Ort angelegt, und insoferne zwar den weisen Absichten ihres erhabnen Stifters, das menschliche Geschlecht nach und nach zu höherer Vollkommenheit durch seinen religiösen und moralischen Unterricht zu führen, ganz angemessen sey, aber eben darum noch nicht die an sich mögliche höchste Vollkommenheit und

Brauch-

Brauchbarkeit haben, fondern blos als Hülfsmittel für künftige Gefchlechter, fich der wahren reinen Moralität immer mehr zu nähern, betrachtet werden könne.

Nach aller Geftändnifs und der ausdrücklichen Erklärung ihres Urhebers zufolge ift Liebe gegen Gott und Menfchen das Grundprincip der chriftlichen Moral, das höchfte allgemeinfte Gebot derfelben. Dadurch unterfcheidet fie fich von allen andern Moralfyftemen des Alterthums fo ganz und fo wefentlich, dafs man unmöglich fich der Frage erwehren kann, warum der Stifter des Chriftenthums wohl gerade diefe Liebe feiner Moral zum Grunde legen mogte? Sehen wir erftlich auf die Quelle, aus welcher Jefus fein Princip hernahm, fo findet fich, dafs die beyden Gebote: Liebe Gott, und, liebe deinen Nächften, aus dem Mofaifchen Gefetze entlehnt, und aus den übrigen Vorfchriften deffelben, gleichfam als der Kern, als das Einzige für Jefu Zeiten Brauchbare herausgehoben feyen. Schon diefs mufs uns auf die Vermuthung führen, dafs Jefus
dabey

dabey ganz auf die Umſtände der Zeit und des Orts Rückſicht nahm. Aber dieſs zeigt ſich noch viel einleuchtender, wenn wir den Inhalt und die Beſchaffenheit ſeines Grundgebotes genauer ins Auge faſſen, und es mit dem Charakter der alten Welt, die Jeſus in eine neue beſſere umſchaffen wollte, vergleichen. Furcht vor der Gottheit, ſelbſtſüchtige Liebe gegen ſich und ſeine Glaubens - oder Staatsgenoſſen war mehr oder weniger ein allgemeiner und eigenthümlicher Zug in der religiöſen und moraliſchen Denkart der Zeitgenoſſen Ieſu, derjenigen inſonderheit, unter welchen er als Lehrer auftrat, und für die er zunächſt arbeitete. Ich habe ſchon in einem der vorigen Briefe zu bemerken Gelegenheit gehabt, daſs dieſes die vorzüglichſten Hinderniſſe waren, die ſich Ieſu bey Einführung einer reinern Gottesverehrung und höhern Sittlichkeit entgegenſetzten; und da nun dieſe zu bekämpfen, und wo möglich völlig aus dem Wege zu räumen, ſein vorzüglichſtes Augenmerk war: ſo empfahl er die gegenſeitigen Geſinnungen ſo dringend, machte das darauf ſich beziehende

Ge-

Gebot zum oberſten Grundſatze ſeiner moraliſchen Vorſchriften, und unterſtützte daſſelbe mit ſo rührenden Vorſtellungen von Gott und deſſen Verhältniſſe gegen die Menſchen, daſs er bey jedem Menſchenherzen, welches für Wahrheit und Tugend nur einige Empfänglichkeit zeigte, Eingang zu finden hoffen konnte. Daraus folgt nun aber ganz und gar nicht, daſs Liebe gegen Gott und Menſchen, unabänderlich das Prinzip der chriſtlichen Sittenlehre bleiben müſſe. Gott und Menſchen zu lieben wird, gehörig beſtimmt, freylich immer eine Pflicht jedes Chriſten bleiben, ſo wie ſehr viele andere Vorſchriften Ieſu und ſeiner Schüler auf ewig ihre Verbindlichkeit und Brauchbarkeit behalten werden, weil es die Foderungen unſrer Vernunft und der allgemeinen in dieſer gegründeten Sittenlehre ſelbſt ſind. Aber es muſs uns erlaubt ſeyn, ſie auf einen andern, veſtern Grund zu bauen, aus andern Quellen abzuleiten, mit andern Motiven zu unterſtützen, die nicht vom Willen Gottes, und unſrer Glückſeeligkeit ſchlechthin hergenommen ſind,

wie

wie die in der Schrift gebrauchten. 47) Das Zeitalter Iesu würde für andre Motiven gar kei-

47) Schon diefer einzige Umftand, abgefehen von dem, dafs Jefus feine Moral auf Religion gründete, beweifet, dafs die chriftliche Sittenlehre mit der Kantifchen nur eine fehr entfernte Aehnlichkeit habe, und man eigentlich nur fo viel behaupten könne, dafs die chriftliche Sittenlehre die Grundfätze der wahren, reinvernünftigen Moralität, wie fie die Kritik der praktifchen Vernunft entwickelt hat, im Keime enthalte. Jefus fagt daher nicht blofs: es ift Gottes Wille, dafs ihr diefs oder jenes thun follet — und wenn ihr es thut, fo werdet ihr ewig glückliche Bürger meines Reiches feyn; fondern er fagt auch: Was ihr wollt, dafs euch die Leute thun follen, dafs thut ihr ihnen auch — feyd vollkommen, wie euer Vater im Himmel — fo ihr nur lieber, die euch lieben, was thut ihr Sonderliches? Wenn aber blofse Aehnlichkeiten und Folgerungen aus einzelnen Ausfprüchen hinreichen follten, die Gleichheit zweyer Syfteme zu beweifen, fo könnte man leicht darthun, dafs die Sittenlehre im Grunde ftets diefelbe gewefen fey, die Kant aufgeftellt hat. Denn da K. die Sittlichkeit nicht etwa erft erfunden oder gemacht hat,
fon-

keinen Sinn, für andre Grundsätze keine Empfäng-

sondern die Grundsätze derselben vom weisen Urheber der Natur tief in das menschliche Herz geprägt sind, und also von dem Philosophen nur eruirt und interpretirt werden können; so wird jene Stimme der Gottheit in uns, mehr oder weniger in den meisten moralischen Vorschriften vernehmlich seyn, wenn auch die Systeme noch so verschieden wären. Sie ist daher auch in der christlichen Moral vernehmlich, und in ihr ungezweifelt weit vernehmlicher, als in ihren nach Zeit und Ort so verschiedenen Vorläufern — denn der, der in des Vaters Schoofse war, hat es uns verkündiget — aber da in ihr das höchste Princip Liebe gegen Gott und Menschen, und, (wie es in einer positiven, für, in moralischer Hinsicht noch sehr ungebildete Menschen bestimmten Sittenlehre seyn musste,) der Wille Gottes und die seeligen Folgen des Gehorsams gegen denselben die höchsten Motive zur Tugend sind: so ist die christliche Moral offenbar von der Kantischen nicht blos formaliter, sondern auch materialiter unterschieden. Die Frage aber, ob es erlaubt und nützlich sey, jene nach dieser umzuformen, liegt ausser unsrer Sphäre.

Nur

-pfänglichkeit gehabt haben; 48) und darin besteht eben der gröſste Vorzug und das höchste

Nur soviel will ich bemerken, daſs wenn man die christliche Sittenlehre einmal systematisch behandeln will, man doch ein vestes Princip zum Grunde legen müſse, damit die Moral Jesu, wie sein Mantel, um den die Kriegsknechte loosten, aus Einem Stücke gearbeitet werden könne. Wer alle Principien verwerfen, und sein unsystematisches System aus Vernunft, Schrift, Erfahrung und Gott weiſs, aus was sonst noch für Theilen zusammenflicken wollte, wie es neuerlich ein für die übrige theologische Literatur nur allzufrüh verstorbener Moralist machte, der mögte eher eine elende Bettlerhülle zu Stande bringen, die weder Schutz gegen die Stürme der Leidenschaften gewähren, noch die Wärme des moralischen Lebens unterhalten könnte. Freylich würde sie immer noch der bunten Kappe der egoistischen Glückseligkeitsphilosophie mit den falstönenden Schellchen und Glöckchen vorzuziehen seyn. Denn diese schändet noch obendrein den ehrliebenden, freygebohrnen Mann.

48) KANT selbst giebt es zu (Krit. d. pr. V. S. 158.) daſs es rathsam seyn könne, die Aussicht

ſte Verdienſt Ieſu, als Sittenlehrers, vor allen Sittenlehrern der Vorzeit, daſs ſeine Moral ganz den Bedürfniſſen ſeines Zeitalters, und der

ſicht auf frölichen Lebensgenuſs mit der oberſten und reinen Bewegurſache zur Tugend zu verbinden, nehmlich, um den Anlockungen des Laſters das Gleichgewicht zu halten — und geſteht (S. 271.), nicht in Abrede ſeyn zu können, daſs um ein entweder noch ungebildetes, oder auch verwildertes Gemüth zuerſt ins Gleis des Moraliſch - guten zu bringen, es einiger vorbereitenden Anleitungen bedürfe, daſſelbe durch ſeinen eignen Vortheil zu locken, oder durch den Schaden zu ſchrecken. So waren aber in der That die Gemüther der Zeitgenoſſen Jeſu groſsentheils beſchaffen, die einen himmliſchen Deſpoten fürchteten, und und ein irdiſches Meſſiasreich hofften. Denen muſsten alſo die moraliſchen Vorſchriften erſt als Befehle eines gütigen allgemeinen Menſchenvaters, und als Mittel der zeitlichen ſowohl als ewigen Glückſeeligkeit gezeigt werden, ehe ſie zur reinen Sittlichkeit übergehen konnten. Alle M o r a l i t ä t d e r G e ſ i n n u n g geht von L e g a l i t ä t d e r H a n d l u n g aus, und rohe Gemüther müſſen erſt das Geſetz b u c h ſ t a b i r e n lernen, ehe ſie deſſen G e i ſ t faſſen.

der Abficht. denfelben abzuhelfen, angemeffen war. Er ragt in diefem Punkte eben fo fehr über fie empor, als Mofes über andre alte Gefetzgeber und Urheber von Staatsverfaffungen. Die Sittenlehrer des Alterthums haben ungemein viel Gutes, Schönes und Erhabenes über Tugend und Pflicht gefagt, und es ift wohl kein einziger Sittenfpruch in der Schrift, zu dem fich (quoad materiam) nicht ein Gegenftück aus einem alten Dichter, Redner, Gefchichtfchreiber oder Philofophen auftreiben liefse; 49) aber keinem fiel es ein,

einen

---

49) Diefe Bemerkung ift fchon oben (Br. 4. Anm. 12.) einmal gemacht worden, und ift hier blos des Zufammenhangs wegen wiederhohlt. Zum Beweife aber bitte ich nur die Stelle, Matth. 5, 43-48. wo Jefus die Feindesliebe empfiehlt, aufmerkfam durchzulefen. Man hat geftritten ob das Alterthum diefe Pflicht gekannt habe. Das blofse Kennen kann man zugeben; fchon bey Mofes find Spuren davon, fo feindfeelig feine Verfaffung auch fonft ausfehen mag. Aber man kann dreuft den belefenften Forfcher des Alterthums auffodern, eine einzige Stelle aus den Schriften deffelben aufzuweifen, wo diefe Pflicht fo deutlich, fo nachdrücklich,

fo

einen Plan zu entwerfen, und auszuführen, der so ganz auf die zeitigen und örtlichen Be-

so zweckmäfsig, so schön erklärt und empfohlen würde. Nur halb braucht man den Geist des griechischen und römischen Alterthums, wo doch die meiste Kultur herrschte, zu kennen, um gleichsam a priori schliefsen zu können, dafs so etwas gar nicht die Frucht eines solchen Geistes seyn konnte. Ich will hier blofs die Gesichtspunkte andeuten, aus welchen man jene Stelle betrachten mufs, um ihren Werth ganz zu empfinden. Wer dieselben weiter verfolgen will, wird das N. T. nicht ohne innigste Rührung und Bewundrung des göttlichen Tugendlehrers aus der Hand legen, der durch diesen einzigen Ausspruch sich als den Weisesten und Gröfsten aller Moralisten des Alterthums legitimirt hat. V. 43. Führt er einen falschen Ausspruch älterer jüdischer Moralisten an, mit welchen sein eigner Ausspruch V. 44. selbst durch die copia verborum weit mehr aber noch durch den Inhalt so schön und so energisch kontrastirt. V. 45. verbindet er damit einen Beweggrund, der so rührend und so tiefeindringend ist, dafs schwerlich jemand so einfältig oder so boshaft seyn kann, dafs er nicht den Sinn desselben begreifen,

Bedürfniſſe des Geiſtes und Herzens berechnet, und doch zugleich nicht ſo eingeſchränkt und individualiſirt geweſen wäre, daſs eine allgemeine Reform dadurch hätte bewürkt werden können. Bey einem ſolchen Plane durfte weder das Beſondre über dem Allgemeinen, noch das Allgemeine über dem Beſondern vernachläſſigt werden. Allein die Philoſophen des Alterthums waren entweder müſsige Spekulanten, ohne zur Verbeſſerung des menſchlichen Geſchlechts ſelbſt Hand ans Werk zu legen; Sie philoſophirten nur für die Schule, nicht für die Welt und den Menſchen

fen, und die Wahrheit in ſich ſelbſt fühlen ſollte. V. 46 und 47. iſt gleichſam ein apagogiſcher Beweis, eine deductio ad abſurdum, die die Würkſamkeit des erſtern nothwendig ſehr verſtärken muſste; und V. 18. ſchlieſst den ganzen Ausſpruch ein herrliches Epiphonem, das mit V. 45. in Verbindung ſteht, und dem Menſchen das erhabne Muſter der Gottheit noch einmal in ſeiner ganzen Heiligkeit vorhält; ein Epiphonem, das ihm ſtets gegenwärtig ſeyn, und eben ſowohl Richtſchnur, als Antrieb zu einem tugendhaften Wandel, vorzüglich aber zur ungeheucheltſten, ausgebreitetſten Menſchenliebe ſeyn ſoll.

fehen; oder wenn fie diefs auch thaten, fo philofophirten fie entweder nur für einen kleinen Theil der Welt, wie diefs bey Sokrates der Fall war, deffen Sittenreform ebendarum mit Jefu Unternehmen nicht verglichen werden kann, weil jene nur das Befondre umfafste, und auf die Einwohner feiner Vaterftadt nebft einigen Fremden, diefelbe befuchenden, Individuen befchränkt war; oder fie philofophirten gar nur für einen Theil des Menfchen, für die Seele oder für den Leib, indem die Einen jene den Ausfprüchen der Vernunft zuwider erniedrigten, die Andern aber diefen den Foderungen der Natur entgegen ganz ausfchloffen, wovon denn die ganz natürliche Folge war, dafs die Moral der Einen, als eine Sittenverderberinn, verdächtig und gehäffig, und die der Andern, als eine Schimäre, lächerlich und verächtlich, beyde aber für den grofsen Haufen unwürkfam wurden, fo gut es auch die erften Erfinder jener Syfteme gemeynt hatten.

Wenn nun aber eben darin der hohe Werth und die Vortreflichkeit der chriftlichen

chen Sittenlehre beſteht, daſs ſie ganz, nicht bloſs in einzelnen Vorſchriften, ſondern ſelbſt in ihren Grundprincipien den Bedürfniſſen jenes Zeitalters angemeſſen war; daſs alſo Jeſus und ſeine Schüler ſo lehrten, wie ſie nach dem damaligen Grade der religiöſen Erkenntniſs ſowohl, als der moraliſchen Kultur konnten und muſsten: ſo werden Sie GARVE's Ausſpruch ſehr richtig finden, wenn er ſagt: 5o) ,,Es kann nicht immer ſchicklich ſeyn, zu Beſtätigung unſrer jetzigen Begriffe über die Pflichten auf einen frühern Unterricht zurückzugehen;'' denn ,,unſere moraliſchen Einſichten können und müſſen in vielen Punkten genauer ſeyn, als bey dem erſten Unterrichte der Menſchen, *auch wenn dieſer von Gott ſelbſt herkam,* erfodert wurde.'' Wir werden alſo auch die chriſtliche Sittenlehre, in ihrer urſprünglichen Form, wie die Glaubenslehre, nicht für

5o) In den Anmerkungen und Zuſätzen zu PALEY's Grundſätzen der Moral und Politik, woraus die obigen Worte in SCHMID's Verſuch einer Moralphiloſophie, §. 52. b. S. 114. entlehnt ſind.

für die abfolut vollkommenfte zu halten haben; fondern die Aufklärungen, welche feitdem die menfchliche Vernunft durch diefe Sittenlehre unterftützt und geleitet in Entdeckung der erften Gründe der Sittlichkeit erhalten hat, auch auf fie anwenden, und fie mit Hülfe derfelben immer mehr vervollkommnen müffen.

Sechszehnter Brief.

In meinen bisherigen Briefen über den Grundsatz von der Perfektibilität der geoffenbahrten Religion habe ich mich zuletzt mit Ihnen, lieber Freund, von dem Einflusse unterhalten, den dieser Grundsatz auf die drey Hauptwissenschaften der Theologie, Exegese, Dogmatik und Moral haben müsste, wenn er allgemein angenommen und befolgt würde. Daß dieser Einfluß nicht anders als wohlthätig sey, und auf die Vervollkommnung der genannten Wissenschaften selbst abzwecke, kann meines Erachtens keinem Zweifel mehr unterworfen seyn. Da nun diese drey Wissenschaften eigentlich dasjenige ausmachen, was man Theologie nennt, die übrigen Wissenschaften

schaften aber, welche man gewöhnlich dazu rechnet, als Kirchengeschichte, Polemik, Symbolik, Ascetik, Kasuistik, Pastoraltheologie mit ihren beyden Hauptzweigen, der Homiletik und Katechetik, u. s. w. entweder bloſs theologische Hülfswissenschaften, oder Anhängsel, zum Theil sehr überflüssige Anhängsel an eine der drey Hauptwissenschaften, oder endlich Anwendungen dieser Wissenschaften und Anweisungen zur praktischen Benutzung sowohl, als zum Vortrage der Lehren des Christenthums sind, mithin alle diese einzelnen Nebenwissenschaften mit den Hauptwissenschaften in der genauesten Verbindung stehen: so rühme ich von unserem Grundsatze wohl nicht zu viel, wenn ich behaupte, daſs er für die gesammte Theologie von dem ausgebreitetsten, wohlthätigsten Folgen sey.

Noch ist mir aber Ein Punkt zu erläutern übrig, der nicht minder wichtig, als die bisher abgehandelten, ist, nehmlich der Einfluſs des Perfektibilitätsgrundsatzes auf **theologische und religiöse Denkart überhaupt.**

haupt. Zwar hängt diefelbe grofsentheils von der moralifchen Gefinnung eines jeden ab, und wenn es hier nicht richtig ift, fo hilft alle Aufklärung, alle Gelehrfamkeit, alle Weisheit, aller Eifer für die Sache, der Offenbahrung — nichts. Der aufgeklärtefte Theolog, der eifrigfte Verfechter des Chriftenthums gegen die angeblichen Feinde deffelben ift dann nichts, als ein tönendes Erz, eine klingende Schelle. Wollte man doch diefen Paulinifchen Ausfpruch in feiner ganzen weiteften Ausdehnung beherzigen! Wollte man ihn doch vornehmlich in unfern Zeiten recht beherzigen, wo man auf der einen Seite aus allen Kräften darauf hinarbeitet, die Leute klüger, vernünftiger, aufgeklärter zu machen; auf der andern aber jede Neuerung, jedes Beftreben diefer Art in ein gehäffiges Licht zu ftellen, und, wo möglich, ganz zu vereiteln! Aufklärung verbreiten und den Verftand von allen Vorurtheilen befreyen wollen, ohne den Willen zu beffern und das Herz zu verädeln, ift die verkehrtefte Maafsregel von der Welt, heifst das Wohl der Staaten, die Ruhe der Gefellfchaft unter-

gra-

graben, heifst dem Rafenden ein Schwerd in die Hand geben. Aufklärung hindern und den Verftand in ewige Feffeln fchmieden wollen, ift, aufs gelindefte gefagt, der thörigtfte Einfall von der Welt, heifst fich felbft unter den Ruinen des Gebäudes begraben, das man ftützen wollte, heifst, mit dem rechten Nahmen genannt, die heiligften Rechte der Menfchheit antaften! — Aber freylich kann die befste moralifche Gefinnung nicht alles allein thun. Ohne richtige Begriffe vom Werth und Zweck der Offenbahrung ift keine durchaus gute theologifche und religiöfe Denkart möglich, wieferne fich die letztere auf Offenbahrung bezieht. Es kündigt fich aber die Befchaffenheit einer folchen Denkart hauptfächlich durch zwey Thatfachen an. Einmal durch die Achtung, die man gegen die geoffenbahrte Religion und die Urkunden derfelben beweifet, und fodann, durch das Benehmen gegen die, welche über gewiffe Lehren der Offenbahrung anders, als wir felbft denken. Wollen wir demnach den Einflufs kennen lernen, den unfer Grundfatz auf theologifche und religiöfe Denkart haben würde,

würde, wenn er allgemein anerkannt wäre, so wird es hauptfächlich darauf ankommen, dafs wir unterfuchen, wie es dann in der chriftlichen Welt in Rückficht auf diefe beyden Punkte ftehen würde. Laffen Sie uns diefe Unterfuchung mit aller Kaltblütigkeit anftellen, nicht, wie fromme Projektmacher fchwärmen und träumen!

Es war eine Zeit, wo man die Bibel nicht nur für das non plus ultra alles religiöfen und moralifchen Wiffens, fondern fogar für eine Quelle aller Weisheit, für eine Schrift hielt, in der alle Schätze der menfchlichen Erkenntnifs verborgen wären. Dafs ein folches Vorurtheil nothwendig eine ungemeine Hochachtung gegen die Urkunden der geoffenbahrten Religion und gegen das, was man für geoffenbahrte Religion hielt, hervorbringen mufste, leidet keinen Zweifel. Allein es ift eine grofse Frage, ob diefe hohe Verehrung, die keineswegs eine, auf richtige Einficht und vernünftige Ueberzeugung von dem wahren Werth und Zweck der Offenbahrung gegründete Achtung, fondern vielmehr eine würkliche Abgötterey war, die

man

man mit der Bibel trieb — es frägt sich, sage ich, ob diese Bibliolatrie, wie es Henke sehr treffend in der Vorrede zu seinen Lineamenten nennt, der Bibel und der geoffenbahrten Religion selbst mehr geschadet, oder genützt habe. Denn wie es bey allen Extremitäten zu gehen pflegt, so fanden sich auch hier bald Leute, welche das gerade Gegentheil behaupteten, die Bibel äusserst herabwürdigten, und für das elendeste Buch der Welt ausgaben. Auch hatten sie bey der einmal angenommenen Voraussetzung von dem hohen über alle menschlichen Bücher erhabenen Werthe derselben, und von der absoluten Vollkommenheit ihrer Lehre manchen scheinbaren Grund zum Beweise ihrer Behauptung. Dieu n'est pas ignorant, sagte Voltaire, 51) und wenn es gleich

---

51) Eine treffliche Abfertigung dieser Spötterey, die für unsre Zeiten freylich die Spitze gänzlich verlohren hat, kann man bey Jerusalem in den Betrachtungen über die vornehmsten Wahrheiten der Religion (Th. 2. Bd. 2. Betr. 4. Abfch. 3. S. 443.

gleich eine der vielen Abſurditäten des Fragmentiſten war, zur Vollſtändigkeit einer Offen-

443. ff.) finden. Bey dieſer Gelegenheit kann ich nicht umhin, eine andre Stelle aus dieſem Werke (Th. 2. Bd. 1. Betr. 2. S. 83. ff.) abzuſchreiben, wo I. das alte Teſtament gegen die Spöttereyen und Verläumdungen ſeiner Feinde folgendermaaſsen ſehr glücklich in Schutz nimmt: ,,Bey aller Vortrefflichkeit, Würde und Wahrheit vieler Lehren der Schrift wird man nicht begreifen können, vornehmlich bey der Vorausſetzung, daſs alles unmittelbar und buchſtäblich eingegeben ſeyn müſſe, warum in allen Theilen dieſes Buches nicht einerley göttliche Würde — wozu in einem Buche, das die Quelle aller reinen Religion ſeyn ſoll, ſo viele kleine, niedrige, oft anſtöſsige Anekdoten, ſelbſt von ſolchen Perſonen, die zu gleicher Zeit als die groſsen Bekenner der wahren Religion, und als Freunde Gottes aufgeführt werden, warum in dieſem erſten Theile von den wichtigſten Wahrheiten noch ſo viele dürftige, niedrige, menſchliche Vorſtellungen — warum endlich jene groſsen Wahrheiten zum Theil ſo verſteckt, warum ſo zerſtreut, warum nicht in der natürlichen Verbindung, wo ſie der Leſer zur Auf-

Offenbahrung zu verlangen, dafs fie auch die Buchdruckerkunft hätte bekannt machen müffen, weil ohne dieselbe keine allgemeine Kenntnifs der geoffenbahrten Wahrheiten möglich fey, fo hat ihm doch gewifs jenes Vorurtheil manches andre Inftrument geliefert, womit er gegen die Offenbahrung nicht un-

Aufklärung feiner Erkenntnifs, zur Erweckung feiner Rechtfchaffenheit und Beruhigung fogleich überfehen könnte. — — — Sehe ich aber diefs Buch aus diefem feinem eigentlichen Gefichtspunkte an, dafs es zwar zuvörderft den göttlichen Unterricht in der Religion, aber auch zugleich die Gefchichte derfelben enthalten foll, und was die Fürfehung in dieser Abficht nach der jedesmaligen Fähigkeit der Menfchen für einen Gang genommen, fo verfchwinden auf einmal alle diefe Anftöfse, und die Weisheit der Fürfehung, die dabey vorgewaltet, fällt foviel deutlicher in die Augen. Dafs man den erften Theil diefer Rechtfertigung in gewiffer Maafse, den zweyten Theil aber durchaus auch auf das neue Teftament anwenden könne, braucht wohl nicht erft erinnert zu werden.

Z

unglücklich fechten konnte. Daher kam es, daß von ihm und andern Feinden derselben alles, was sich nur mit einigen Scheine als mangelhaft, irrig und ungereimt darstellen liefs, in der Schrift aufgegriffen, mit den gehässigsten Farben ausgemahlt, und als ein Beweis gegen die Offenbahrung selbst aufgestellt wurde, da er doch eigentlich nur jenes Vorurtheil traf. Wie viele Beschimpfungen also, und wie viele Ehrenrettungen, die oft nicht viel besser waren, hätte man dem ehrwürdigen Buche ersparen können, das Gottes Offenbahrungen an die Menschen enthält, wenn man nie auf den unglücklichen Gedanken gefallen wäre, dieses Buch und dessen Lehre als die vollkommenste Religionstheorie anzupreisen! Mit welcher Achtung, mit welchem Danke würden die besten Köpfe, die so zu Feinden und Verächtern derselben wurden, die göttlichen Belehrungen angenommen haben, die ihnen die Schrift darbot, wenn man ihnen, denen jeder Stillestand in der Erkenntnifs unerträglich war, weil die Natur selbst ihrem Geiste den hohen Beruf ertheilt hatte, unaufhörlich

fort-

fortzuſtreben, und Licht und Wahrheit um ſich her zu verbreiten — wenn man, ſage ich, ihnen nicht zugemuthet hätte, dieſe Belehrungen geradezu als die unfehlbarſten und vollſtändigſten anzunehmen, ohne ſie durch eignes Prüfen und Forſchen berichtigen und erweitern zu dürfen. Gegen eine ſolche Zumuthung mufste ſich ihr Geiſt empören, und — ein leider! nur allzugewöhnlicher Fehler der menſchlichen Schwachheit oder des Leichtſinns — man ſchüttete das Kind mit dem Bade aus. Man verwechſelte die Zumuthungen der Freunde der Offenbahrung mit den Anfoderungen und Abſichten des Urhebers derſelben. Man warf das Gute, Wahre und Allgemeinnützliche in der Schrift mit dem Mangelhaften, Irrigen und für uns minder Brauchbaren weg, weil dieſes eben ſo, wie jenes, als unverfälſchte, reine Wahrheit angeprieſen wurde. Man ſchätzte eine Offenbahrung gering, die jedes vernünftigen und unbefangenen Denkers Beyfall und Achtung verdient, und verwarf wohl gar alle Religion überhaupt, weil ſelbſt die allgemeinen Wahrheiten der reinen Vernunftreligion durch die falschen Vorstellungen der positiven Theologie entstellt wurden. War dieß gleich nicht bey allen, die in den Jahrbüchern der Menschheit als Bestreiter und Verächter des Christenthums oder der Religion überhaupt aufgeführt werden, der Weg, den ihre Ueberzeugungen nahmen; waren gleich zuweilen niedrige Leidenschaften und verderbte Sitten die Triebfedern ihrer Angriffe auf das heiligste Kleinod der Menschheit: so war es doch gewiß bey vielen Männern der Fall, die sich sonst als Freunde der Menschheit und Verehrer der Tugend bewiesen haben. Und wenn in unsern Zeiten diese feindseeligen Angriffe auf die geoffenbahrte Religion von Seiten denkender und edler Männer — denn den Muthwillen leichtsinniger oder boshafter Spötter, und das Geschrey unverständiger oder heuchlerischer Zeloten, die alles, was nicht in ihren Kram taugt, für Angriff ausgeben, achten wir nicht — immer seltener zu werden anfangen: so haben wir dieses Glück gewiß der bessern Ansicht der Bibel zu danken, vermöge welcher man nicht mehr in ihr alle menschliche Weis-

heit

heit sucht. Diesen Gesichtspunkt also und den daraus sich ergebenden Grundsatz von der fortschreitenden Perfektibilität der geoffenbahrten Religion veſtzuhalten, iſt die erſte Pflicht eines jeden wahren Freundes der Offenbahrung, und zugleich das einzige aber ſicherſte Mittel, alle Angriffe auf dieſelbe zu vereiteln. Meynt man hingegen immerfort, die Bibel enthalte die vollkommenſte Religionstheorie, überredet ſich wohl gar, dieſe Theorie im recipirten Lehrbegriffe ſchon zu beſitzen, bemüht ſich dieſem Wahne zufolge, alle weitern Fortſchritte in der religiöſen Erkenntniſs zu hemmen: ſo kann man ſicher darauf rechnen, daſs die Religion, deren Anſehen man zu ſchützen glaubt, immer mehr werde verachtet, und ſo die ſeeligen von Gott beabſichtigten Würkungen der Offenbahrung vereitelt werden. Die Vernunft läſst ſich durchaus keine Feſſeln auf immer anlegen, und wäre es möglich, ihr bey aller jetzigen Energie und Selbſtſtändigkeit, aufs neue dergleichen zu ſchmieden: ſo wird ſie dieſelben je eher, je lieber zerbrechen, und dann, wie man das leidige Exempel in andrer Hinficht vor Augen hat, defto ausfchweifender fich beginnen, und völlig ungezügelt emporftreben. Das Anfehen der Schrift, die nach jener falfchen Vorausfetzung diefem Streben entgegen feyn foll, und — merkt es, ihr, denen es mehr um Vortheil, als um Wahrheit und Tugend, mehr um eigne Herrfchaft, als um die Würde und Würkfamkeit der Religion zu thun ift — auch das Anfehen derer wird je mehr und mehr finken, die fich für Interpreten der durch die Schrift fich offenbahrenden Gottheit werden ausgeben, und der emporftrebenden Vernunft Zaum und Gebifs anlegen wollen. Wachfen mufs hingegen das Anfehen der geoffenbahrten Religion und aller ihrer Diener, je mehr jene durch die Vernunft vervollkommnet wird, und je mehr diefe felbft der Vernunft bey ihrem grofsen Gefchäffte hülfreiche Hand bieten. Die Beforgnifs, dafs durch diefe Fortfchritte der Vernunft in der religiöfen Erkenntnifs die Schrift endlich gar mögte entbehrlich gemacht, und die pofitive Religion in eine blofs natürliche umgefchaffen werden, ift höchft unge-

ungegründet, und faſt mögte man ſagen, ein wenig kindiſch. Denn was das Letztere betrift, ſo können die Thatſachen, auf welche das Poſitive in der chriſtlichen Religion beruht, in Ewigkeit nicht ungeſchehen gemacht werden; Jeſus wird immer durch das, was er that und litt, Retter, Wohlthäter und Herr des menſchlichen Geſchlechts bleiben. Die Schrift aber wird nicht nur immer ein ehrwürdiges Denkmaal der religiöſen und moraliſchen Einſichten, der Thaten und Schickſale der Männer bleiben, denen der gröſseſte und kultivirteſte Theil der Menſchen, (ſelbſt Nicht-Chriſten nicht ausgeſchloſſen,) ſeine Erleuchtung in dieſen Dingen ſchuldig iſt, ſondern ſie wird auch ſtets dem Einfältigſten Belehrung, Troſt und Ermunterung, und dem Scharfſinnigſten Stoff zum Nachdenken über die wichtigſten Gegenſtände des menſchlichen Wiſſens oder Glaubens geben. Und geſetzt, es ſollte irgend einmal eine Zeit kommen, wo die Schrift der Vernunft allenfalls entbehrlich ſeyn könnte: ſo würde ſie ja ſelbſt die Urſache dieſer Entbehrlichkeit ſeyn; ſie ſelbſt würde der menſchlichen Vernunft

die Stärke gegeben haben, dafs fie der Gefahr, ohne einen folchen Führer auf dem Wege zur Wahrheit zu irren, nicht weiter ausgefetzt wäre. Ja, man könnte in diefer Rückficht fagen, das Anfehen der Schrift müfste dann am höchften fteigen, wenn fie am allerentbehrlichften wäre. Ein gutgearteter Sohn fchätzt feinen Vater am meiften, wenn er felbft mündig geworden ift, und ihn zur Noth entbehren kann. Ehe er diefe Reife erlangte, war feine Anhänglichkeit an den Vater nicht auf wahre Achtung, fondern theils auf blofsen Naturinftinct, theils auf eigennützige Zuneigung wegen empfangener und noch zu hoffender Wohlthaten, oder auf kindifche Furcht vor der Zuchtruthe gegründet 62). Und, fi profana licet com-
pone-

---

52) Das Wort, entbehrlich, und der Ausdruck, entbehrlich werden, ift, von der heiligen Schrift und geoffenbahrten Religion gebraucht, fehr unbequem, weil er doppelfinnig ift. Eine Sache kann entbehrlich gemacht werden, und fich felbft entbehrlich machen. Jenes ift der Fall, wenn fie an fich keinen wahren Werth für uns hat, fondern blofs gewiffer zufälliger Umftände wegen eine Zeitlang brauchbar oder nöthig war, aber durch eben fo zufällige Umftände
wie-

pönere facris, wo ist wohl ein Philosoph, der die Schriften eines Plato oder
Aristoteles geringschätzt, weil er jetzt
mehr und vieles besser, als sie, weiss? Würde
er wohl ohne sie ein eben so guter Philosoph
geworden seyn? Wird er sie wohl je ganz
entbehrlich, selbst zum eigentlichen Studium
der Philosophie, nennen, abgesehen von
dem historischen Nutzen? Was sind aber des
Plato und Aristoteles Schriften gegen die kleinen Büchelchen der heiligen Schriftsteller in

Anse-

wieder entbehrlich gemacht wird. So wirft
man im Sommer den Pelz weg, der uns im
Winter treflich behagte; so verläst ein Diener
seinen Herrn, weil ihn eine Erbschaft oder
Heurath in Stand setzte, unabhängig von dem
kleinen Despoten leben zu können. Das andre
ist der Fall, wenn eine Sache das Princip der
Entbehrlichwerdung in sich selbst enthält, indem sie uns erst fähig machen muſs, sie entbehren zu können. So ist dem Sohne der Vater entbehrlich, wenn dieser ihn so weit her-
angezogen hat, daſs er nun selbst in der Welt
fortkommen kann. Aber wehe dem Undankbaren, wenn sein Herz nicht ganz von Liebe und
Ehrfurcht gegen den Erzieher überflieſst! —
Eine falsche positive Religion wird entbehrlich
gemacht durch Erleuchtung von aufsen, und,
wenn es ist, verachtet; eine wahre macht
sich selbst entbehrlich durch Erleuchtung von
innen, und wenn sie diesen Zweck erreicht hat,
so erscheint sie erst in ihrer vollen Würde
und Erhabenheit.

Anſehung, ihres beyderſeitigen religiöſen und moraliſchen Inhalts, und ihrer auf alle Zeiten und Menſchen ſich erſtreckenden Würkſamkeit? Wo haben jene Philoſophen ſo deutlich und doch ſo nachdrucksvoll, ſo unverhohlen, und doch ſo tief eindringend, ſo rührend und doch ſo herzerhebend, ſo allgemein faſslich und doch ſo zweckmäſsig für ihr Zeitalter über Gott, den Schöpfer und Regierer der Welt, über ſein Verhältniſs gegen das menſchliche Geſchlecht, über die Verehrung, die ihm gebührt, über die Beſtimmung des Menſchen, über die Pflichten deſſelben gegen ſich und andre geſprochen, als ein Paulus und Johannes und Jacobus, um von ihrem unvergleichbaren Lehrer ſelbſt zu ſchweigen? Wo haben jene Männer durch ihren Unterricht und ihre Schriften eine ſo allgemeine, ſo dauerhafte, und in ihren Folgen ewig wohlthätige Revolution in der religiöſen Denkart und ſittlichen Geſinnung bewürkt, als die Lehren und Schriften dieſer Werkzeuge der Gottheit nach und nach hervorgebracht haben? Und die Vernunft ſollte ſich jemals für berechtigt halten, jene zu

ſchätzen,

schätzen, aber diese zu verachten, darum zu verachten, weil sie durch dieselben zu einer höhern Erleuchtung gekommen ist? Gewiſs, lieber Freund, man wird, man muſs die Schrift desto mehr als Gottes Werk verehren lernen, je weiter man durch sie in der Erkenntniſs des Wahren und Guten geführt worden ist; je mehr man ihre Lehre vervollkommnet hat 53).

Die

---

53) Der Verfaſſer der Briefe über die Kantische Philosophie drückt sich hierüber (Th. 1. Br. 2. S. 52.) folgendermaaſsen sehr treffend aus: „Wenn sich der Philosoph an dem Positiven bey allen Spuren des moralischen Urſprungs, die er an demſelben verehrt, gleichwohl das Gepräge der Unmündigkeit des menschlichen Geistes nicht verbergen kann: so kann er sich eben so wenig entbrechen, an demſelben eine weise Erziehungsanstalt zu bewundern, die jener Unmündigkeit völlig angemeſſen ist; und selbſt bey dem vom Vernunftgesetze Abweichenden, wo er daſſelbe an dem Positiven antrifft, die von auſsen her lenkende wohlthätige Hand wahrzunehmen, die der Menschheit so lange unentbehrlich ist und seyn wird, als sich diese nach dem innern Gesetze ihrer selbſtthätigen Kräfte nicht zu lenken vermag." — Ob das menschliche Geschlecht in der gegenwärtigen Periode seines Daseyns zu dieser Selbſtſtändigkeit gelangen könne, und auch gelangen werde, ist eine Frage, die vielleicht dem höchſten Erzieher unſers Geſchlechts allein beantwortlich iſt. Daſs es jetzt noch

weit

Die Folge dieser allgemeinen Achtung gegen die Schrift und die in ihr enthaltenen Offenbahrungen Gottes würde ein **allgemeiner Friede in der theologischen und christlichen Welt seyn.** Nicht, daſs alle Streitigkeiten über die Religion aufhören würden. Sie können, sie sollen nicht aufhören. Aber niemand

weit von derselben entfernt sey, hat ein nur allzutrauriges Experiment gelehrt. Die heutige Welt verdankt unstreitig ihre feinern Humanitätsgefühle dem Christenthume. Scheinen sie nicht in einem gewissen Lande zugleich mit diesem vertilgt zu seyn? — Man kann sich übrigens das Verhältniſs der geoffenbahrten Religion zur natürlichen, wie es von jeher war, und noch immer ist, sehr gut unter einem Bilde vorstellen, durch welches schon **Baco** die göttlichen und menschlichen Wissenschaften charakterisirt. Jene, sagt er, gleichen den Wassern des Himmels, diese den Wassern der Erde. Nichts kann treffender seyn, als diese Vergleichung, auf unsre beyden Objekte angewandt. Der Himmel würde uns keinen Regen geben, wenn er nicht den Stoff dazu von der Erde nähme; aber in jener Höhe zubereitet, geformt, und mit neuen Ingredienzien geschwängert befruchtet er das Erdreich weit mehr, als bloſses Brunnen- oder Fluſswasser. Zwar stürzt er zuweilen in starken Regengüssen, oder in dichten Eismassen nieder; reiſst die Wohnungen der Menschen mit sich fort, oder zertrümmert ihre Saaten. Aber selbst diese gewaltigen Explosionen haben ihren allgemeinen Nutzen, und heben die Fruchtbarkeit der Himmelsgewässer nicht auf.

mand würde den andern verketzern, verschmähen, verfolgen, weil seine religiöse Erkenntniſs und Ueberzeugung anders modificirt ist, als die seines Nachbars. Er würde es fühlen, daſs die geoffenbahrte Religion ihrer Natur und Bestimmung nach keine absolute Vollkommenheit haben kann; er würde ebendaher nie die stolze Einbildung sich beygehen laſſen, absolute Vollkommenheit in seiner Erkenntniſs zu besitzen, sondern vielmehr in derselben immer weiter zu streben, und dadurch die Religion selbst immer mehr zu vervollkommnen suchen. Jeder würde und müſste sich hierbey nach dem ihm von Gott verliehenen Maaſse von Kraft, und nach den ihm in seiner Lage zu Theil gewordenen anderweiten Einsichten richten. Keiner hätte daher dem andern etwas vorzuwerfen, keiner dem andern etwas aufzudringen, das Recht; aber wohl die Befugniſs, ihm seine Ueberzeugungen, seine vermeyntlich beſſern Kenntniſſe frey und ungehindert mitzutheilen. 54) Die Geſetze der allgemeinen Vernunft-

---

54) Es ist also nur durch die allgemeine Anerkennung des Perfektibilitätsgrundſatzes eine

nunftreligion würden zugleich Gesetze für alle Urtheile über positiv - religiöse Gegenstände seyn.

vernünftige Toleranz, d. h. die Toleranz der Vernunft selbst möglich, vermöge welcher man nicht blofs aus Gewohnheit oder politischen Zwecken die einmal bestehenden, gleichsam privilegirten Sekten duldet, sondern aus richtiger Einsicht in die Natur und Bestimmung der geoffenbahrten Religion der Selbstthätigkeit der Vernunft jedes einzelnen Subjektes freyes und offenes Spiel läfst. Ohne eine solche vernünftige Toleranz ist alle andere Toleranz unzweckmäfsig, und höchst zweydeutig. ,,Vorherrschende Toleranz der Juden," sagt ein neuerer philosophisch- politischer Schriftsteller sehr richtig, ,,in Staaten, wo für Selbstdenker keine Toleranz ist, zeigt sonnenklar, worauf eigentlich abgesehen wird." — Die Aufrechthaltung deines Glaubens liegt dir so sehr an deinem Väterherzen. Siehe diese Juden; sie glauben überhaupt nicht an Jesum Christum; das mufst du nicht leiden, und ich sehe, dafs du sie mit Wohlthaten überhäufest. — ,,O, sie haben Aberglauben, und das ist mir genug. Glaube du doch an Zoroaster oder Confucius, an Moses oder Mahomed, an den Papst, Luther oder Calvin, das gilt mir gleich; wenn du nur an eine fremde Vernunft glaubst. Aber du, willst selbst Vernunft haben, und das werde ich nie leiden. Sey unmündig sonst wächsest du mir zu Kopfe."" — Man mufs jedoch bemerken, dafs man fast immer gegen ganz fremde Glaubensgenossen toleranter war, als gegen die eignen, wenn sie auch nur in Nebendingen abwichen. Der Jude verabscheute den Samaritaner weit mehr, als den Römer oder Griechen,

feyn, und das höchfte Gefetz diefer Urtheile würde heifsen: Alles, was in der Offenbahrung gegeben ift, mufs mit den Principien der reinen Vernunftreligion einftimmen, und kann nur unter diefer Bedingung als allgemeinwahr und allgemeinbrauchbar anerkannt werden. Von diefem Punkte würden alle Freunde der Wahrheit ausgehen, und wenn fie gleich verfchiedene Wege betreten follten, fo werden fie doch zuletzt bey Einem Ziele zufammentreffen. Nur diefen einzigen Umftand laffen Sie uns dabey nicht vergeffen, dafs wir uns nicht übereilen, das Vervollkommnungsgefchäfft nicht zu haftig treiben. Feftina lente fey auch hier der Wahlfpruch, das Verfahren Gottes und feines grofsen Gefandten Mufter und Richtfchnur! Nicht auf einmal follte alles umgeworfen, nicht auf einmal das ganze Reformations-

chen, und eine gewiffe proteftantifche Gemeinde würde fich vielleicht lieber mit der katholifchen Kirche, als mit ihren übrigen proteftantifchen Glaubensgenoffen einigen. Je näher die Berührungspunkte zum wechfelfeitigen Reiben liegen, defto leichter gerathen die Körper in Flammen; und je frifcher die Wunde gefchlagen ift, defto mehr blutet fie.

mationswerk vollendet werden. Nur nach und nach sollte das Menschengeschlecht zur höhern Vollkommenheit gelangen; nur durch eigne Kraft sollte es sich dazu erheben. Wohl dem, der diese beyden grofsen Gesetze menschlicher Vervollkomm‑nung nie aus den Augen verliert! Er wird reiche Früchte seiner Arbeit ärndten! — Leben Sie wohl!

Ende.

Siebenzehnter und letzter Brief

über

die Perfektibilität

der

geoffenbarten Religion

an Alethophilus.

Nebst einer Nachschrift an das Publikum.

Tandem bona caussa triumphat.

Wittenberg
auf Kosten des Verfassers
und Leipzig
bey Joh. Ambros Barth.
1796.

Prologus galeatus.

Freunde der Wahrheit von allen Parteyen! Wenn ihr felbſt es im Innerſten fühlt, daſs von den Wahrheiten, worüber unſre Meynungen verſchieden ſind, das Glück und die Ruhe, die Tugend und Moralität von Tauſenden unſrer Mitmenſchen abhängen, warum wollt ihr nicht glauben, daſs es Andre auch fühlen? Und wenn es dieſs Gefühl iſt, was euch bey der Mittheilung eurer Meynungen, nach der mehr oder weniger veſten Überzeugung, die ihr davon habt, jetzt vorſichtiger und jetzt freymüthiger, jetzt bedachtsamer und jetzt eifriger macht, warum solltet ihr nicht glauben, daſs es auch bey Andern diese Würkungen hervorbringt? Laſst uns also nur immer vorausſetzen, daſs es Ein Trieb ist, der uns beseelt, der Trieb, durch Wahrheit Gutes zu würken! Aber weil es möglich ist, daſs wir irren, daſs wir in unsern Meynungen, daſs wir selbst in der Vorstellung von der Wichtigkeit unsrer Meynungen irren können: so laſst uns nie aufhören zu prüfen!

Plank's Einleitung in die theologiſchen Wiſſenſchaften. Th. 2. Vorr. am Ende.

Sendschreiben

des Verfassers der Briefe

über

die Perfektibilität

der

geoffenbarten Religion

an Alethophilus

als

Apologie des Ersteren

gegen

die Verunglimpfungen seiner Person

von Seiten des Letzteren.

S. T.

Mein Herr,

Ew. etc. haben mir die unerwartete Ehre erzeigt, mir in einer gedruckten Zuschrift eine »Lekzion«, wie Sie sich S. 109 ausdrücken, wegen meiner Briefe über die Perfektibilität der geoffenbarten Religion zu geben. Sie kündigen sich in derselben als einen Freund der Wahrheit an, indem Sie sich selbst gleich auf dem Titel den ehrenvollen Namen »Ale-»thophilus« geben, und versichern daher S. 9, daſs Sie mich nicht richten, sondern bloſs die Wahrheit entdecken wollen. Sie gestehen, daſs Ihnen meine Briefe über die Perfektibilität misfallen (S. 10), daſs Ihr Herz von Unwillen und Schmerz darüber entbrannt sey (S. 9), und daſs Sie den lebhaftesten Abscheu gegen die darin vorgetragnen Meynungen und Grundsätze empfinden (S. 96). Sie versichern aber auch zugleich, daſs sich bey allem dem

noch eine gewisse Liebe gegen meine Person unter dem Lesen meiner Briefe in Ihnen geregt habe (S. 10), daſs Sie ein wehmüthiges Mitleiden über den gefährlichen Zustand meiner Seele empfinden (S. 82), daſs Sie keine andere Absicht hegten, als mir zur Erkenntniſs meiner schrecklichen Irrthümer zu helfen (S. 17), daſs Sie daher aus wahrer Liebe zu meinem Heile die Feder ergriffen haben (S. 12), mithin mich belehren (S. 36) und nur auf kurze Zeit betrüben wollten, damit ich der ewigen Traurigkeit entgehen möchte (S. 109). Sie schliefsen endlich Ihre Zuschrift mit der Versicherung, »daſs mein Vater und » Bruder mir nicht redlicher und brünſti-
» ger alles Wohlergehen wünschten, als
» Sie es thäten. Da es mir aber auf be-
» ſtändig nur alsdann wohlgehen könne,
» wenn ich reuevoll das grofse Ärgerniſs,
» welches meine Perfektibilität angerich-
» tet habe, wieder heben würde: so hät-
» ten Sie alles was Ihnen möglich war, ge-
» than, dieses zu veranlaſſen, und ruften
» Gott brünſtig an, daſs er mich laſſe
» Barm-

»Barmherzigkeit finden, wie er Saulo
»zurief: Was verfolgſt du mich? Es wird
»dir ſchwer werden, wider den Stachel
»zu lecken, aber ihn darauf zu ſeinem
»auserwählten Rüſtzeuge machte.«

Ich würde Ihnen, mein Herr, für alles
dieſes recht herzlich danken, würde die
Belehrungen, die Sie mir geben wollen,
recht gern annehmen, wenn ich nur aus
dem ganzen übrigen Tone Ihrer Zuſchrift
mich von der Aufrichtigkeit dieſer Verſi-
cherungen überzeugen könnte, wenn ich
nur nicht in derſelben ſtatt der verſpro-
chenen und dieſem Verſprechen zufolge
erwarteten Belehrungen und Zurechtwei-
ſungen nichts, als Beſchimpfungen meiner Perſon und Verunglimpfungen meines
Charakters gefunden hätte, wenn nur
nicht überall das Beſtreben ſichtbar wäre,
meine Geſinnungen, meine Abſichten
verdächtig zu machen, und mich allen
guten Chriſten und allen für das Wohl
ihrer Unterthanen beſorgten Fürſten als
einen höchſt gefährlichen Menſchen darzuſtellen.

Wie ich alles diefes mit Ihrer vorgeblichen Liebe zur Wahrheit und zu meiner Perfon zufammenreimen foll, begreife ich in der That nicht. Unmöglich kann die Wahrheit bey fo leidenfchaftlichen, wüthenden Anfällen auf den vermeyntlichen Gegner derfelben gewinnen. Unmöglich kann es demjenigen ein Ernft feyn, den Unwiffenden zu belehren und den Irrenden auf beffere Wege zu leiten, welcher diefen mit folcher Heftigkeit und Bitterkeit gegen fich felbft einnimmt. Noch weniger begreife ich aber, wie fich diefes alles mit der Lehre Iefu, welche Sie zu vertheidigen unternehmen, deren Geift aber lauter Sanftmuth und Duldfamkeit ift, vertragen könne.

Sie werden mir daher erlauben, dafs ich Ihnen auf dasjenige, was Sie gegen meine in den quäftionirten Briefen aufgeftellten Meynungen und Grundfätze felbft, als folche, vorbringen, gar nicht antworte, da Sie weniger mit Gründen als mit Schmähungen ftreiten, und ich alfo nicht

erwar-

erwarten kann, daſs Sie meinen Gegengründen ein geneigtes Ohr fchenken, und diefelben mit einem menfchenfreundlichen Herzen aufnehmen werden. Ich werde daher blofs meine Perfon und meinen Charakter gegen jene Schmähungen in Schutz nehmen, und da Sie diefelben im Angefichte des Publikums ausftofsen, fo fehe ich mich genöthigt, auch meine Apologie demfelben vorzulegen, damit es nach Gründen der Vernunft und Billigkeit über uns urtheilen könne.

Ehe ich diefs aber thue, fo erlauben Sie mir, einige allgemeine Anmerkungen vorauszufchicken, die fich auf verfchiedene anderweite Äufserungen in Ihrer Zufchrift beziehen, und dazu dienen follen, Sie und alle übrigen Lefer theils in den rechten Standpunkt zur Beurtheilung diefes Kampfes zu fetzen, theils wegen der Ängftlichkeit zu beruhigen, die beym Beginnen eines Kampfes die Zufchauer eben fowohl als die ftreitenden Parteyen zu überfallen pflegt — *erecti fuspenfique in minime*

minime gratum spectaculum animo intenduntur. *Livius.*

Zuerſt ſagen Sie S. 16, Sie erwarteten für dieſe Arbeit »keinen andern Lohn, als »Schmach und Feindſchaft«, und dieſe Furcht iſt ſo lebhaft in Ihrer Seele geworden, daſs Sie S. 87 wieder darauf zurückkommen, und meynen, Sie würden für Ihre Bekämpfung des Unglaubens »Haſs »und Verachtung erndten.« Ich kann Ihnen aber zum Voraus verſichern, daſs Sie wenigſtens von meiner Seite keine Schmach, keine Feindſchaft, keinen Haſs zu befürchten haben. Es iſt Maxime für mich, Schmähungen nicht mit Schmähungen zu vergelten, denn ich kenne das Gebot Ieſu, auch ſeine Feinde zu lieben, und haſſe daher Niemanden. »Verach- »tung« — je nun, auf Achtung können Sie nach dem, was Sie geſchrieben haben, bey der geſitteten und gebildeten Welt wahrhaftig keinen Anſpruch machen. Wer ſtatt zu widerlegen, ſeinen Gegner einmal über das andere einen *Ungläubigen,*

einen

einen *Naturaliſten,* einen *Atheiſten,* einen *Sozinianer,* einen *Feind des Evangeliums und des Kreuzes Chriſti,* einen *Höllenbrand,* einen *Teufelsapoſtel,* einen *Erzböſewicht,* einen *Erzketzer,* eine *Peſt der menſchlichen Geſellſchaft,* und was dergleichen erbauliche Redensarten, wozu ich in der Folge zu einem andern Zwecke die Belege beybringen werde, mehr ſind, nennt, der verlangt in der That zuviel, wenn er als *Schriftſteller* Achtung verlangt. Sie haben ſich bey Ihrem wahrſcheinlich erſten Eintritte in die Schriftſtellerrepublik ſo ſchlecht benommen, wie ein Menſch, der zum erſtenmale aus der Geſindeſtube in eine Geſellſchaft wohlgezogner Leute tritt, und hier in eben dem Tone ſpricht, nach eben den Manieren handelt, wozu er ſich dort gewöhnt hatte. Ich bin daher veſt überzeugt, daſs kein, ich will nicht ſagen, chriſtlich geſinnter, ſondern nur gutgeſitteter Menſch, wenn er auch in Rückſicht ſeiner Überzeugungen und Vorſtellungsarten vom Chriſtenthume und deſſen Lehren ganz mit Ihnen ein-

einſtimmen ſollte, dennoch die *Art und Weiſe,* mit der Sie über meine Briefe hergefallen ſind, billigen, daſs jeder ſich vielmehr eines ſolchen Vertheidigers ſeines Glaubens herzlich ſchämen, und voll Unwillen ausrufen wird: *hoc defenſore fidei iam non egebat res publica chriſtiana.* Vorzüglich wird ſich der würdige Landpfarrer Ihrer Kollegenſchaft ſchämen, welcher zugleich mit Ihrer Zuſchrift *Bemerkungen zu den Briefen über die Perfektibilität der geoffenbarten Religion* (Leipzig 1796. 8.) herausgegeben hat. Leſen Sie dieſe, und lernen Sie daraus, wie man mit Anſtande vor dem Publikum erſcheinen muſs.

Zweytens drohen Sie mir S. 12 und 13 mit einer andern Widerlegung von Seiten des Hrn. Superint. *Demarées,* »des ehr-
»würdigen Greiſes, des Gottesvertheidi-
»gers zu Deſſau. Er ſey jetzt nur noch
»als *Executor teſtamenti* mit einer Sum-
»me Geldes beſchäftigt, welche eine ho-
»he Perſon des Anhaltiſchen Hauſes den
»Ar-

»Armen vermacht habe. Diese grofse
»Arbeit hindere ihn jetzt; wenn aber
»Gott Ihr und aller Gläubigen Ge-
»bet erhöre und ihn erhalte, so wer-
»de auch er mir *das Licht zu meiner
»Perfektibilität halten»* — so angenehm
und richtig wissen Sie sich auszudrücken!
Sie scheinen also blofs als ein getreuer
Schildknappe desselben einen vorläufigen
Gang mit mir gemacht zu haben, so dafs
die Hauptfehde erst noch beginnen soll.
Wenn sich nun Hr. *Demarées*, als ein
edlerer Kämpfer, besser, als Sie, dabey
benehmen — wenn er als ein *Gottesver-
theidiger* in einem Tone, der der Gottheit, welche alle Menschen liebt, würdig
ist, sprechen — wenn er als ein *ehrwürdiger Greis* den Jüngling, der nach Wahrheit forschte, mit Sanftmuth belehren, und
mit Milde zurechtweisen — wenn er mit
einem Worte sich so betragen wird, als
es dem Charakter eines Mannes, der das
Oberhaupt und mithin das Muster aller
Religionslehrer in einem ganzen Lande,
und noch überdiefs, wie Sie uns berichten,

ten, »der *weife Rathgeber* des edelſten Fürſtenherzens« iſt, geziemt: ſo werde ich mir ſeine Widerlegung gern gefallen laſſen, und ihm für das gegebene Licht herzlich danken. Solte er ſich aber, welches weder zu erwarten noch zu wünſchen iſt, eben ſo wüthig geberden, als Sie, mein Herr; ſollte er eben ſo aus vollem Halſe über die »Umwerfung der Mauern Zions »und die Zerſtörung ihres Grundes « (S. 58.) ſchreyen: ſo fürchte ich, Hr. *Demarées* möchte das Licht, das er mir halten will, gar ausblaſen, und nichts als den unangenehmen Geruch zurücklaſſen, der gewöhnlich auf eine ſolche Lichtausblaſerey erfolgt. Freylich hat Hr. *Demarées* ſich ſchon manchmal zu ſo etwas verleiten laſſen, und hat dadurch verurſacht, daſs auch ſeine Geruchsnerven übel affizirt wurden. Sie meynen daher, die Naturaliſten hätten ihn bereits »entſetzlich »geſchändet und giftig verläumdet.« Nun iſt mir zwar von ſolchen entſetzlichen Schändungen und giftigen Verläumdungen nichts bekannt worden. Denn, Hr. *De-*

Demarées ist ein gelehrter und scharffinniger Mann, und wird um dieser Eigenschaften willen selbst von seinen Gegnern geschätzt. Soviel ist aber allgemein bekannt, daſs er so, wie Sie, auch ein Äderchen von weil. Past. *Götze,* hautschaudernden Andenkens, besitzt, und daher oft am unrechten Orte mit Ungläubigen, Naturalisten, u. s. w. um sich geworfen hat. Ist er darüber von einigen etwas unsanft zurecht gewiesen worden, so hat er sich selbst die Schuld beyzumessen. Es gehört wahrlich eine gute Dosis von Kaltblütigkeit dazu, gelassen zu bleiben, wenn man seine redlichsten Absichten so verkannt, so gemisdeutet sieht. Ich werde mich bemühen, es in demjenigen, was ich Ihnen auf Ihre Verunglimpfungen zu antworten habe, zu bleiben, und bitte Sie im voraus um Verzeihung, wenn in der Hitze des Streits gegen meinen Vorsatz Ausdrücke mit unterlaufen sollten, die Ihnen wehe thun könnten.

Drittens erlauben Sie sich hin und wieder mancherley Konjekturen über die Ent-

Entſtehung meiner Briefe. So ſagen Sie S. 27: Ich habe vermuthlich das Buch, nachdem es fertig war, einem Freunde und gelehrten Naturaliſten zu leſen gegeben, mit der Bitte, daſs er mich belehren möchte über alles, was in dem Buche, ehe es in die Druckerey gegeben würde, müſste geändert werden. Dieſer habe mich denn über den Unterſchied der objektiven und ſubjektiven Religion belehrt, und darnach hätte ich meine Briefe an nicht wenig Orten geändert. S. 45 behaupten Sie, es ſcheine ein Sachkundiger die Inhaltsanzeige zu meinem Buche gemacht zu haben, deſſen Meynung ich aber nicht gefaſst hätte. Ferner S. 89, ich hätte in den Schriften der Ungläubigen fleiſsig geforſcht, und alles in meiner Perfektibilität vereinigt aufgeſtellt, was in vielen einzeln zu finden war. Dieſs wiſſen Sie ſo gewiſs, daſs Sie es ſchon S. 19 als ein zuverläſſiges Faktum aufgeſtellt hatten, alle Beweiſe der Perfektibilität ſeyen aus Schriften wider die chriſtliche Religion genommen. Nach S. 98

S. 98 foll ich gar ein gewiffes Argument für meine Perfektibilität aus den Schriften eines Religionsfpötters genommen haben, welcher in einem päpftlichen Lande lebte. Selbft in mein Herz wollen Sie blicken; denn S. 11 fchreiben Sie, mein Gewiffen habe fich bey der Ausfertigung der Briefe oft und ftark genug geregt, aber ich hätte leider alle diefe Regungen unterdrückt. Hin und wieder geben Sie auch zu verftehen, dafs die Kantifche Philofophie mich vorzüglich zur Abfaffung diefes Buchs verleitet habe. — Da es Ihnen nun einmal gefallen hat, diefe Sache zur Sprache zu bringen, fo will ich Ihnen ganz ehrlich und treu die Gefchichte der Entftehung diefes Buches erzählen.

Als ich im Jahre 1792 von Wittenberg nach Jena ging, wurde ich durch ein chronifches Übel, mit welchem die Kunft der Ärzte lange vergeblich gekämpft hatte, abgehalten, in dem erften Winterhalbjahre die Vorlefungen der dortigen Lehrer zu befuchen. Ich rekapitulirte also auf meinem Zimmer alles, was ich an dem erſtern Orte während eines vierjährigen Aufenthalts in Anſehung der Theologie gehört hatte, ſtudirte ununterbrochen Dogmatik, Moral und Exegeſe des A. und N. Teſtaments, und las zugleich nebenher allerley Schriften über die angezeigten Gegenſtände, wovon das in Jena beſtehende vortreffliche Akademiſche Leſeinſtitut einen guten Vorrath enthielt, und worunter auch einige naturaliſtiſche Schriften, z. B. die bekannten *Wolfenbüttelſchen Fragmente,* waren. Hier bildete ſich nun in mir ganz von ſelbſt die Jdee von der Perfektibilität der geoffenbarten Religion. Ich ergriff ſie anfangs mit einer gewiſſen Schüchternheit, wie dieſs immer der Fall iſt, wenn ſich uns neue von der gewöhnlichen Vorſtellungsart abweichende Meynungen aufdringen wollen, auch wenn ſie ſich gar nicht auf Religion und Moral beziehen; ſie bemächtigte ſich aber nach und nach meines Geiſtes immer lebhafter, je mehr ich über die Wahrheiten der geoffenbarten Religion

gion nachdachte und nachforschte. Ich schrieb meine Gedanken nieder, ohne nur von fern an die künftige Herausgabe derselben zu denken. Indessen waren die Grundzüge der nachmaligen Briefe insgesammt in diesem ersten Entwurfe bereits enthalten. Bald darauf fiel mir die *Tellersche Schrift über die Religion der Vollkommnern* in die Hände, späterhin die *Semlersche Ausgabe von Farmer's Briefen an D. Worthington über die Dämonischen.* Ich freute mich, in den Schriften solcher Männer dieselben Gedanken wiederzufinden, bekam nun erst den Muth, sie weiter zu entwickeln, und entschloſs mich, sie durch den Druck bekannt zu machen, um über eine Sache, die mir für das Interesse der Religion so wichtig schien, näher belehrt zu werden. In dem folgenden Sommerhalbjahre fing ich an, mich unter der Leitung eines berühmten kritischen Philosophen, der damals in Jena lehrte, mit der neuern Philosophie, die ich bis dahin nur aus Relazionen kannte, aber ebendeswegen weder auf die Religion anzuwenden, noch, wie es jetzt so Viele zu thun pflegen, nach ihrem Werthe zu beurtheilen wagte, näher bekannt zu machen. Diesem Lehrer theilte ich die 6 ersten Briefe zur Durchsicht mit, um seine Meynung darüber zu vernehmen. Er gab sie mir unverändert zurück, jedoch mit dem Bedeuten, bevor ich das Ganze der Presse übergäbe, mich noch tiefer in die kritische Philosophie einzustudiren. Auch kommunizirte ich sämmtliche Briefe einem jungen Freunde, der jetzt als Prediger angestellt ist, und sein Amt mit Treue und Gewissenhaftigkeit, und zur vollkommenen Zufriedenheit seiner Gemeinde verwaltet. Dieser machte verschiedene schriftliche Bemerkungen gegen einzelne Äußerungen, ohne jedoch das Ganze zu verwerfen. So ruhten die Briefe über Jahr und Tag in meinem und andrer Pulte, bis ich im J. 1794 die Universität Göttingen besuchte. Hier arbeitete ich zum letztenmale die Briefe um, und wollte sie nun dem Drucke übergeben. Indessen legte mir die

Zensur

Zensur in Hannover Hindernisse in den Weg, ich fragte vergeblich bey einigen Buchhandlungen an, und war schon im Begriffe, das ganze Manuskript aus Verdrusse den Flammen zu überliefern. Hier werden Sie mit einem tiefen Seufzer ausrufen: » Ach, wenn doch der böse Feind » diesen guten Vorsatz nicht erstickt hät- » te; « und ich selbst habe manchmal diesen Wunsch gethan. Wie manche bittre Stunde hätte ich mir, meinen Freunden und Gönnern dadurch ersparen können! Es ist nun aber einmal nicht geschehen; denn unglücklicher Weise fand sich noch ein bereitwilliger Accoucheur, der das Kind zu Tage fördern half, und so erblickte endlich diese Erstgeburt meines Geistes nach so manchen Geburtsschmerzen das Licht der gelehrten Welt.

Sehen Sie, mein Herr, dieses ist die wahrhafte Geschichte der Entstehung jenes Buchs, das Ihren heiligen oder vielmehr unheiligen Eifer so sehr entflammt hat. Sie scheinen davon etwas durch münd-

mündliche Relazionen, (denn wie fich bald zeigen wird, haben Sie mich immer durch Spione auszuforfchen gefucht), vernommen zu haben; mifchen aber überall Wahres und Falfches unter einander. Der Unterfchied zwifchen der objektiven und fubjektiven Religion war bereits in dem erften Entwurfe durchgehends bemerkt worden; die Inhaltsanzeige ift ganz meine eigne Arbeit, und fo, wie fie den Briefen vorgedruckt ift, erft nach Vollendung des Ganzen gemacht; die Schriften der Ungläubigen haben mir manche Belehrung gewährt, fo wie die Schriften der Gläubigen, aber ich habe mein Buch nicht daraus zufammengefchrieben, und nichts ohne vorhergegangene Prüfung angenommen. Von einem katholifchen Religionsfpötter habe ich kein Argument entlehnt, fo wie auch die kritifche Philofophie an der Entftehung meines Buches keinen Antheil hat. Endlich ift auch mein Gewiffen bey der Abfaffung ganz ruhig geblieben, weil ich mir keiner böfen Abficht bewufst war, die Irrthümer aber, die fich nach der

Schwä-

Schwäche des menschlichen Verstandes etwa einschleichen möchten, für nichts Verdammliches hielt.

Nach diesen allgemeinen Bemerkungen gehe ich zu den Anklagen und Vorwürfen selbst über, welche Sie in so grosser Anzahl und an so verschiedenen Orten über mich in Ihrer Zuschrift ausschütten, dass ich Ihnen, um nichts von Bedeutung zu übergehen, Schritt vor Schritt folgen, und bloss gehörigen Orts die Parallelstellen anziehen werde.

1) Sie machen mir gleich Anfangs einen Vorwurf daraus, dass meine Briefe in deutscher Sprache geschrieben sind, und ich dadurch ein grosses Ärgerniss gegeben habe, weil sie von vielen unverständigen Leuten seyen gelesen worden; welchen Vorwurf Sie auch S. 66 und 128 wiederhohlen. Auch geben sie nicht undeutlich zu verstehen, ich hätte durch Vertheilung von Exemplarien an meine Verwandte und vermittelst dieser auch an andere Personen Proselyten zu machen gesucht.

Was nun zuvörderst den letztern Umstand betrift, so läugne ich eine absichtliche Vertheilung ganz, sehe aber gar nichts Böses, wenn ich einigen meiner Verwandten, die sich für die Sache aus freundschaftlicher Theilnahme an meinem Schicksale interessirten, das *corpus delicti* kommunizirte, damit sie sich mit eignen Augen von der Größe meines Verbrechens überzeugen konnten, und wenn dann diese das gelesene Exemplar einem guten Freunde und Nachbar anderweit mittheilten. Meine Verwandten sind zwar größtentheils ungelehrte Leute, aber es sind gute praktische Christen von einem gesunden schlichten Verstande und nicht entfernt von aller Geisteskultur. Sie haben auch für ihre Personen, so viel ich weiß, kein Ärgerniß an meiner Schrift genommen, werden sich aber desto mehr an der Ihrigen skandalisiren, weil sie in der Einfalt ihres Herzens glauben, ein Christ, und besonders ein christlicher Religionslehrer, müsse hübsch duldsam gegen Andersdenkende seyn. Daß nun aber

aber überhaupt ein so grofses Ärgernifs, selbst unter der gemeinen Volksklasse, durch meine Schrift soll gegeben oder veranlafst worden seyn, bezweifle ich sehr; wenigstens ist mir und andern, die ich darum befragt habe, auch nicht das Geringste davon zu Ohren gekommen. Ist es indessen würklich der Fall, so thut es mir zwar sehr leid — wiewohl *(si parva — me homuncionem — licet componere magnis — legato divino ac filio dei)* auch die Zeitgenossen Iesu, besonders die stolzen und heuchlerischen Pharisäer, das giftschäumende Ottergezücht, an seiner Person und Lehre sich ärgerten — allein es fällt doch auch davon gewifs die wenigste Schuld auf mich zurück. Meine Schrift war blofs für gelehrte oder sonst gebildete und verständige Leser bestimmt, und wenn sie gleich nicht in der zu solchen Untersuchungen wenig geschickten lateinischen Sprache geschrieben war, so liefs ich sie doch mit Lettern drucken, die der gemeinen Volksklasse nicht geläufig sind, und also auch diese

diese nicht zur Lektüre anlocken konnten. Es würden also diese Menschenkinder gewiſs keine Notiz weder von meinem Buche, noch vom Inhalte desselben genommen haben, wenn sie nicht erst von gewissen Leuten wären darauf aufmerksam gemacht worden. Sie gestehen dieses selbſt S. 4 ein, wo Sie sagen, daſs Einige, die es für ihre Amtspflicht hielten, es versucht hätten, dem Ärgernisse durch Predigten und Gespräche zu wehren. Allein ich fürchte, daſs diese Männer eben dadurch das Ärgerniſs erst gegeben oder wenigstens verbreitet und gefahrvoller gemacht haben. Ein Prediger, der viel Lärmens über eine neue Schrift macht, die von einem in der Gegend bekannten Verfasser herrührt, und dieselbe als gefährlich und erzketzerisch verschreyt, wird eben dadurch die Neugierde seiner Gemeindeglieder reitzen, und wenn er ohnedieſs in keinem guten Kredite bey ihnen steht, das gerade Gegentheil von dem bewürken, was er beabsichtigt. Ich kenne einen Ort, wo der

Predi-

Prediger ebenfalls gegen die Briefe eifer-
te; einige ganz gemeine Zuhörer erkun-
digten fich, was das zu bedeuten habe,
fchoffen Geld zufammen, liefsen die Briefe kommen, lafen und fagten: *Wir wiffen nicht, was der geiftliche Herr will,
das Buch ift ja doch fo böfe nicht.* Sie
fehen alfo, mein Herr, dafs Schweigen
und die ganze Sache in der Stille Übergehen die einzige kluge Mafsregel ift, die
ein Prediger in folchen Fällen ergreifen
kann. Hätten jene Männer, auf die Sie
fich beziehen, diefs gethan, fo wäre gewifs kein Ärgernifs entftanden. Sie mögen alfo über daffelbe mit denen rechten,
welche — um in der von Ihnen fo gelieb-
ten und daher auch auf allen Seiten Ihrer
Zufchrift fehr kunftgerecht angebrachten
lateinifchen Sprache zu reden — die
cauffae efficientes et proximae von jenem
Ärgerniffe waren, nicht aber mit mir, als
der unfchuldigen *cauffa occafionali et
remota.*

2) Sie fagen S. 4 und 11, ich hätte Ihnen und allen denen, die mit Ihnen gleiche

che Uberzeugungen hegen,»mit Drohun-
»gen unterfagt, mein Buch zu lefen,«
und meynen, diefe Drohungen feyen
»aus Furcht vor einer Widerlegung von
»Chriften« entftanden. Allein ich fagte
blofs in der Vorrede zu den Briefen S. 23,
dafs ich für diejenigen, welche die unmittelbar vorhergehende Äufserung über
die gegenwärtigen Uneinigkeiten auf dem
Gebiete der Philofophie und Theologie
»als eine Thorheit mitleidig belächeln,
»oder vor ihr, als einem Ärgerniffe
»furchtfam zurückbeben könnten, nicht
»gefchrieben habe, und fie daher bitte,
»mein Buch lieber ungelefen zu laffen,
»und, ohne Ausfälle auf den Verfaffer
»zu machen, ruhig hinter ihren Ver-
»fchanzungen zu bleiben.« Ich ahndete nehmlich im voraus, was durch Ihre
Zufchrift würklich geworden ift, und
fuchte in der beften Meynung dem Skandale vorzubeugen, welches Sie der chriftlichen Welt dadurch gegeben haben.
Denn fchämen mufs man fich im Namen
der ganzen Chriftenheit, dafs, nachdem

das

das Chriftenthum beynahe 18 volle Iahrhunderte in der Welt ift, es unter den Verehrern deffelben, und vornehmlich unter den zur proteftantifchen Partey gehörigen, noch Männer, gelehrte, oder wenigftens ftudirte Männer gibt, welche einen Schriftfteller, der durchgängig die höchfte Achtung gegen das Chriftenthum an den Tag legt, um einer blofsen Verfchiedenheit in den Meynungen willen auf eine folche Weife mishandeln können. *Prüfungen der in den Briefen aufgeftellten Grundfätze,* wenn fie auch als gründliche Widerlegungen diefelben ganz über den Haufen werfen follten, habe ich nie gefcheut; ich habe vielmehr, wie aus der obigen Erzählung von der Entftehung der Briefe fattfam erhellet, die ganze Schrift, blofs in der Abficht, dafs fie geprüft, und ich felbft eines Beffern belehrt würde, durch den Druck bekannt gemacht, auch auf ebenderfelben Seite der Vorrede ausdrücklich darum gebeten. Sie, mein Herr, wiffen freylich diefer Bitte eine andre, fehr

freund-

freundschaftliche Deutung zu geben. »Sie wünschen widerlegt zu werden« — rufen Sie mir zu — » damit Ihre Perfek-»tibilität berühmter werde.« Diesem *Berühmt*werden wollten Sie nun gern vorbeugen, und weil Sie sahen, dass Sie diesen löblichen Zweck doch nicht ganz würden erreichen können: so machten Sie es, wie eine gewisse Menschenklasse, die man gewöhnlich als ein Beyspiel der Ungezogenheit aufstellt. Sie warfen den Urheber der Perfektibilität mit Kothe, damit er wenigstens *berüchtigt* würde. Ein feiner Kunstgriff, der Ihrer Politik Ehre macht!

3) In eben dieser Vorrede S. 22 hatte ich geschrieben: »Zu einer solchen Ar-»beit« — nehmlich einer *Propädeutik* der Religionswissenschaft, die ich von den Briefen als bloßen *Prolegomenen* unterschied — »fehlen noch die höhern Prin-»zipien, welche nur die Philosophie ge-»ben kann; und so lange auf dem Felde »dieser Wissenschaft in ihrem r e i n e n Theile

„Theile die Stürme sich nicht gröss-
„tentheils gelegt haben, kann man auf
„dem Felde der kritischen Theologie
„nur sehr unsichre Schritte thun. Wäre
„aber gar keine Hoffnung vorhanden, dafs
„jene Stürme sich jemals legen sollten, so
„müste die ganze Theologie immer
„und ewig ein schwankendes Rohr blei-
„ben, das der Wind der Leidenschaften
„und subjektiver, individueller Meynun-
„gen hin und her wehte." Hierüber rufen Sie nun S. 5 aus: „dafs sich doch
„Gott über Sie erbarme! 6 Jahre sind
„Sie auf Universitäten gewesen, und sind
„noch ganz ungewifs in der allernöthig-
„sten Kenntnifs, in der Religion! die-
„ses ist ja entsetzlich! und noch klägli-
„cher ists, dafs — Sie nicht eher zur ve-
„sten Überzeugung zu gelangen für mög-
„lich halten, als bis die Philosophen un-
„ter sich einig werden — bis dahin wol-
„len Sie also des süfsen Trostes in Lei-
„den, der reinsten Freuden der Reli-
„gion, und der seeligen Hoffnung des
„Himmels entbehren, und verschmähen

C also

»alſo die unſchätzbaren Gaben, die Gott
» der Welt durch ſeinen Sohn anbietet?«

Was Sie ſich doch in Ihrem glaubens-
ritterlichen Eifer ohne Noth erhitzen, und
wie Sie doch in Ihrer erhitzten Einbildungskraft eine Windmühle, die Niemanden etwas zu Leide thut, auſser dem,
der ſich ihren rauſchenden Flügeln muth-
willig nähert, für ein gewaltiges Ungeheuer halten können! Sehen Sie denn
nicht ein, daſs von der *Theologie*, d. h.
von dem philoſophiſchen Lehrſyſteme
über die Religion, von einer *Propädeutik der Religionswiſſenſchaft* die Rede
ſey? Folgt denn daraus, daſs es in *dieſer* noch an veſten und ſichern Prinzipien fehlt, daſs man in der *Religion
ſelbſt* ganz ungewiſs ſeyn, des ſüſsen
Troſtes im Leiden, der reinſten Freuden
der Religion, und der ſeeligen Hoffnungen des Himmels entbehren müſſe? Da
wären ja die armen Layen ſehr übel berathen; denn dieſe wiſſen auch von
denjenigen Prinzipien nichts, welche Sie,

mein

mein Herr, Ihrer eignen Religionstheorie zum Grunde legen, fondern fie halten fich blofs an ihren fchlichten, gefunden Menfchenverftand, und an die Ausfprüche der Bibel, fo weit fie ihnen verftändlich find, und fo weit fie diefelben für fich anwendbar finden. Und diefen Führern kann auch jeder Andre folgen, deffen Beruf es zwar mit fich bringt, nach einer gelehrten Kenntnifs von der Religion zu ftreben, mithin nach den Prinzipien einer gründlichen Theorie über die Lehrfätze derfelben zu forfchen, der es aber — wie diefs auch bey einem jungen Gemüthe, welches erft anfängt felbftftändig über die Religionsprinzipien nachzudenken, und feine bis dahin grofsentheils auf Auktorität gebauten diefsfallfigen Überzeugungen zu unterfuchen, nicht anders möglich ift — noch nicht zu einer veften Erkenntnifs hierin gebracht zu haben vermeynt, und offenherzig genug ift, diefes einzugeftehen, damit er, weil er nicht ftolz genug ift, feinen Kräften allein zu trauen, auch von

Au-

Andern belehrt werde. Freylich, wenn man, wie Sie S. 8 thun, seinem Gegner den *gesunden Menschenverstand* abspricht, und zugleich das Wort *Theologie* so erklärt, wie Sie es in einer meinen eignen Worten sehr listig eingeschobenen Parenthese thun, wo Sie sagen, zur Theologie gehöre »alles, was wir »wissen aus mittelbarer Offenbarung »durch Vernunft, ebensogut, als was wir »durch unmittelbare Offenbarung durch »göttliche Belehrung erkennen:« so gewinnt die Sache allerdings ein andres Ansehen. Aber ob das Absprechen des gesunden Menschenverstandes ein erlaubter Kunstgriff sey, seinen Gegner verdächtig oder verächtlich zu machen, und ob es redlich und ehrlich gehandelt heißen könne, demselben falsche Erklärungen in den Mund zu legen — diefs überlasse ich Ihrem eignen Gewissen zur Beurtheilung. Ebenso gewissenhaft verfahren Sie bey der Auslegung meiner übrigen Worte. Während ich von *Stürmen* rede, welche sich auf dem Gebiete der

reinen

reinen Philosophie *gröfstentheils* legen sollen, ehe man auf dem Felde der *kritischen Theologie,* in einer Propädeutik der Religionswissenschaft, sichre Schritte thun könne, wollen Sie den Leser überreden, ich hätte behauptet, es müfsten und würden *alle* und *jede* Streitigkeiten auf dem Gebiete der *gesammten* Philosophie *ganz und gar* aufhören, welches ich doch zu hoffen und zu wünschen nie unsinnig genug war, wie Sie sich allenfalls aus meiner Abhandlung: *de pace inter philosophos utrum speranda et optanda,* (Viteb. 1794. 4.) mit eignen Augen überzeugen können. Das, was Sie nachher noch hinzusetzen, nehmlich, dafs »die » guten Gesinnungen und das rechtmäfsi- » ge Verhalten eines Menschen auf der » Gewifsheit seiner Religion beruhen, und » je gewisser der Glaube, desto strenger » auch die Gewissenhaftigkeit sey — « leidet auf beyden Seiten grofse Einschränkungen, und soll vermuthlich Ihren nachfolgenden Insinuazionen blofs zur Einleitung dienen. Es gab sehr gutgesinnte und in ihrem Verhalten rechtliche Zweifler; ſie waren nicht alle, wie Sie ſich S. 44 ſehr liebreich ausdrücken, »ſchädliche »Ungeheuer; es gab aber auch Menſchen — und leider ſcheint dieſes Geſchlecht noch nicht ausgeſtorben zu ſeyn! — welche bey aller würklichen oder eingebildeten und vorgeblichen Gewiſsheit im Glauben, gewiſſenlos und lieblos gegen ihren Nebenmenſchen handelten. Wenn Sie daher S. 7 ſagen, daſs man in der Perſon eines Ungenannten, der gegen den ſeeligen C. R. *Jakobi* in Zelle geſchrieben, ſich bald einen Naturaliſten, bald einen Sozinianer nenne, und mit mir gleiche Meynungen von der Religion äuſsere, wenn er Chriſtum rühmt, »den reiſsenden Wolf —« im **praktiſchen Sinne —** »unter dem Schafspelze« nicht verkennen könne: ſo) könnte man gar leicht bewogen werden zu fragen, ob es nicht auch Schafe — im **theoretiſchen Sinne** — unter dem Wolfspelze gebe?

4) S. 11

4) S. 11 sagen Sie, »ich wäre den Sa-
»kramenten nicht hold, und würfe die
»erstaunliche Frage auf: Ob die Sakra-
»mente nicht blofs für die ersten Christen
»geordnet wären?« Es hat Ihnen nicht
gefallen, die Stelle in den Briefen anzuzeigen, wo diese Frage von mir aufgeworfen worden seyn soll. Ich kann auch alles Nachsuchens ungeachtet eine solche
Stelle nicht ausfindig machen. Blofs
S. 67 in der Note kommen folgende Äufserungen über die Sakramente vor:
»Taufe und Abendmahl waren, wenig-
»stens nach der Absicht des Stifters, gar
»nicht solche Gebräuche, die einen eig-
»nen Gottesdienst, eine eigne religiöse
»Gesellschaft (eine Kirche) voraussetzten
»oder hervorbringen mufsten.« Und
weiter hin: »Eben darum, weil das Par-
»teymachen nicht Iesu Absicht war, son-
»dern er es nur als ein Mittel zur Errei-
»chung höherer Zwecke zuliefs, führte
»er nur zwey, und noch dazu äufserst
»simple und selbst wieder auf moralische
»Besserung hinweisende Gebräuche, ein,

»damit

»damit jene Vorstellung so unschädlich » als möglich würde, und es seinen Ver- » ehrern immer gegenwärtig bliebe, es » komme bey der neuen Religion, zu der » sie sich bekenneten, gar nicht auf das » Äuserliche an.« Ich frage nun Sie, und mit Ihnen alle gelehrte Theologen, und alle gebildete Christen überhaupt, ob in diesen Äuserungen etwas Verdammliches, ob darin jene Frage nur auf eine entfernte Weise enthalten sey?

5) Auch über meine theologischen und gelehrten Kenntnisse überhaupt urtheilen Sie hin und wieder, und suchen mich beym Publikum als einen Ignoranten, der nichts von allem dem, worüber er urtheilt, versteht, darzustellen. So sagen Sie S. 15 von mir: »Sie lesen nicht in » der Bibel, wie ich beweisen kann aus » der erstaunlichen Unbekanntschaft mit » ihren Aussprüchen.« Dieselben Worte wiederholen Sie S. 93, und S. 71 und 72 setzen Sie noch »eine gänzliche Unbe-
»kanntschaft mit theologischen Lehrbü-
                                    »chern

»chern« hinzu. Sie wollen diefes Phänomen auch erklären, darum fahren Sie fort: »Ihren Fleifs kenne ich, aber er »mufs einig auf die Kantifchen Finfter- »niffe verfchwendet worden feyn.« An einem andern Orte endlich, wo von der Logik die Rede ift (§. 82 und 83), geben Sie zu verftehen, ich möchte wohl auch verfäumt haben, »in den Schulen der »*geometrarum* die *praxin logicam* zu trei- »ben, weil ich fonft unmöglich in meinem »Hauptftudium (?) fo häufige Donatfchni- »tzer hätte machen können.«

Es thut mir leid, dafs Sie durch Ihre Indiskrezion mich nöthigen, felbft eine Indiskrezion im Angefichte des Publikums zu begehen, und von meinen Kenntniffen zu fprechen. Da Sie indeffen dadurch ein nachtheiliges Licht felbft auf meinen Charakter zu werfen, und mich als einen ganz unbefugten Richter in Angelegenheiten der Religion verdächtig zu machen fuchen, fo bin ich es meiner Ehre fchuldig, auch diefen Vorwurf, fo weit es die

Grän-

Gränzen der Beſcheidenheit erlauben, abzutreiben, und Ihr verläumderiſches Vorgeben in ſeiner ganzen Blöſse darzuſtellen.

Zuvörderſt könnte ich mich ſchon auf die Briefe ſelbſt berufen, von denen ein Rezenſent, deſſen Urtheile Sie wenigſtens in *dieſem* Stücke die Kompetenz nicht abſprechen können, nehmlich Hr. Hofr. *Eichhorn* in ſeiner exegetiſchen Bibliothek ſagt, daſs das Thema »mit mannich- »faltigen« — nicht bloſs — »philoſophi- »ſchen« — ſondern auch — »theologi- »ſchen« — und inſonderheit —»exege- »tiſchen Kenntniſſen ausgeführt ſey.« Ich könnte Sie ferner auf eine frühere Akademiſche Druckſchrift von mir verweiſen, welche den Titel führt: *principium, cui religionis chriſtianae auctor doctrinam de moribus ſuperſtruxit, ad tempora eius atque conſilia aptiſſime et maxime accommodate conſtitutum* (Viteb. 1792. 4.), und worin Sie Beweiſe genug finden werden, daſs die Ausſprüche

und

und Lehren der heiligen Schriftsteller mir, als ich die Briefe schrieb, nicht unbekannt gewesen seyn können. Indessen da Sie eben aus meinen Briefen jene Unwissenheit folgern, und Ihnen oder andern Lesern die letztere Schrift nicht gleich zur Hand seyn möchte: so berufe ich mich kühn auf das Zeugniss aller derer, die mich während meiner akademischen Laufbahn als Studirenden gekannt haben. Diese werden wissen, dass ich, als ich zuerst in Wittenberg studirte, nur wenig Zeit und Mühe auf »die Kantischen Finsternisse «, wie Sie, mein erleuchteter Herr, sich auszudrücken belieben, verwendet, dagegen aber Dogmatik, Moral, Exegese des A. und N. Testaments und Kirchengeschichte hauptsächlich getrieben habe. Eben dieses that ich laut obiger Erzählung von der Entstehung der Briefe auch in dem ersten halben Jahre, das ich in Jena zubrachte, und selbst dann noch, als ich die kritische Philosophie mit Eifer zu studiren anfing, und dieses Studium in Göttingen fortsetzte, besuchte ich immer

mer die Vorlesungen eines *Griesbach* über das neue, und eines *Paulus* und *Eichhorn* über das alte Testament, unter deren Leitung ich auch die übrigen orientalischen Sprachen zu erlernen suchte. Was endlich die Mathematik betrifft, so kann ich Ihnen ebenfalls versichern, daſs ich bereits auf der Schule den ganzen mathematischen Kursus unter der Leitung eines trefflichen Lehrers gemacht, und die dort erworbnen Kenntnisse auch auf der Akademie durch Selbststudium und Anhörung mündlicher Vorträge zu erhalten und zu erweitern gesucht habe.

Urtheilen Sie nun selbst, mit welchem Rechte Sie S. 15 behaupten, daſs ich mich »*ohne die mindeste Befugniſs* zum Rich-» ter in dem Streite über Zweck und » Werth der Offenbarung aufgeworfen » habe.« Für eine *richterliche Entscheidung* habe ich ohnehin nie meine Aussprüche ausgegeben, sondern bloſs für *hypothetische und problematische Gedanken*, über die ich belehrt seyn wollte.

Was

Was Sie denn noch weiterhin in Beziehung auf diefs angemafste Richteramt fagen, dafs ich nehmlich auch darum ein inkompetenter und fonderbarer Richter fey, weil ich über Thatfachen nur aus philofophifchen Räfonnements das Urtheil fpreche, verdient gar keine Antwort. Ich habe diefs nirgends gethan, weil ich fehr wohl weifs, dafs auf diefe Art nicht geurtheilt werden kann und darf. Thatfachen müfsen durch Zeugnifs erwiefen werden. Indefsen ift es doch erlaubt, über Thatfachen zu reflektiren, die Gültigkeit des Zeugnifses zu prüfen, und oft fogar aus innern Gründen die Möglichkeit einer Thatfache zu bezweifeln, wenn keine äufsern gültigen Gründe die Würklichkeit derfelben beweifen.

6) Aufser dem allgemeinen Vorwurfe einer erftaunlichen Unwiffenheit in den theologifchen Wiffenfchaften machen Sie mir S. 14 und 15 noch einen befondern Vorwurf aus meiner Unbekanntfchaft mit einigen Schriften, auf welche Sie einen

vorzüglichen Werth legen, weil Sie darin Ihre Meynungen und Vorstellungsarten entweder ganz oder doch zum Theil wiederfinden. Sie wollen nehmlich durch geheime Nachforschungen über meine Lektüre vermittelst andrer Personen — der gemeine Sprachgebrauch nennt dieß, jemanden ausspioniren — in Erfahrung gebracht haben, daß ich die Gottesvertheidigung, den Unfug der Aufklärer, und die neuern Briefe des Hrn. Sup. *Demarées*, die vom seel. C. B. *Jakobi* zu Zelle zur Vertheidigung der geoffenbarten Religion gegen die Ungläubigen in seinen letzten Jahren herausgegebnen Schriften, und endlich des Hrn. D. *Storr* »gründliche Widerlegung der Kantischen philosophischen Religion« nicht gelesen habe. »So« — meynen Sie — »würde ich es
» mit allen andern Schriften, wodurch
» ein Funke der Wahrheit hätte können
» in meine Seele dringen, auch gemacht
» haben; keinen Vertheidiger der Reli-
» gion könnte ich ausstehen, und mein
» hartnäckiger Vorsatz sey, nichts zu le-
»sen,

»fen, noch zu hören, was die Religion
»vertheidigt; meine Augen, Ohren und
»Herz ſtünden ſeit einigen Jahren nur
»den bitterſten Feinden der Religion
»offen.«

Hiergegen iſt folgendes zu bemerken:
Erſtlich kann kein Menſch in der Welt
alle Bücher, die in ein gewiſſes Fach der
Literatur einſchlagen, leſen und ſtudiren;
jeder richtet ſich immer bey der Auswahl
ſeiner Lektüre und bey der Art, wie er
lieſt, nach der Gelegenheit, die ſich ihm
darbietet, nach äuſsern Veranlaſſungen,
die ihm aufſtoſsen, und nach ſeinen anderweiten literariſchen Zwecken. Wenn
alſo einige von den Schriften, die Sie für
vorzüglich leſenswerth halten, von mir
bisher ungeleſen geblieben ſind, ſo folgt
daraus weiter nichts, als, daſs keiner von
den vorhin angeführten Umſtänden mich
darauf geführt hat. Indeſſen führen Sie
noch eine andre Urſache dieſer Unterlaſſungsſünde an. Sie erzählen nehmlich,
ich hätte auf Befragen, warum ich dieſe
Schrif-

Schriften nicht gelesen, zur Antwort gegeben: „ich wüste vorher, daſs diese „Gelehrten geschrieben, um zu widerle„gen." Ob ich dieſs würklich gesagt habe, weiſs ich nicht mehr; ich finde jedoch jetzt bey reiflicher Überlegung deſſen, was ich damals vielleicht unüberlegt sagte, daſs ich eben nichts Böses oder Albernes gesagt habe. Denn von einem Schriftsteller, von dem man vorher weiſs, daſs er bloſs schreibt, um zu widerlegen, läſst sich in der That nicht gar viel erwarten. Sowohl seine Wahrheitsliebe überhaupt, als insonderheit seine Bereitwilligkeit, die Gedanken des Gegners richtig aufzufaſſen und gründlich zu erforschen, muſs durch das Bestreben, überall etwas Falsches und Tadelnswürdiges aufzufinden, verdächtig werden.

Zweytens, was die Schriften des Hrn. *Demarées* betrifft, so ist es nicht bloſs von den angezogenen, sondern auch von allen übrigen Geistesprodukten dieses Mannes in der Wahrheit gegründet, daſs
ich

ich keine einzige ordentlich gelesen und durchstudirt habe. Einige habe ich nur durchblättert, andre kenne ich bloß aus öffentlichen oder Privatrelazionen; und zwar waren die letztern zum Theile von Männern, die dem Verfasser beypflichteten. Ich glaube aber, daß mich deshalb die oben gemachten beyden Bemerkungen hinlänglich rechtfertigen werden, und versichere Ihnen, daß es recht viele gute Christen giebt, die nicht erst von Hrn. *Demarées* über das Christenthum belehrt worden sind.

Drittens habe ich zwar die angedeutete Schrift von Hrn. *Storr* ebenfalls nicht gelesen; allein ich kenne sie aus sehr vollständigen Auszügen in solchen Rezensionen, die gar nicht widerlegend, sondern fast durchgängig beyfällig, wenigstens gewiß unparteyisch waren. Sodann ist es auch nicht aus Verachtung jener schätzbaren Schrift, die, nach jenen Auszügen und nach der bekannten Gelehrsamkeit des Verfassers zu urtheilen, vieles Gute ent-

enthalten mag, geschehen, sondern weil ich keine Gelegenheit hatte, ihrer habhaft zu werden, meine Umstände aber nicht erlauben, alle gute Bücher selbst zu kaufen. Hierzu kommt noch, daſs ich dagegen andre Widerlegungen der Kantischen Religionsphilosophie gelesen habe, und unter andern eine ebenfalls sehr weitläufige und gründliche von einem Ungenannten, die mir besonders darum gefiel, weil der Verfasser eine vertraute Bekanntschaft mit den übrigen Grundsätzen der kritischen Philosophie verrieth, eine Bekanntschaft, die — mit aller Achtung gegen den würdigen Theologen sey es gesagt — bey Hrn. *Storr* wohl nicht vorausgesetzt werden dürfte. Daſs ich aber dessen Schriften überhaupt nicht gering schätze, sondern aufmerksam lese, und sorgfältig benutze, davon werde ich Ihnen in der Folge bey einer andern Gelegenheit einen sehr einleuchtenden Beweis geben.

Viertens ist es eine offenbare Lüge, daſs ich eingestanden haben soll, auch

die

die von Ihnen angezeigten *Jakobiſchen* Schriften nicht geleſen zu haben. Es iſt platterdings unmöglich, daſs ich dieſs geſagt habe; denn ich habe dieſe Schriften mehrere Male aufmerkſam durchgeleſen, weil die Stimme eines ſo würdigen Greiſes am Rande des Grabes mir von Bedeutung ſchien, und ſein für Chriſtenthum und Gottesverehrung warmes Herz, ungeachtet es ihn hin und wieder zu ungerechten und harten Urtheilen über ſeine Gegner verleitete, dennoch ſeine Schriften zu einer intereſſanten Lektüre für mich machte. Nun iſt es eine bekannte Eitelkeit der Gelehrten, daſs ſie alles wollen geleſen haben, und ſich des Geſtändniſſes ſchämen, irgend eine zu ihrem Fache gehörige Schrift nicht aus eigner Anſicht zu kennen; ich werde alſo doch wohl nicht die Beſcheidenheit auf eine höchſt lächerliche Weiſe ſo gar weit getrieben, und meine Beleſenheit in einem Falle verläugnet haben, wo ich hätte lügen müſſen, um für unbeleſen gehalten zu werden. Da Sie nun ſo genaue Nachrichrichten über meine Lektüre eingezogen haben wollen, und ich mit verschiedenen Predigern meiner Gegend selbst über diese *Jakobischen* Schriften mehrmals Unterredungen gepflogen habe: so haben Sie das gerade Gegentheil von dem, was Sie öffentlich berichten, vernehmen müssen. Und gleichwohl entblöden Sie sich nicht, in einem solchen öffentlichen Berichte offenbare Unwahrheiten auszustreuen, um daraus gehässige Konsequenzen zu ziehen. Sind Sie wohl der *Alethophilus*, für den Sie sich ausgeben, oder wissen Sie vielleicht nicht, was und wieviel dieser Name zu bedeuten hat, so daſs Sie von dem Studium der griechischen Literatur in jüngern Jahren weiter nichts übrig behalten haben, als die Namen der Dinge und die bey den Römern so übel berüchtigte *graecam fidem?* In der That, wenn *Cicero* von den Griechen sagt: *testimoniorum religionem et fidem numquam ista natio coluit*, oder anderswo: *contentionis quam veritatis cupidiores fuerant Graeci* — oder,

wenn

wenn man das Juvenalifche *Graecia mendax* und das Plautifche *graeca fide mercari* lieſt, und dann das obige *Faktum* und einige andere, die ich Ihnen in der Folge vorzuhalten die Ehre haben werde, damit vergleicht: ſo wird man faſt verſucht, zu glauben, Sie hätten in Ihrer Schrift mit dem griechifchen Namen auch die griechifche Denkart angenommen.

Fünftens endlich iſt es ebenfalls ganz ungegründet, daſs ich überhaupt gar keine Schriften für die geoffenbarte Religion gelefen habe oder lefen wollte, und auf diefe Art der Wahrheit allen Zugang zu meinem Herzen verwehrte. Meine eignen Briefe können Sie von der Unwahrheit diefes Vorgebens überzeugen. Oder halten Sie *Ierufalem's Betrachtungen über die vornehmſten Wahrheiten der Religion*, *Leſs Beweis der Wahrheit der chriſtlichen Religion*, *Reinhard's Verſuch über den Plan Jeſu zum Beſten der Menſchen* — nicht für Vertheidigungen der guten Sache der Offenbarung?

Haben *Döderlein* und *Morus* in ihren Lehrbüchern nicht auch die Gründe für die Wahrheit des Chriſtenthums angeführt? Ich könnte Ihnen noch mehrere Schriften der Art hererzählen, aber ich habe ſchon zu viel von dem, was ich gelernt und geleſen habe, ſprechen müſſen, und ſchäme mich, des *Quanti eſt, quod neſcimus,* eingedenk, daſs Ihre Zudringlichkeit mir abermals eine ſo unangenehme Nothwendigkeit aufgelegt hat.

7) Nicht bloſs mein Selbſtſtudium ſuchen Sie verdächtig zu machen, ſondern auch das, was ich aus dem mündlichen Vortrage Andrer gelernt habe, und wälzen dadurch einen gleichen Verdacht auf meine Lehrer. Bey der dankbaren Erinnerung an das, was ich von ſo vielen würdigen Männern während meines Aufenthalts in Wittenberg, Jena und Göttingen, durch öffentlichen Unterricht und durch Privatgeſpräche erlernte, hat mich dieſer Vorwurf mehr noch als dasjenige gekränkt, was Sie gegen mich ſelbſt geſagt haben.

haben. Nach S. 16 haben mich »meine »Lehrer und künftigen Beförderer mit »Ketten der Finſterniſs gefeſſelt.« S. 57 nennen Sie meine Lehrer geradezu »Na- »turaliſten.« S. 82 ſagen Sie, »ich müſs- »te in einer *böſen* Schule die Inſtrumen- »talphiloſophie erlernt haben, weil ich »lauter falſche Erklärungen und trügliche »Schlüſſe zur Unterdrückung der Wahr- »heit und zur Verbreitung des Irrthums »machte,« und S. 28 treiben Sie die Un- verſchämtheit — verzeihen Sie dieſen Ausdruck, ich weiſs keinen gelindern zur Bezeichnung ſolcher Anklagen — ſo weit, daſs Sie ſogar unter meinen »Lehrern »und Gönnern« Einen *nahmentlich* und als einen ſolchen aufführen, welcher den Perfektibilitätsgrundſatz, dem Sie ſo viel Böſes nachreden, gern möchte verbrei- ten helfen. Wenn Sie mich beſchim- pfen, ſo glaubten Sie vielleicht, daſs dieſs bey einem ſo jungen unbedeutenden Menſchen nichts zu ſagen habe, und das Publikum darüber wenig Indignazion empfinden werde. Daſs Sie aber mit

Ih-

Ihren fchmutzigen Händen Männer angreifen, die als öffentliche Lehrer in wichtigen Ämtern von den Landesregierungen angeftellt find, die in allgemeiner Achtung bey dem Publikum ftehen, und denen Sie kaum werth find, die — doch diefe Männer bedürfen meiner Vertheidigung nicht, und werden fich fchwerlich durch einen folchen Angriff für beleidigt halten. Ich gehe alfo zu andern Anklagen fort, die meine Perfon näher angehen.

8) Sie werfen mir, wie fchon oben beyläufig erwähnt wurde, S. 82 »in mei-
»nem Hauptftudium häufige Donatfchni-
»tzer, unregelmäfsige *definitiones, di-*
»*vifiones,* Verwechfelungen der Begriffe
»und Trugfchlüffe« vor, und geben fich überall das Anfehen, als wenn Sie die
»Inftrumentalphilofophie,« (wie Sie die Logik durch den griechifchen Namen οργανον, den die unwiffenden Scholaftiker den logifchen Schriften des Ariftoteles gaben, verführt nennen), »aus dem
»Fun-

»Fundamente verſtünden, und die *pra-*
»*xin logicam* in den Schulen der *geo-*
»*metrarum*« recht fleiſsig getrieben hätten. Sie reden daher immer, von der *maiori, minori* und *concluſione*, von den verſchiedenen *terminis* in einem *ſyllogiſmo*, und ſuchen mich überall zu belehren, daſs ich entweder *in materia* oder *in forma* gefehlt, inſonderheit aber viele *fallacias elenchi* und vierfüſsige *ſyllogiſmos* gemacht habe.

Da nun dieſe Behauptungen gröſstentheils den Inhalt meiner Briefe ſelbſt und die darin aufgeſtellten Grundſätze betreffen, ſo kann ich mich nach meiner obigen Erklärung hier nicht auf deren Widerlegung einlaſſen, ſondern ich will Ihnen einmal zugeben, daſs ich würklich dergleichen gemacht habe. Wiſſen Sie denn aber nicht, daſs man die logiſchen Regeln recht gut inne haben, und dennoch in ihrer Anwendung fehlen kann, weil dieſe Anwendung von der freyen Thätigkeit der Urtheilskraft ab-

abhängt? Bey wem es also mit dieser *secunda Petri* nicht gut bestellt ist, dem hilft alle Kenntniſs der logischen Regeln nichts. Wie es nun damit bey mir steht, mögen Andere beurtheilen; Sie suchen die Quelle jener Fehler vorzüglich in meinem Herzen, und meynen, ich habe sie alle *absichtlich* begangen. Hierüber werde ich mich weiter unten erklären. Ietzt will ich Ihnen nur aus Ihren eigenen Äuſserungen zeigen, daſs Sie, so sehr Sie sich auch das Ansehen geben, ein recht gründlicher theoretischer und praktischer Logiker zu seyn, dennoch bloſs die äuſsere Kunstsprache der Logik, und auch diese nicht einmal recht gefaſst haben, von dem wahren Begriffe, Zwecke und Gebrauche der Logik aber ganz und gar nichts verstehen.

Zuvörderst ist es offenbar unrichtig, jemanden, der einen in Rücksicht der Materie falschen Schluſs macht, auf die Logik zu verweisen. Wiſsen Sie denn nicht, daſs die Logik von allem Inhalte

der

der Erkenntniſs abſtrahirt, und bloſs die analytiſche Form derſelben betrachtet? Die Logik ſagt freylich, ein Vernunft-ſchluſs müſſe, wenigſtens in der erſten Figur, einen allgemeinen Oberſatz und einen bejahenden Unterſatz haben. Ob aber der Oberſatz allgemeingültig ſey, und im Unterſatze mit Recht etwas ge-ſetzt werde, darüber kann die Logik ganz und gar keine Belehrung geben. Wir wollen annehmen, es machte jemand folgenden Schluſs:

   Alle Narren tragen eine Kappe,
   Cajus iſt ein Narr,
    Alſo trägt er eine Kappe.

Hier iſt offenbar, daſs die Logik uns nicht belehren kann, weder ob alle Narren Kappen tragen, noch ob Cajus ein Narr ſey. Daſs der Oberſatz nicht allgemein gültig ſey, kann bloſs eine Indukzion aus der Erfahrung lehren, weil es be-kanntlich auch Narren gibt, welche *in pontificalibus* herumlaufen; und ob im Unterſatze richtig ſubſumirt werde, kann bloſs aus den Handlungen des Cajus,
                       z. B.

z. B. aus einer Schrift deſſelben, erwieſen
werden. Ferner iſt es Vorſchrift der Logik, daſs ein gültiger Vernunftſchluſs nur
drey Hauptbegriffe haben dürfe. Geſetzt
nun, es wollte jemand Ihnen, wie Sie
dieſes oft bey andern thun, vermittelſt
der Dialektik ein böſes Herz andisputi-
ren, und bediente ſich des folgenden
Trugſchluſſes:

Ein Geiſtlicher iſt ein ſchwarzer Mann,
Alethophilus iſt ein Geiſtlicher,

Alſo iſt er ein ſchwarzer Mann.

Hic niger eſt, hunc tu, Chriſtjane, caueto.
Mit Recht würden Sie exzipiren, daſs der
Schluſs ein *animal quadrupes* ſey, weil
das Prädikat *ſchwarz* hier in einer doppelten Bedeutung genommen werde,
nehmlich einmal in Rückſicht der äuſsern
Hülle (des Schafspelzes), welche Sie in
Ihren Amtsverrichtungen zu tragen pflegen; das anderemal aber in Rückſicht der
innern Geſinnung (des Wolfes). Über
dieſe Zweydeutigkeit nun kann Sie die
Logik ſelbſt weiter nicht belehren, ſondern der Sprachgebrauch und Ihre Beur-
thei-

theilungskraft. Es kömmt alſo lediglich darauf an, ob Sie meine in den Briefen aufgeſtellten Ober- und Unterſätze mit Recht für falſch ausgeben, und ob Sie mit Recht da vier Hauptbegriffe annehmen, wo Sie ſelbige zu finden meynen. Hier lieſſe ſich nun oft mit leichter Mühe das Gegentheil zeigen, wie S. 82, wo Sie die Ausdrücke *Vorurtheile wegräumen,* und *Religion vervollkommnen* für ganz verſchieden ausgeben, da doch jenes offenbar zur Religionsvervollkommnung als negative Bedingung gehört. Aber ich kann und darf nicht mit Ihnen hierüber rechten. Ich fahre alſo fort, Ihnen noch einige andere Beweiſe Ihrer völligen Unkunde der Logik vorzulegen, damit Sie doch ein wenig zur Selbſterkenntniſs kommen, und ein andermal ſchonender über fremde Fehler urtheilen, bedenkend, daſs Tadeln keine Kunſt ſey, wohl aber Beſſermachen.

Erſtlich verſtehn Sie ſelbſt die Kunſtſprache der Logik nicht einmal richtig.

So

So schreiben Sie S. 71 *der Maior, der Minor,* und wissen also nicht, dass *propositio* zu suppliren ist, man also die Worte *maior* und *minor,* wenn von Vernunftschlüssen die Rede ist, nicht im männlichen Geschlechte brauchen dürfe; oder wussten Sie es, und machten also einen recht eigentlichen, aber auch recht gräulichen Donatschnitzer? Eben so nennen Sie S. 82 das Prädikat *Vorurtheile wegräumen,* welches ich nach dem obigen gegen die logischen Regeln mit dem Prädikate *Religion vervollkommnen* verwechselt haben soll, *terminos* in der mehrern Zahl, und glauben also, der Ausdruck *termini* bedeute, wenn von einem Vernunftschlusse die Rede ist, die *Worte* desselben, da er doch bloss die darinn vorkommenden *Hauptbegriffe* anzeigt. *Ohe, vir reuerende, si tacuisses, bonus logicus mansisses!*

Zweytens sagen Sie S. 35, ein Hauptmangel meines Buches bestehe darin, dass ich keine Erklärung von der *Vollkommen-*

kommenheit gegeben, da doch der Hauptbegriff, *Perfektibilität,* dieſes nothwendig erfordere. Nun iſt es wahr, ich habe von jenem Worte keine ausdrückliche Erklärung gegeben, weil ich in jener Schrift die Begriffe nicht bis in ihre letzten Elemente zergliedern wollte; hätte ich nun gleichwohl eine ſolche Erklärung gegeben, ſo konnten Sie immer wieder das eine oder das andere Merkmal in der Erklärung aufhaſchen, und von neuem eine Erklärung davon fordern, und ſo immerfort. Indeſſen iſt gleich zu Anfange des dritten Briefes, wo eigentlich die Unterſuchung anhebt, nach der Regel des Cicero: *Omnis disputatio a definitione debet proficiſci,* das Wort Perfektibilität deutlich und beſtimmt erklärt, und dieſe Erklärung noch dazu mit ausgezeichneten Lettern gedruckt, ſo daſs jeder, der zwey geſunde Augen hat, die Definizion gleich erkennt, und wenn er deutſch verſteht, auch einſieht, was ich darunter verſtanden wiſſen will. Doch dieſs gehört nicht zur Sache.

Sie

Sie wollen es besser machen, und sagen: »Ich will dieselbe so kurz als möglich er-»klären, damit Sie ganz überführt wer-»den von dem überaus grossen Unter-»schiede unter einer Widerlegung und »Bezweiflung. Ie weniger man richtige »Begriffe besitzt von einer Sache, desto »mehr Zweifel und Einwendungen hegt »man. Daher geschieht es nothwen-»dig, dass alle *Dialectici,* welche die »christliche Religion nicht kennen, voll »seyn müssen von Zweifeln gegen die-»selbe. Denn da sie die Mängel und »Verwirrung ihrer Begriffe nicht sehen »können, so schreiben sie solche der Re-»ligion zu. Haben sie nun zugleich viel »Muth und Ehrbegierde: so entstehen »solche Schriften, wie die Perfektibili-»tät.« Nun fahren Sie, ohne dass ein einziges Wörtchen noch hinzugesetzt wird, fort: »Aus dieser *Sacherklärung* »der Perfektibilität folgt u. s. w.« Aber, mein Gott, wo stehet denn diese Sacherklärung? Kein Mensch in der Welt wird hier eine Sacherklärung von der Perfektibilität

tibilität nur ahnden, geschweige denn finden. Man sieht, Ihr Lehrer sagte einmal etwas von einem Unterschiede, zwischen Nominal- und Realdefinizionen. Dieses fiel Ihnen eben, als Sie von Erklärungen redeten, ein, und wollten es daher gern anbringen, um den Lesern zu sagen: *anch' io son pittore.* Allein Sie haben unglücklicher Weise bloſs lauten (den Schall der Worte) gehört, aber die Glocken — lieber Freund — die Glocken hingeh leider so hoch, daſs Ihr Bischen Sehkraft nicht ausreichte.

Drittens behaupten Sie S. 44, »alle » menschliche Erkenntniſs habe diese Be- »schaffenheit, daſs man gegen die unläug- »barsten Wahrheiten Zweifel, selbst un- »auflösliche Zweifel machen könne.« Nun sind die unläugbarsten Wahrheiten unstreitig diejenigen, welche sich mit völliger Evidenz demonstriren lassen, so daſs dem Gemüthe die Überzeugung abgenöthigt wird, wie dieſs der Fall ist bey dem Satze, daſs ein Vernunftschluſs nur drey

E Haupt-

Hauptbegriffe und Hauptsätze haben können, oder daſs alle drey Winkel eines Triangels zwey rechten Winkeln, oder durch das Maaſs beſtimmt, 180 Graden eines Zirkelbogens gleich ſeyen. Sie meynen alſo, gegen ſolche mit Evidenz eingeſehene Wahrheiten ließen ſich gleichwohl unauflösliche Zweifel machen. Wie dieſes mit dem Kapitel der Logik, welches von den verſchiedenen Graden und Arten der Überzeugung handelt, beſtehen könne, wünſchte ich wohl von Ihnen zu hören. Doch vermuthlich fehlt dieſes Kapitel in Ihrer Logik ganz. Denn Sie ſcheinen von dem, was zur Überzeugung erforderlich iſt, zufolge der handgreiflichen Operazionen, wodurch Sie Überzeugung bey andern bewürken wollen, und zufolge der veſten Stützen, worauf Ihre eigne Überzeugung beruht, gar keinen Begriff zu haben.

Viertens werden Sie ſich wohl noch aus Ihren frühern Iahren erinnern, daſs Sie Ihr Lehrer vor *Zirkelbeweiſen* gewarnt hat.

hat. Sehen Sie, lieber Freund, das sind solche *argumenta*, wo in den *praemissis* nicht mehr und nicht weniger enthalten ist, als in der *conclusione*, nur mit andern Worten. Ein solcher *orbis in demonstrando* findet sich nun S. 74 Ihrer Zuschrift. Da sagen Sie: »Paulus spricht; »alle Schrift ist von Gott eingegeben; »die Naturalisten gestehen, daſs sie die »Religion für völlig untadelhaft und »höchst vollkommen halten würden, »wenn sie auf Gottes Offenbarung ge- »gründet. Da nun die heilige Schrift »von Gott eingegeben ist, so ist sie ja »eine göttliche Offenbarung.« Sie argumentiren also, um das Geoffenbartseyn der biblischen Lehren zu erweisen, folgendermaaſsen:

Was von Gott eingegeben ist, das ist geoffenbart,
Die Lehren der heiligen Schrift sind von Gott eingegeben,
Also sind sie geoffenbart.

Was Sie nicht für logische Künste können! Ein Andrer hätte schlechtweg gesagt;

fagt: *Paulus* felbſt bezeugt es durch feinen Ausspruch, was ich behaupte; und würde dann weiter die Gültigkeit dieſes Zeugniſſes dargethan haben. Aber Sie wollen es demonſtriren; und wie machen Sie das? Ungefähr ſo, als wenn Sie zu dem Publikum ſagten: Ich N. N. bin der Alethophilus, der gegen den Naturaliſten A. geſchrieben hat; alſo — liebe ich N. N. die Wahrheit.

Fünftens endlich ſind wohl auch Widerſprüche ein Verſtoſs gegen die Regeln der Logik, da ja bekanntlich das *principium contradictionis* der oberſte Grundſatz dieſer Wiſſenſchaft iſt. Sie begehen aber auſserdem, daſs Sie zu Anfange Ihrer Zuſchrift verſichern, mich aus lauter Liebe nicht richten zu wollen, und doch am Ende mich ſehr liebreich in die Hölle verſtoſsen, inſonderheit S. 25 zwey ſo offenbare Widerſprüche hintereinander, daſs man kaum ſeinen eignen Augen traut. Sie meynen, die ganze Sache, von der meine Briefe handelten, ſey

darum

darum eine Schimäre, weil es in keiner Sprache ein Wort gebe, welches die *Perfektibilität* bedeute; und doch führen Sie *eo ipso* ein solches aus der lateinischen Sprache an. Sodann sagen Sie von der deutschen Sprache mit *Leibnitz: ignorat inepta;* und doch ist Ihr ganzes Buch in dieser Sprache geschrieben, ein Buch, welches den guten Leibnitz, wenn er etwas davon geahndet hätte, augenblicklich würde bewogen haben, seinen Ausspruch zurückzunehmen.

Sehen Sie, mein Herr, das war auch eine kleine »Lekzion«, die ich Ihnen über die Logik gehalten habe. Sie werden mir hoffentlich eben so dafür danken, als ich Ihnen für die Ihrige danke; indessen war die eine Liebe wohl der andern werth, und in vieler Hinsicht bleibe ich noch immer Ihr Schuldner.

9) Einer der allersonderbarsten Vorwürfe, die Sie mir weiter machen, ist derjenige, welchen Sie von meinem Alter hernehmen. »Wie läſst sichs denken« — rufen

rufen Sie S. 113 aus — »daſs jetzt die
»Jünglinge in ein paar Jahren gelehrter
»werden, als jene.« — unſre Altväter
nehmlich — »in 50 Jahren, und nicht
»bloſs jene Greiſe überſehen, ſondern
»Gott und Jeſum, die Weisheit ſelbſt!«
Und nun fahren Sie fort, die Anwendung auf mich zu machen.

Ich würde Ihnen hierauf gar nichts
antworten, wenn es nicht ſelbſt auf manchen literariſchen Richterſtühlen jetzt zur
Mode zu werden ſchiene, ſeinen Gegner
auf dieſe Art zu bekämpfen. Alſo nur
ein paar Worte. Ich geſtehe Ihnen zuvörderſt, daſs ich alle Achtung gegen
das Alter hege, und in Sachen, wo das
Alter uns berathen kann, gern auf den
Rath und die Meynung eines Greiſes höre. Das Alter hat mehr Erfahrungen in
der Welt gemacht, hat ſeine Kräfte länger geübt. Welcher Jüngling wollte ſo
thöricht ſeyn, und dieſe gröſsere Reife
und Stärke des Geiſtes nicht in ſeinen
Nutzen verwenden! Mit Recht ſagt daher

her *Cicero: Senectus auctoritatem habet.* Aber Jedermann weiſs auch, daſs
Jahre allein niemanden klug machen,
und daſs das Alter auch ſeine Schwächen hat. Unter dieſen iſt vielleicht keine gröſser, als dieſe, daſs es ſich auf ſein
Alter ſo viel zu Gute thut, und die Jugend oft bloſs darum tadelt und verachtet, weil ſie Jugend iſt. Kann etwas al-
berner ſeyn? Und kann inſonderheit
bey gelehrten Fehden, wo oft von Ge-
genſtänden die Rede iſt, über welche
die Erfahrung gar nichts entſcheiden
kann, wohl irgend ein faderes Argument
erdacht werden, als dasjenige, welches
vom Unterſchiede der Jahre entlehnt iſt?
Heiſst es nicht von manchem Alten nach
dem *Plautus: Hic ille eſt, ſenecta
aetate qui factus eſt puer?* Und ſind
nicht oft die Greiſe die Hartnäckigſten
in Vertheidigung ihrer verjährten Meynungen, wenn auch noch ſo triftige
Gründe für das Gegentheil angeführt
werden? Vermuthlich geſchah es in Hinſicht auf dieſe letztern Umſtände, daſs
ein

ein Gönner — wiewohl keiner von denen, die mich nach Ihrer Behauptung mit *eifernen* Ketten der Finſternifs gefeſſelt haben, ſondern ein Gönner, der mich durch die angenehme und lehrreiche Unterhaltung, die ich in dem ſtillen Kreiſe ſeiner guten Familie finde, mit *Roſen*-Ketten der Achtung und Freundſchaft gebunden hält — dafs, ſage ich, dieſer Gönner, dem ich Ihre Zuſchrift kommunizirt hatte, den Namen *Alethophilus*, den Sie ſich ſelbſt ſo eigenmächtig geben, ſehr glücklich parodirte und auf den Titel ſtatt jenes Appellatives die Worte ſchrieb: »*Alter Toffel*«; worüber Sie ihn vermuthlich ſogleich unter die Sekte der Anabaptiſten verſetzen werden. Wenn nun aber einmal von den Jahren die Rede ſeyn, und nach denſelben beurtheilt werden ſoll, ob jemand ein Recht habe, in der gelehrten Republik über allerhand Gegenſtände, und beſonders über moraliſch-religiöſe, zu ſprechen, und ob er hierin etwas Bedeutendes leiſten werde: ſo möchte ich mich

zwar

zwar freylich wohl hierin nicht mit Ihnen meſſen können. Indeſſen bin ich doch jetzt, da ich eben heute in mein 27ſtes Jahr trete, demjenigen Jahre ziemlich nahe, wo man, bey den Juden wenigſtens, öffentlich zu lehren anfangen durfte. Nun geſtehen Sie mir ſelbſt S. 72 und 82 zu wiederholten Malen »Fähigkeiten« und groſsen Fleiſs« zu — ein Kompliment, wofür ich Ihnen, als meinem Gegner, ſehr verbindlich ſeyn müſste, wenn nicht das bekannte *laudari a laudatis viris* mich erinnerte, daſs ich auf jenes Lob eben nicht Urſache habe, ſtolz zu ſeyn. Wenn nun aber jemand, der von der Natur nicht ganz vernachläſſigt iſt, 14 Jahre hindurch — denn ſo lange iſt es nun her, daſs ich die von Ihnen ſelbſt gerühmte Churſächſiſche Landſchule zu Pforta beſuchte — ſeine Kräfte geübt, und einigen Fleiſs in Erlernung der Wiſſenſchaften angewendet hat: ſo ſollte ich doch wohl glauben, daſs er ein Recht habe, auch von ältern Perſonen, als er ſelbſt iſt, zu verlangen, daſs ſie ihn anhören

hören und ordentlich nach Gründen prüfen. Und vielleicht läge auch überall nichts Widerſinniges oder Anmaaſsendes in der Behauptung, daſs er, wenn er dasjenige, was Andre vor ihm in 5o und mehrern Jahren zu Tage gefördert haben, gewiſſenhaft benutzte, und ſo auf die Schultern von jenen trat, etwas weiter, als dieſe Männer, geſehen habe. Die Bemerkung aber, daſs jetzt die Jünglinge auch » Gott und Jeſum, die Weisheit » ſelbſt überſehen, « oder wie Sie ſich kurz vorher in Ihrer körnigten Sprache ausdrücken, »meiſtern« wollten, iſt ſo erbärmlich und ſo hämiſch zugleich, daſs ich darauf gar nichts zu erwiedern weiſs, ſondern vor aller der Liebe und Freundſchaft, womit Sie mich überhäufen, gänzlich verſtummen muſs.

10) Sie werfen mir ſehr häufig einen blinden Glauben an die Ausſprüche des Hrn. Kant und der Naturaliſten vor. So ſagen Sie S. 11, »ich glaubte Hrn. Kant » eben ſo veſt, als Sie dem Worte Gottes.«

S. 48,

S. 48, »mein Glaube an die naturalifti-
»fchen Schriften fey ganz blind.« S. 63,
»Hrn. Kants Anfehen fey es, was mich in
»den Jammer des Unglaubens geftürzt
»habe; diefem Manne traute ich zu, dafs
»er nicht irre, und deswegen folgte ich
»ihm ganz blind nach.« S. 75, »es fey
»fehr wahrfcheinlich, dafs ich Kants Re-
»ligion blofs darum der Bibel vorziehe,
»weil man dadurch des Nachdenkens
»überhoben werde. Meine Lehrer hät-
»ten gefagt, diefes Buch fey klaffifch;
»ein guter Kantianer dürfte es nicht ma-
»chen, wie die Chriften, welche darüber
»gedacht, und es ganz verworfen hät-
»ten.« S. 79 tadeln Sie an mir nur,
»dafs ich den Ungläubigen alles nach-
»fchreibe.« S. 100 endlich meynen Sie,
»Hr. Kant habe das Kirchengehn verbo-
»ten, und gefagt, die Kirche fey der
»breite Weg. So bald Hr. Kant diefes
»gefagt, fey meine Vernunft gezwungen,
»dafs ich nicht anders darüber denken
»könne.«

Wie

Wie ungegründet diefes Vorgeben fey, erhellet fchon aus dem Bisherigen, und felbft aus meinen Briefen. Der ganze 12te Brief ift dazu beftimmt, eine durch die ganze Kantifche philofophifche Religionslehre verwebte Maxime, nehmlich die Schrift moralifch zu erklären, zu prüfen, und aus diefer Prüfung geht das Refultat hervor, dafs fie zu dem vorgefetzten Zwecke untauglich fey. Auch habe ich hin und wieder in andern kleinen Schriften, welche nach den Briefen von mir herausgegeben worden find, und die Ihnen gewifs nicht unbekannt waren, fattfam gezeigt, dafs ich meine Vernunft nicht unter den Glauben an Kantifche Ausfprüche gefangen gebe, fondern in demjenigen, was mir nicht einleuchten will, von feinen Meynungen ohne Bedenken abgehe. Auch habe ich in den Briefen mich häufig genug gegen die Naturaliften erklärt, und ihre Meynungen nach vorgängiger Prüfung verworfen. Vermuthlich find Sie aber nur darüber böfe, dafs ich nicht, wie Sie, auf jene Män-

Männer weidlich geschimpft habe, daſs ich ihnen Gerechtigkeit wiederfahren laſſe, und inſonderheit gegen Hrn. Kant überall die ſchuldige Achtung beweiſe. Sie wollen es freylich beſſer wiſſen, warum ich der kritiſchen Philoſophie huldige, und freymüthig meine Gedanken über die Religion zu erkennen gebe. »Kein Student« — ſagen Sie S. 63 — »will andre, als Kantiſche Philoſophie »hören, und durch den Unglauben er- »hält man Gönner,« und S. 77, »wer »aufhören wollte ſich einen Kantianer »zu nennen, würde ſeinen *applauſum* »verlieren, und für wenig aufgeklärt ge- »halten werden.« — Wieferne der Unglaube, deſſen Sie mich beſchuldigen, mir Gönner erweckt habe oder nicht, mögen Sie wohl am beſten wiſſen; ich kenne Niemanden, der mir *um deswillen* ſeine Gunſt geſchenkt hätte. Was aber den Vortrag der Philoſophie betrifft, ſo überlaſſe ich es der Beurtheilung derer, die mich mit ihrem Beyfalle beehren, warum ſie dieſes thun. Die
Philo-

Philosophie, welche ich ihnen vortrage, führt den Titel einer *systematischen Darstellung der vornehmsten Resultate der bisherigen von der philosophirenden Vernunft angestellten Untersuchungen.* Ich trage ihnen also weder das Leibnitz-Wolfische, noch das Kantische, noch ein eignes einzig mögliches und gültiges System der Philosophie vor, indem ich es für die erste Pflicht eines akademischen Lehrers der Philosophie halte, seinen Zuhörern Anleitung zum eignen Philosophiren zu geben, und sie daher mit Allem, mithin auch mit dem *Neuesten* bekannt zu machen, was die philosophirende Vernunft über die wichtigsten Angelegenheiten der Menschen, über die höchsten und letzten Gründe des menschlichen Wissens und Glaubens, Thuns und Lassens herausgebracht hat. Gönnen Sie mir also immer den Beyfall, den mir bisher ein nicht unbeträchtlicher Theil unsrer studirenden Jugend schenkte. Sie verlieren ja dabey nichts, haben auch nicht dafür zu stehen, *ne quid respublica detrimenti capiat.*

Thun

Thun Sie nur Ihre Pflicht und Schuldigkeit in Ihrem Amte, so wie ich mich in dem kleinen Würkungskreise, den mir die Fürsehung angewiesen hat, zu thun bestrebe; für das Übrige lassen Sie diese Fürsehung sorgen. Sie wird am besten wissen, was und wie viel von unsern geringen Bemühungen in ihren grofsen Plan taugt. — Doch Sie gehen in Ihren Angriffen und Beschuldigungen immer weiter. Sie schimpfen und schmähen auch

11) auf die ganze *Philosophie* und die Mutter derselben, die *Vernunft,* vorzüglich aber auf die *neueste Philosophie* und deren *Urheber.* . Diefs sind nun freylich Klagen, die man schon längst von Ihrer Partey zu hören gewohnt ist. Indessen mufs ich doch auch hierauf einiges erwiedern, da Sie immer meine Person mit einflechten, und bey Ihren Anklagen, so allgemein sie sind, doch immer besondere Rücksicht auf den Fall nehmen, der Sie zum Schreiben veranlafste. Zuerst geben Sie S. 31 und 32 in der Note von der

Ver-

Vernunft eine Erklärung, die in der That nach Ihrer eigenthümlichen Art zu definiren, wovon wir bereits oben ein fchönes Pröbchen gefehen haben, ganz originell ift. »Vernunft« — fagen Sie — »erkläre ich »hier nach dem neuen« — d. h. von Ihnen einzuführenden— »Sprachgebrauche »von ftolzen Menfchen, welche ihre Irr- »thümer Vernunft, ja reine Vernunft nen- »nen.« S. 37. »Der Philofoph hat nichts »vor fich, als den bey allen Menfchen »höchft beliebten Namen Vernunft, wo- »mit er feine unvernünftigen Meynungen »verkauft, und die verderbte Natur der »Menfchen.« S. 39: »Alles Gute, was »fie« — vermuthlich die Welt oder die Menfchen — »in allen 4 Welttheilen ge- »habt, ift zerftört worden durch die neuen »Philofophen.« Ebendafelbft rathen Sie mir, »alle Werke der reinen Vernunft, »alle Schriften der Weltweifen von allen »Zeiten und Gegenden zufammenzuneh- »men. Das Ganze« — fahren Sie fort— »ift fo widerfprechend und albern, daß »man die unglaubliche Schwäche der

»menfch-

»menſchlichen Vernunft nicht läugnen
»kann. Aber die allerneueſte Philoſo-
»phie? iſt um nichts beſſer.« S. 40 lieſt
man folgende erbauliche Tirade: »Die
»Philoſophen ſprechen von der Glückſe-
»ligkeit, von Liebe und wahrer Tugend
»größtentheils, wie der Blinde von der
»Farbe. Weil ſie ſelbſt noch weit ent-
»fernt ſind von dem Genuſſe chriſtlicher
»Glückſeligkeit, weil noch kein Tropfen
»der Liebe Gottes in ihr Herz gekom-
»men, weil ſie von der Liebe, welche al-
»lein vermögend iſt, Gottes Gebote zu
»halten, nur den Schall der Worte ken-
»nen, ſo lehren ſie auch eine ſehr jäm-
»merliche Religion, durch welche man
»hier nicht glücklich wird, und dort mit
Zuverläſſigkeit nichts zu erwarten hat,
weil alle Beweiſe für künftige Vergeltung
nur ein Vorgeben ſind, welches der Philoſoph ſelbſt nicht für wahr halten kann.
Ihrer Tugend ſind alle Nerven zerſchnit-
ten, weil Liebe nicht kann nach ihrer
Meynung geboten werden. Kurz, die
philoſophiſche Religion kann der Seele
»nur

»nur Zweifel, Unruhe und gerechte Furcht
»geben, und fie mit Spekuliren und Po-
»ftuliren befchäftigen. Wahre Seelenru-
»he, heilige Freuden, kräftigen Troft
»im Unglück und Noth, Luft und Ver-
»mögen zum Guten, Liebe zu Gott und
»Menfchen, und die feelige Hoffnung
»einer über alle Maafsen wichtigen See-
»ligkeit, kennt die Philofophie nicht.«
Nach S. 42 »führt uns die neue Philo-
»fophie von den wahren Quellen der Re-
»ligion ab in die Finfternifs der poftu-
»lirenden und gefetzgebenden Vernunft.«
Nach S. 47 »haben die Erzphilofophen
»gar keine Religion«, und S. 49 machen
Sie die hiftorifche Bemerkung, dafs »*Ca-*
»*to* der Philofophie den Sittenverfall un-
»ter den Römern nicht ohne Grund zu-
»gefchrieben habe.« Nach S. 61 hat
zwar »Hr. Kant durch feine Kritiken und
»Spekulazionen — neue Überzeugung
»von Pflicht verfchafft, aber durch Zer-
»ftörung der allein kräftigen Bewegungs-
»gründe, welche das Evangelium allein
»gibt, ift unfäglich Böfes ausgefäet, fon-
»der-

»derlich durch seine philosophische Reli-
»gion.« Nach S. 63 will »Hr. Kant un-
»leugbar das Christenthum stürzen, und
»nur auf einige Zeit den Namen dessel-
»ben beybehalten.« S. 72 heifst es: »die
»menschliche Vernunft ist immer auf die
»Moral gefallen, und dadurch weder mo-
»ralisch noch seelig geworden.« Diefs
wollen Sie mit einer Stelle aus *Nepotis
fragmentis* beweisen, und setzen dann
hinzu: »Was ist Hrn. Kants Weisheit
»anderes oder besseres? Er kann nichts
»als Gesetz und Moral predigen und mit
»Bewegungsursachen einschärfen. Diese
»letztern bleiben ewig ohne Kraft. Er
»und seine Schüler können schlechter-
»dings die Gesetze, welche sie sich und
»Gott stolz gegeben, doch nicht halten.
»Wie wollen sie also durchs Gesetz see-
»lig werden!« S. 101 schreiben Sie Hrn.
Demarées folgendes nach: »Hr. Kant
»stehet in der Einbildung, dafs nicht
»Christus, sondern er, den Grund zum
»Reiche Gottes gelegt, welches aber noch
»fern sey, und im allmähligen Übergange
»des

»'des Kirchenglaubens zur Vernunftreli-
»gion zu uns komme.« S. 108 endlich
finden Sie die Quelle eines *falſi*, das ich
begangen haben ſoll, wovon ich Ihnen
aber in der Folge *ad oculos* demonſtriren
werde, daſs die Quelle deſſelben bloſs Ihre eigne Unwiſſenheit iſt, »in dem Un-
»glauben und der Kantiſchen Moraltheo-
»logie.« — Ich könnte noch weit mehr
Stellen aus Ihrem Buche als Belege anführen, wie Sie von der Philoſophie und
allem, was damit zuſammenhängt, denken. Indeſſen glaube ich, werden Sie und
alle Leſer zur Gnüge daran haben; ja ich
fürchte, daſs die letztern ſchon ein Eckel
angewandelt hat über das abgedroſchene,
eintönige Lied, das Sie hier intoniren.
Weil aber nicht alle ſich die Mühe nehmen möchten, Ihr Buch zur Hand zu nehmen und ſo, wie ich *ex officio* thun muſs,
durchzuſtudiren: ſo muſste ich hier, ſo
wie es auch anderwärts geſchehen iſt,
zuerſt Ihre eignen Worte anführen, damit weder Sie noch Andre ſagen können, ich hätte Ihnen Unrecht gethan.

            Nun

Nun fiehet wohl jeder leicht ein, daſs Sie hier allerley unter einander miſchen, und daſs, um Ihre Anklage gehörig zu beurtheilen, es nöthig iſt, die Hauptmomente derſelben einzeln und in einer beſtimmten Ordnung durchzugehen.

Was alſo zuerſt Ihre Schmähung der Vernunft ſelbſt betrifft, ſo antworte ich hierauf gar nichts, da ſchon längſt auf ſolche Anklagen zur Gnüge geantwortet iſt. Sie ſprechen oft von Undank gegen Gott und von Gottesläſterung. Ich kenne aber keine gröſsere Undankbarkeit und Läſterung gegen das höchſte Weſen, als, wenn man das herrlichſte Geſchenk derſelben, die Vernunft, ſo ſchnöde mit Füſsen tritt. Was iſt es denn anders, als die Vernunft, mit der Sie meine Beweiſe zu prüfen, und meine Trugſchlüſſe zu enthüllen ſuchen? Was iſt es anders, als Ihre Vernunft, womit Sie in der Schrift zu forſchen vorgeben, und die Reden entwerfen, mit denen Sie Ihre Gemeinde ſonntäglich zu erbauen ſuchen? Was anders,

ders, als Ihre Vernunft, beforgt die Angelegenheiten und Geschäfte Ihres Amtes und selbst des täglichen Lebens? Und dieses große Geschenk der Gottheit, ohne welches Sie gar nicht Mensch, sondern bloßes Thier seyn würden, können Sie um eines zufälligen Mißbrauchs willen, der hie und da und dann und wann damit in Sachen der Religion getrieben worden ist, so tief herabwürdigen!

Doch, Sie werden vielleicht sagen, diese Vernunft mag ich sehr wohl leiden; denn Sie ist die *gemeine* Vernunft, der gesunde Menschenverstand; aber die *philosophirende* Vernunft ist mir ein Dorn im Auge. — Wissen Sie denn aber auch, was das sagen will, *philosophirende Vernunft?* Ich will es Ihnen mit kurzen, aber, wie ich glaube, hinreichenden Worten erklären. Die Vernunft heißt *philosophirend,* wieferne sie die unbestimmten Überzeugungen der gemeinen Vernunft oder des gesunden Menschenverstandes und die dunkeln Gefühle des menschlichen

lichen Herzens auf ihre höchsten und letzten erkennbaren, oder wenigstens denkbaren Gründe zurückzuführen, und dadurch einerseits jene zur deutlichen Einsicht zu erheben und diesen eine veste Richtung zu geben, andrerseits aber auch beyde vor den Angriffen der Zweifelsucht und den Verderbnissen des Aberglaubens zu schützen sucht. Können Sie wohl vernünftiger Weise gegen eine Vernunft, die nach einem solchen Ziele strebt, etwas einzuwenden haben?

Nein, werden Sie sagen; aber, wenn nur dieses Bestreben nicht so häufig mislungen wäre, wenn nur die philosophirende Vernunft nicht so viel Unheil in der Welt angerichtet hätte, wenn sie nur in ihren einzelnen Repräsentanten einiger mit sich selbst wäre!

Zuvörderst frage ich Sie, ob es denn nicht durchgängig das Schicksal der menschlichen Geistesentwickelung in allen Zweigen der menschlichen Erkenntnifs und Fertigkeit gewesen ist, dafs lange ge Zeit bloſs Verſuche gemacht wurden, die bald glücklicher, bald unglücklicher abliefen? War das Letztere bey den Verſuchen der philoſophirenden Vernunft groſsentheils und mehr als anderwärts der Fall, ſo iſt dieſs bloſs ein Beweis, daſs das Ziel, welches man hier zu erringen ſuchte, ein weit hinausgeſtecktes, ſchwer zu erreichendes Ziel ſey. Es folgt aber auch daraus, daſs jeder noch ſo kleine Beytrag zur Erreichung dieſes Ziels mit Dank erkannt und aufgenommen werden muſs.

An dem Unheile, das Sie ferner der Philoſophie aufbürden, hat dieſelbe wahrhaftig die kleinſte, kleinſte Schuld. Überlegen Sie nur folgende zwey Umſtände: Es iſt für die Philoſophie und ihre wahren Verehrer unſtreitig das gröſste Unglück, daſs jedes Räſonnement, jede Spekulazion, jede Träumerey, wobey der menſchliche Geiſt ſeiner eignen oft ganz willkührlichen und regelloſen Richtung folgt, mit dem Namen eines *Philoſo-*

losophemes beehrt wird. Von jedem also, der über religiöse und moralische Gegenstände räsonnirt oder deräsonnirt, sagt man, er *philosophire;* und nun muſs sich die Wiſſenſchaft ſelbſt alles, was irgend einem müſsigen Spekulanten oder Phantaſten durch den Kopf ging, aufbürden laſſen. Sodann wiſſen Sie ja wohl, was für unſägliches Unheil in der Chriſtenheit angeſtiftet worden iſt, wovon das Chriſtenthum wenigſtens die veranlaſſende Urſache war. Die Kreuzzüge, die Inquiſizion, die Ketzerverbrennungen, die Ablaſskrämerey — alles dieſes hing auf die eine oder die andere Weiſe mit der geoffenbarten Religion zuſammen. Wie unbillig war es aber, wenn einige Naturaliſten und Religionsſpötter dem Chriſtenthume ſelbſt als der hervorbringenden Urſache alles dieſes zur Laſt legten. Gleichwohl machen Sie es gerade ſo mit der Philoſophie, einer Wiſſenſchaft, die weit entfernt, an jenen Misbräuchen und Unordnungen in der chriſtlichen Welt Theil oder Schuld zu haben, vielmehr zu ihrer Vertilgung viel, fehr viel beygetragen hat, wofür die ganze Chriftenheit der Philofophie nicht genug danken kann. Wollten Sie, mein Herr, nur diefe beyden Umftände recht bedenken und beherzigen, fo würden Sie und alle Feinde der Philofophie wohl etwas milder über diefe Wiffenfchaft urtheilen, und nicht jeden Freund derfelben für einen Feind des Evangeliums und des Kreuzes Chrifti halten, fo wie auch nicht umgekehrt jeder Feind jener Wiffenfchaft ein wahrer Freund des letztern ift. Dafs endlich die Philofophen fo wenig einig find, ift ja kein Vorwurf, der ihnen ausfchliefsend gemacht werden könnte. Denken Sie doch nur an die Streitigkeiten der Phyfiker und Mediziner in ältern und neuern Zeiten; an das phlogiftifche und antiphlogiftifche Syftem mit ihren Unter- und Zwifchenarten, an das Brownifche Syftem mit feinen totalen oder parzialen Vertheidigern und Widerfachern. Und haben fich nicht die Theologen felbft, *auch ohne Einmifchung*

der

der Philosophie in ihre Wissenschaft, lang und heftig genug geftritten? Streiten fie fich nicht noch über eine Menge von Dingen, mit denen die Philofophie gar nichts zu thun hat? Sind nicht Katholiken und Proteftanten in ganz pofitiven Lehren ihrer refpektiven Kirchen, worüber beyde Parteyen nur die Bibel als kompetenten Richter gelten laffen, bis auf den heutigen Tag uneinig, und werden fie es nicht vielleicht ewig bleiben? oder ift etwa auch daran die Philofophie Schuld; dafs die Proteftanten fich von der katholifchen Kirche trennten, und nun auch nicht wieder in den Schoofs derfelben zurückkehren wollen. Diefs geben wenigftens die Eiferer von jener Partey vor, fo wie Sie, mein Herr, den Unglauben in unfrer Kirche von der Philofophie ableiten, und S. 98 mit dürren Worten fagen, es fey beffer ein Katholik zu feyn, als den Grundfatz von der Perfektibilität anzunehmen. Indeffen fey von allen Freunden des Wahren und Guten der Philofophie ewiger Dank gebracht,

bracht, daſs ſie durch dasjenige, worüber alle ihre ächten Verehrer einig ſind, und wovor der blinde Glaube und der auf ihn gegründete geiſtliche Deſpotiſmus ſo ſehr zittert, uns errettet hat und noch errettet von den Ketten der Finſterniſs, des Aberglaubens und der Unſittlichkeit, womit jenes Ungeheuer ſo viele tauſend Chriſten gefangen hielt und zum Theil noch hält!

Doch die *neueſte* Philoſophie ſcheint es vorzüglich zu ſeyn, gegen welche Sie ſo ſehr von heiligem Eifer entbrannt ſind. Aber warum denn gerade dieſe? Etwa, weil Unglauben und Sittenverderbniſs *erſt* ſeit Kants Kritik der reinen Vernunft das Menſchengeſchlecht heimgeſucht haben? Sind denn aber nicht Atheiſmus und Naturaliſmus, Immoralität und Irreligioſität in der Welt geweſen, ehe man die Vernunft kritiſirt, und die Anmaaſsungen derſelben in ihre wahren Gränzen zurückzuführen, die mannigfaltigen Anlagen und Vermögen des Ge-

Gemüths in ihrer urſprünglichen Form zu betrachten geſucht hat? Warum wollen Sie denn der Kantiſchen Philoſophie als eigenthümlich aufbürden, was, wenn es je auf Rechnung der Philoſophie überhaupt geſetzt werden dürfte, allen Philoſophien gemeinſchaftlich zukäme? Oder misfällt Ihnen jene Philoſophie etwa *bloſs* darum, weil ſie die neueſte iſt? Aber wiſſen Sie denn nicht, daſs man es immer mit allen neuen philoſophiſchen Syſtemen eben ſo gemacht hat, wie Sie es mit dem Kantiſchen machen? Sie loben ſich S. 60 den *Leibnitz*, und ziehen ihn Hrn. *Kant* weit vor. Der Erſtere, meynen Sie, habe durch ſeine Theodizée manchen Zweifel gegen Gottes Regierung bekämpfen helfen, und ſeinen Schülern Liebe zu nützlichen Studien, als *Matheſis,* und *Naturkunde*, eingeflöſst. Ich kabe keinen ſolchen Maaſsſtab, als Sie, die Geiſtesfähigkeiten und Verdienſte beyder groſsen Männer zu würdigen, und genau zu beſtimmen, welcher der Gröſsere ſey. Ich ſchätze den baroniſirten Weltphiloſo- phen.

phen wie den schlichten Königsbergischen Professor, und glaube, daſs der Letztere, wenn er auch keinen Infinitesimalkalkul erfunden hat, dennoch kein schlechterer Naturforscher und Mathematiker, als der Erstere sey. Doch dieſs bey Seite gestellt, so frage ich Sie nur, ob Ihnen denn ganz unbekannt ist, daſs auch Leibnitz und der ihm folgende Wolf zu ihrer Zeit verketzert, Atheisten, Naturalisten, Ungläubige u. s. w. gescholten wurden; daſs insonderheit die Leibnitzische Theodizée vielen und harten Widerspruch fand, und daſs seine und seines Nachfolgers ganze Philosophie überhaupt als eine für Religion, gute Sitten und Staat höchst gefährliche Neuerung verschrien wurde. Und wollen Sie ein Urtheil über Leibnitz und das von ihm empfohlne Studium der Natur lesen, ein Urtheil, welches noch neuerlich von einem Manne, der sich auch sehr rechtgläubig zu seyn dünkt, gefällt worden ist: so lesen Sie des Hrn. Prof.'s *Jung* in Marburg unter dem Namen *Heinrich Stilling*
heraus-

herausgegebenes *Heimweh*, von welchem dickleibigen Buche bereits 3 Bände erschienen sind, und so Gott will, noch ein vierter das Licht der Welt erblicken wird. Da werden Sie unter den Feinden des Reiches Gottes auch eine gewisse Frau von *Traun* (Natur) aufgestellt finden, deren Hauptsitz *Bilenitz* (Leibnitz) seyn soll. Leibnitz war es also, der die Naturwissenschaft beförderte, um der Religion Abbruch zu thun, er war, nach Ihrer Art sich auszudrücken, der gefährlichste Feind des Evangeliums und des Kreuzes Christi. Was sagen Sie nun dazu? »Hr. Stilling urtheilt nicht richtig »von dem Hrn. von Leibnitz.« Aber ich sage, daſs Sie ebenfalls nicht richtig von Hrn. Kant und seiner Philosophie urtheilen; ja, welches noch schlimmer ist, daſs Sie urtheilen, ohne die letztere nur im Geringsten zu kennen. Denn ich bin vest überzeugt, und getraue mir allenfalls jede Wette darauf einzugehen, oder ein *juramentum de credulitate* abzulegen, daſs Sie sich nie die Mühe genommen

nommen haben, eine Schrift von Hrn. Kant in die Hände zu nehmen und aufmerkſam durchzuleſen. Nicht einmal bey ſeiner philoſophiſchen Religionslehre haben Sie dieſs gethan, auf welche doch Ihre Angriffe vorzüglich gerichtet ſind. Man darf nur flüchtig Ihre Schrift durchlaufen, um augenblicklich einzuſehen, daſs Sie alles, was Sie von und über Hrn. Kant ſagen, einzig und allein dem Hrn. Demarées nachſagen und nachſchreiben. Denn Sie haben deſſen gar kein Hehl, ſondern berufen ſich überall auf ihn, als auf Ihr Orakel, und zitiren Stellen aus Hrn. Demarées Büchern, wenn Sie etwas anführen wollen, was Hr. Kant geſagt haben ſoll, z. B. S. 101. Nun verdient Hr. Demarées inſoferne allerdings Achtung und Duldung ſelbſt von Seiten ſeiner Gegner, weil er aus eigner Anſicht ſpricht, und kein billig denkender Gegner ihm das Recht ſtreitig machen wird, ſein Urtheil über die Kantiſche Philoſophie dem Publikum unverhohlen und freymüthig vorzulegen. Sie aber, mein
guter

guter Herr, trauen dem Urtheile diefes Mannes ganz blind, fo wenig Sie auch das Anfehen einer blinden Anhänglichkeit an irgend eine Auktorität haben wollen. Daſs ſie aber in der That Hrn. Kant's philofophifche Grundfätze misverſtehen, und ſich blofs an einigen Terminologien derfelben ſtofsen, die Sie bey Hrn. Demarées gelefen haben, beweifen alle die Stellen Ihrer Zufchrift, wo Sie auf dergleichen Ausdrücke anfpielen und falfche Konfequenzen daraus ableiten, um die Freunde jener Philofophie bey Andern verhafst zu machen. Ich will nur als Beleg die einzige Stelle S. 42, (mit der man noch S. 54. 73. 100 und a. m. vergleichen kann), anführen, wo Sie von der »Finſternifs der poſtulirenden » und gefetzgebenden Vernunft« reden. Schon aus diefen paar Worten ſieht man klar ein, was ich vorhin behauptete. Eine geringe Bekanntfchaft mit den Grundfätzen der kritifchen Philofophie würde Sie belehrt haben, dafs es eigentlich heiſsen müſſe: Finſternifs der gefetzgeben-

G   den

den und postulirenden Vernunft, weil nach Hrn. Kant's Theorie die Postulate der Vernunft erst aus ihrer Gesetzgebung entspringen, und derselben folgen. Aber noch mehr; Sie fahren sogleich fort: »diese Lehren« — nehmlich, daſs die Vernunft Gesetze gibt und postulirt — »kann keine Vernunft billigen, weil ja
»offenbar ist, daſs der Atheist selbst kei-
»ne Gottheit postuliren wird, und lacht,
»wenn andere postuliren; weil sie ihm
»das, was dunkel ist, durch noch gröſse-
»re Dunkelheit helle und klar machen
»wollen. So kann auch keines Men-
»schen Vernunft mehr, als Gottes Ge-
»setze einsehen; aber Gesetze geben kann
»nur Gott; wir können weder uns, noch
»ihm, Gesetze vorschreiben, weil wir die
»Vernunft von Gott erhalten mit ihrer
»Einschränkung. *Solche Reden sind un-*
»*ehrerbietig gegen Gott; man erkläre sie*
»*wie man will.*« Nun freylich, wenn das Letztere der Fall ist, so wäre es vergebliche Mühe, Ihnen diese Ausdrücke erklären, und dadurch Ihre Meynung

von

von der Kantischen Philosophie umstimmen zu wollen. Indessen um andrer Leser willen, welche billiger als Sie denken, und auf welche man das bekannte *Ars non habet osorem, nisi ignorantem,* in diesem Falle nicht anwenden kann, erlauben Sie mir nur so viel zu sagen:

4) Wenn Hr. Kant die Überzeugung vom Daseyn Gottes ein *Postulat* der Vernunft nennt, so heißt dieß nicht, das Daseyn Gottes auf gut Glück, nach Gutdünken und Willkühr annehmen, wie Sie glauben, indem Sie S. 54 sagen, »ein »Nazionalgott sey ein Götze, den sich »eine Nazion gemacht, oder postulirt ha-»be;« sondern es will so viel sagen: Weil die Vernunft von der Gottheit keine *objektive* Einsicht hat, wie etwa von der Beschaffenheit eines Thieres und einer Pflanze, oder von der Natur eines Vernunftschlusses und eines Triangels, so kann sie auch das Daseyn Gottes nicht *demonstriren,* d. h. sie weiß nicht aus *objektiv zureichenden* Gründen, daß ein

Gott

Gott fey; fondern fie kann es blofs poftuliren, d. h. fie *glaubt* es um *fubjektiv zureichender* Gründe willen. Welches diefe fubjektiven Gründe find, und ob fie würklich zureichen, eine vollftändige, gewiffe Uberzeugung hervorzubringen, liegt aufser den Gränzen gegenwärtiger Unterfuchung. Es ift auch gar nicht meine Abficht, die Art, wie Hr. Kant das Dafeyn Gottes zu begründen glaubt, jedermann als einzig gültig anzuempfehlen. Vielmehr überlaffe ich es gern der anderweiten Denkart und dem Gewiffen eines jeden, unter den verfchiedenen Gründen für das Dafeyn Gottes, welche theils der gemeine Menfchenverftand und die ihm zur Hand gehende Offenbarung, theils die philofophirende Vernunft aufgeftellt haben, den oder diejenigen für fich auszuwählen, welche für ihn felbft die meifte Kraft und Klarheit haben. Genug, dafs aus der obigen Erklärung fo viel erhellet, dafs Sie das Wort *poftuliren* würklich misverftehen, und von demfelben eine unpaffende Anwendung machen,

wenn

wenn Sie fagen, daſs man auch einen Götzen poſtuliren könne, und daſs diefs eben ſo viel ſey, als ſich einen Götzen machen, Hr. Kant ſucht die Gründe für das Daſeyn Gottes in den praktiſchen Anlagen der menſchlichen Natur auf, mithin in ſolchen Beſtimmungen des Menſchen, welche *urſprünglich, allgemein* und *nothwendig* ſind. Die Gründe hingegen, warum eine Nazion oder ein einzelner Menſch ſich einen Götzen macht, liegen blofs in gewiſſen *empiriſchen, parzialen oder individuellen,* und *zufälligen* Beſtimmungen. Jener Glaube iſt ein *Kommunglaube,* dieſer ein bloſser *Privatglaube.* Nun frage ich jeden, der nur einigermafsen denken und unterſcheiden gelernt hat, ob diefs nicht zwey himmelweit verſchiedene Dinge ſind, *das Daſeyn Gottes poſtuliren,* oder *ſich einen Götzen machen?* dort wird der richtige und einzig gültige Begriff von der Gottheit, als einem vernünftigen und moraliſchen Weſen, welches durch ſeine Vernunft und ſeinen Willen Urheber der

Welt ist, schon vorausgesetzt, und bloſs gefragt, wie man die Realität dieses Begriffes probhältig darthun will; hier ist der ganze Begriff von einer Gottheit erdichtet, und es wird überall nicht nach Gründen gefragt, warum man ein solches erdichtetes Wesen annehme und verehre.

b) Wenn Hr. Kant ferner sagt, die Vernunft *gebe sich selbst und andern vernünftigen Wesen ein Gesetz*: so heiſst dieſs wieder nicht, sie entwerfe eine beliebige Vorschrift, nach welcher der Mensch handeln soll, sondern sie stelle eine Regel auf, nach welcher der Mensch vermöge der praktischen Anlagen seiner Natur handeln muſs, wenn er moralisch handeln will. Da nun diese Anlagen ursprünglich, allgemein und nothwendig sind, so muſs nach jenem Gesetze jeder Mensch und jedes vernünftige Wesen überhaupt als ein solches handeln. Es ist ein *allgemeingültiges* Gesetz. Und da ferner Gott als Schöpfer des Weltalls auch

Schü-

Schöpfer des Menschen ist, so nennt ihn Hr. Kant ausdrücklich auch den *höchsten Gesetzgeber*, und erkennt also seine Unterwürfigkeit unter die Gottheit ohne Widerrede an. Er meynt aber zugleich, daß man sich die Handlungsweise der Gottheit, wenn sie selbst ein vernünftiges moralisches Wesen seyn soll, nicht anders als durch jenes Gesetz bestimmt denken könne, und nennt eben darum die Gottheit ein *heiliges* Wesen, weil sie den Anforderungen des Sittengesetzes ohne alle Ausnahme, ohne alles Widerstreben von Seiten sinnlicher Neigungen, die bey der Gottheit nicht statt finden können, mithin die vollkommenste Genüge leistet. Oder meynen Sie etwa, daß die Gottheit, wenn wir sie als moralisch handelnd denken, sich nach gar keinem Gesetze richte, daß sie, wie lasterhafte Menschen, nach bloßer Willkühr handle — *stat pro ratione voluntas* — und daß daher, wenn sie wollte, auch das Stehlen, Morden, Ehebrechen von den Menschen nicht bloß als etwas Erlaubtes, sondern sogar als et-

G 4 was

was Lobenswürdiges und Moralisch-gutes angesehen werden müfste? Ich gestehe, dafs ich mir, ohne den ganzen Begriff von der Gottheit zu vernichten, eine solche Gottheit gar nicht denken kann, und dafs, wenn von Gotteslästerung bey philosophischen Untersuchungen einmal die Rede seyn soll, die Frage, ob Gott nicht jene Laster durch seinen Willen zu Tugenden umwandeln könne, für eine gröfsere Gotteslästerung gehalten werden müfste, als jene abgeschmackte, wiewohl blofs spekulative, Frage eines ehemaligen Professor's in Ingolstadt, ob Gott bellen könne, wie ein Hund? die meisten Philosophen haben ja von jeher behauptet, die moralischen Vorschriften seyen ewige Gesetze, haben behauptet, dafs sie *die Vernunft aus sich selbst schöpfe.* Diese Behauptung hat keinen andern Sinn, als die Kantische, wenn er die Vernunft *gesetzgebend* nennt. Wie können Sie nun dieses eine gegen die Gottheit unehrerbietige, gotteslästerliche Behauptung nennen? Doch, wer die Schriften des Königsbergischen gifchen Weltweifen nur flüchtig überlefen hat, der kennt die tiefe Ehrerbietung diefes Philofophen gegen die Gottheit, fein reines moralifches Gefühl, feinen innigen religiöfen Sinn zu gut, als dafs ich noch ein Wort zu feiner Vertheidigung gegen Ihre ungegründeten Anklagen verlieren follte.

Ich brauche daher auch nichts weiter über dasjenige zu fagen, was Sie gegen die Kantifche Moralphilofophie und Moraltheologie überhaupt vorbringen, und befonders über den Umftand bemerken, dafs die philofophirende Vernunft immer fo *verderbt* gewefen fey, fich hauptfächlich mit der *Moral* zu befchäfftigen. Es ift diefs nicht einmal wahr, und *Sokrates* wird von allen ausdrücklich deswegen gepriefen, dafs er der Erfte die Philofophie aus dem unergründlichen Gebiete der Spekulazion in das fruchtbare Feld des praktifchen Lebens geführt habe. Ich müfte auch ein ganzes Buch fchreiben, wenn ich Ihnen das Seichte, das

Anmaſsende und Entehrende, welches in
jener Bemerkung liegt, zeigen wollte,
und würde Sie am Ende doch nicht überzeugen.

Ebenſo übergehe ich auch dasjenige
mit Stillſchweigen, was Sie über den Einfluſs der Philoſophie und ſelbſt der kritiſchen — die, wie jedermann weiſs, bis
jetzt kaum dem Namen nach in Frankreich bekannt iſt — auf die franzöſiſche
Revolution S. 8. 9. 124. 102. u. a. m. O-
ſagen. Bloſs um die *Tendenz* dieſer Äuſserungen dem unparteyiſchen Leſer ans
Herz zu legen, will ich die letzte Stelle
wörtlich herſetzen. Hier läſst ſich nehmlich Alethophilus alſo vernehmen: »Ich
»vermuthe, daſs unſere Fürſten, wegen
»der franzöſiſchen Händel ihre Aufmerk-
»ſamkeit auf die philoſophiſchen Schrif-
»ten noch nicht gewandt, ſonſt fürchte
»ich« — nach anderen Äuſserungen ſollte es eigentlich heiſsen, hoffe, wünſche,
fordere ich — »ſie würden die Träume
»von Herrſchaft der Vernunft, unter wel-
»cher

»cher Philosophen sich meynen, oder
»welches eben so viel ist, von einem
»Reiche Gottes, wozu Hr. Kant den
»Grund gelegt, von Furchtbarkeit jedes
»einzelnen Vernunftmannes, und von der
»grossen Macht ihrer geheimen Verbin-
»dung — bald vertreiben. « Ich werde
aber von dieser Tendenz Ihrer gehässigen
Insinuazionen noch einmal weiter unten
zu sprechen Gelegenheit haben, wo die
Sache mich selbst näher angeht.

Für jetzt bemerke ich nur noch, daſs
bey Ihren Ausfällen auf die Philosophen
und den Perfektibilitätsgrundsatz auch
die Herren *Pädagogen* einen derben Wi-
scher bekommen. So sagen Sie S. 46,
»ich wollte auch den Pädagogen gefallen,
»weil diese ebenfalls den Zweck hätten,
»Philosophie an die Stelle der Bibel zu
»setzen«, und S. 56. sprechen Sie von
»der Pädagogen Thorheit, welche durch
»erweislich falsche Ober- und Untersätze
»die Perfektibilität der heiligen Schrift
»beweisen wollen. « Gott gebe, daſs dieser

fer Undank gegen die Bemühungen unſrer neuern Erzieher Ihnen, nicht auf eine
für Ihr Väterherz, wenn Sie Vater ſind,
zu empfindliche Weiſe vergolten werde!

So bekommen auch die Herren *Rezenſenten* hin und wieder z. B. S. 68 als
ungerechte, parteyiſche Richter einen
Streich. Ob nun gleich niemand alle
Rezenſenten, ſo wenig als alle Pädagogen, gegen alle Vorwürfe, die ihnen gemacht worden ſind, in Schutz nehmen
wird, ſo weiſs man doch ſchon, daſs,
wenn die Schriftſteller im Voraus auf die
Rezenſenten ſchimpfen, dieſs ein Zeichen
eines böſen Gewiſſens iſt, ſo wie einige
Menſchen ein gewiſſes Iucken und Reiſ-
ſen in den äuſserſten Gliedern fühlen,
wenn ſchlechtes Wetter werden will,
oder andere vermöge einer unerklärba-
ren Idioſynkraſie des Körpers eine beſondere Art von Ängſtlichkeit empfinden, wenn ein Ungewitter aufſteigt.
Ich kann Ihnen auch würklich, ohne
mich eines prophetiſchen Geiſtes zu rühmen,

men, im Voraus die schriftliche Versicherung geben, daß die Rezensenten, wenn sie auch in der *Sache* selbst Ihren Behauptungen beypflichten sollten, woran es bey der sehr heilsamen Verschiedenheit der Denkungsart unsrer gelehrten Tribunale, um der Einseitigkeit im Urtheile vorzubeugen, nicht fehlen kann, dennoch mit der *Art und Weise,* wie Sie Ihre Behauptungen vortragen, und mit *Ihrer unduldsamen Härte* im Urtheile höchst unzufrieden seyn werden.

Aus jener Unruhe eines bösen Gewissens mag es wohl auch zu erklären seyn, daß Sie sich S. 126 über die *Intoleranz* der anders, als Sie, Denkenden höchlich beschweren, und meynen, sie wollten die Wahrheit schlechterdings nicht sagen lassen, auch nicht verstatten, daß man andrer Trugschlüsse aufdecke, daher denn, wie Sie mit einem ganz artigen, aber wieder von Hrn. Demarées erborgten Witze sagen, »mancher Kin-
»dermord im Reiche der Wahrheit be-
» gangen

gangen werde. Wie Sie und Ihre Herren Kollegen doch so geschickt den Spiefs umzudrehen wissen! Ich gebe Ihnen gern zu, dafs die so genannten Heterodoxen und Neologen oft sehr unsanft und hart mit Ihrer Partey verfahren sind, aber wenn man Intoleranz und Intoleranz von beyden Seiten auf eine unparteyische Wagschale legen, und untersuchen wollte, wer sie zuerst auf die Bahn gebracht, und durch sein vorhergehendes Betragen am meisten verschuldet habe — dann weifs ich nicht, auf welcher Seite die Schale steigen oder sinken möchte. Zudem wäre es auch wohl kein grofser Schade für die gelehrte Welt, wenn dergleichen Geistes - *producta*, wie das Ihrige ist, zur Ehre der menschlichen Vernunft und des menschlichen Herzens gleich in der Geburt erstickt werden könnten. Doch der Herr sagt, lasset das Unkraut neben dem Weizen aufgehen, bis der Tag der Erndte kommt. Also habe ich auch nichts dawider, wenn Sie noch mehrere solche Geistes *producta* der gelehrten

ten Welt produziren wollen, welches sehr
wahrscheinlich ist, da Sie nun einmal die
Süſsigkeit, welche mit dem Gedanken,
ein *autor* zu seyn, und mit dem Anblicke
seiner eignen Geistes-*productorum* verbunden ist, geschmeckt haben, es wäre
denn, daſs Ihnen jene Süſsigkeit des geistigen Vaternamens durch die schlechte
Aufnahme des tölpischen Kindes in der
gelehrten Welt zu sehr verbittert worden
wäre. Sollten Sie sich indessen davon
nicht abschrecken lassen, so lege ich Ihnen nur noch erstens die Bitte ans Herz,
mich mit Ihren Zuschriften gütigst zu ver-
schonen, weil meine Zeit zu einem solchen undankbaren Briefwechsel viel zu
beschränkt ist, und gebe Ihnen zweytens
den freundschaftlichen Rath, in Zukunft
doch ein wenig bescheidner zu seyn, und
sich nicht, wie Sie S. 69 gethan haben,
unmittelbar zwischen so groſse Männer zu
stellen, als wenn Sie eine kostbare Perle
wären, die in das beste Gold gefaſst werden müſste. Denn da schreiben Sie von
mir, wie folgt: »Sie thun *D. Luthero*,

Uns

»Uns« — *Alethophilo* und Konforten — »und den heiligen Apoſteln groſs Un-»recht.« So muſs man ſich nicht ſelbſt vor aller Welt, bey Lebzeiten kanoniſiren, und ich weiſs nicht, ob Sie dem guten Luther und den heiligen Apoſteln nicht durch jene bloſse Zuſammenſtellung ein noch gröſseres Unrecht zufügen, als ich denſelben zugefügt haben ſoll. Iedoch Sie thun auch mir viel Ehre an. Denn auſserdem, daſs Sie den Hrn. A. und den Hrn. Kant immer zuſammenſtellen, ſo vergleichen Sie auch einmal S. 67 meine Wenigkeit mit der Majeſtät Alexanders des Groſsen, der über die Gränzen des Erdbodens, wie ich über die Gränzen der Bibel, geklagt habe. Indeſſen deprezire ich doch dieſe Ehre von ganzem Herzen und behaupte, daſs Sie dieſs nicht hätten thun ſollen. Denn obgleich jene Paralleliſirungen nach Ihrem Sinne nicht ſonderlich gut gemeynt ſind, ſo könnten Sie mich doch nach der Denkungsart, welche Sie mir durchgängig beylegen, dadurch leicht noch ſtolzer und anmaſsender machen,

wel-

welches Sie, da Sie nach Nr. 1. meiner Zuschrift den Unterschied zwischen würkenden und veranlaffenden Urfachen nicht zu kennen fcheinen, und gleichwohl nach S. 5 der Ihrigen wegen Ihrer über alle Zweifel erhabnen Glaubensgewifsheit die ftrengfte Gewiffenhaftigkeit befitzen, fich nothwendig zum Gewiffen machen müfsten.

Ich komme jetzt zu einer neuen Klaffe von Anklagen und Vorwürfen, den wichtigften unter allen, um welcher willen ich auch allein mich gemüfsigt gefehen habe, auf Ihre Zufchrift öffentlich zu antworten. Denn hätten Sie dem Publikum weiter nichts zu überreden gefucht, als dafs ich ein unwiffender, junger Menfch fey, der durch ein vorfchnelles unreifes Urtheil über die geoffenbarte Religion der Chriftenheit ein Ärgernifs gegeben und die Religion felbft in Gefahr gefetzt habe, fo dafs Sie durch Ihre Schrift blofs dem Ärgerniffe wehren, und der Gefahr vorbeugen wollten: fo würde ich ftillge-

H fchwieschwiegen, und meine Rechtfertigung nicht ſelbſt und nicht auf dieſe Art übernommen haben. Allein da Sie mir ſelbſt den Namen und die Rechte eines Chriſten ſtreitig machen, da Sie mir die feindſeligſten Abſichten gegen das Chriſtenthum beylegen, da Sie ſelbſt meinen Lebenswandel durch Thatſachen als einen gottesvergeſſenen und unehrbaren darſtellen wollen: ſo konnte und durfte ich nicht länger ſchweigen. Hier iſt alſo meine Rechtfertigung. Sie ſuchen demnach

12) zu beweiſen, daſs ich durch meine Briefe mich völlig vom Chriſtenthume losgeſagt habe, und fernerhin auf den Namen und die Rechte eines *Chriſten* keine Anſprüche machen könne und dürfe. Dieſe Anklage iſt ſo hart, ſo grauſam, daſs vielleicht diejenigen, welche Ihre Zuſchrift nicht geleſen haben, zweifeln möchten, ob Sie mich deſſen würklich beſchuldigt, und ob ich nicht etwa bloſs vermittelſt einer Konſequenzmacherey aus dem vielleicht nicht ſo böſe gemeynten Titel eines

Natu-

Naturalisten jene Anklage selbst erdichtet habe. Hier sind also Ihre eignen Worte. S. 10 sagen Sie, Sie könnten nicht einsehen, »wie man bey solchen Meynun-
»gen, als ich hegte, ein Christ seyn könn-
»te.« Nach S. 33 soll jeder, der meine Schrift billigt, »aufhören ein Christ zu
»seyn, und kann nicht verlangen, dass
»man ihn noch für einen Christen halte.«
S. 65 geben Sie mir zweymal hintereinander mit dürren Worten »den Abfall
»von der christlichen Religion« Schuld.
S. 97 nennen Sie mich gar »unverschämt,
»wenn ich noch ein Christ heissen wolle,«
weil in meinem Werke eine offenbare
»Lossagung vom christlichen Glauben«
enthalten sey. Und fragt man, wohin ich mich denn nun gewandt habe, so gibt S. 70 hierüber die nöthige Belehrung, wo Sie von meinem »Abfalle zu
»der neuen Religion des Hrn. Kant«
sprechen. Insonderheit wollen Sie mir den Namen eines *protestantischen* Christen streitig machen, indem Sie S. 33 sagen, dass, wenn ich die Idee von der

fortschreitenden Vervollkommnung des Christenthums dem Protestantismus angemessen finde; » die *Reformatores* von » mir mit der unerweislichsten Lästerung » geschändet würden, und daſs dieselben » von mir nicht anders, ja noch weit » schlimmer, als von *Serveto* urtheilen » müſsten.« *Absit omen!* Denn ich kann nicht bergen, daſs ich bey dieser Äuſserung Ihres liebevollen Herzens meine Kleider anroch, um zu untersuchen, ob sie noch unversehrt von den Flammen seyen, oder, da man bey der immer gröſser werdenden Theurung des Holzes und bey den vielen Projekten zur Ersparung desselben die Ketzer jetzt wohl schwerlich verbrennen möchte, wenigstens nach meinem Kopfe griff, um zu sehen, ob er noch vest sitze. Die Anklage ist demnach von groſser Wichtigkeit, nicht bloſs für mich, sondern auch nach S. 33 für alle die, welche etwa meine Schrift gebilligt haben, oder noch billigen könnten. Ich werde daher bey der Beantwortung etwas ausführlich seyn müssen.

Zuerst

Zuerſt ſehe ich nicht ein, wie man einem jungen Manne, der über die geoffenbarte Religion nachzudenken angefangen hat, und die Reſultate ſeines Nachdenkens dem gelehrten chriſtlichen Publikum vorlegt, um die Meynung deſſelben darüber zu vernehmen, deshalb den Namen eines Chriſten abſprechen könne. Ich habe ja am Schluſſe der Vorrede zu meinen Briefen ausdrücklich erklärt, daſs ich die ganze Idee von der Perfektibilität des Chriſtenthums, und alle übrigen Behauptungen, welche damit zuſammenhängen, recht gern wollte fahren laſſen, wenn ſie als falſch befunden würden, und daſs ich mich dann freuen würde, zur Ausrottung eines Irrthums Veranlaſſung gegeben zu haben, der in ſeinen Folgen ſo wichtig iſt, und der bis dahin gleichſam nur im Stillen um ſich griff.

Geſetzt nun aber, es behalte jemand dieſen Irrthum bey, ſo glaube ich dennoch, daſs er darum noch nicht aufhöre,

höre, ein Chriſt zu ſeyn. Er unterſcheidet ſich nur von den übrigen Chriſten in ſeiner *Vorſtellungsart von dem Zwecke der Offenbarung durch Chriſtum und ſeine Schüler.* Kein weſentlicher Grundbegriff und Grundſatz des Chriſtenthums wird dadurch umgeſtoſsen. Ich ſage ausdrücklich S. 169 meiner Briefe: »ein ve-
»ſter Grund in der Religion bleibt auch
»bey Vorausſetzung ihrer Perfektibilität
»immer ſtehen« — und S. 193: »Es
»wird damit keinesweges behauptet, daſs
»es überhaupt in der Religion nichts Ab-
»ſolutes und Veſtſtehendes gebe« — und
S. 197: »Es kann und ſoll demnach, wie
»Paulus mit Recht ſagt, Niemand einen
»andern *Grund* legen, als der gelegt iſt,
»welcher iſt *Ieſus Chriſtus;* d. h. es ſoll
»Niemand auftreten, und eine neue Of-
»fenbarung vorgeben, um jene ältere
»über den Haufen zu werfen, eine neue
»Lehre zu predigen, neue Zeremonien,
»als göttliche Statuten, einzuführen. Ie-
»ſus hat uns bereits eine Lehre gege-
»ben, in der die Vernunft Hülfsmittel
»und

„und Antriebe genug findet, ihre höch-
„ften Bedürfniſſe zu befriedigen, und auf
„dem durch jene gebahnten Wege der
„Erkenntniſs immer weiter zu gehen. Ie-
„fus ift der Anfänger und Vollender un-
„fers Glaubens, indem er alles gethan
„hat, was nach den Abfichten Gottes bey
„feiner Sendung nöthig war." Vergleichen Sie nun damit, was Hr. D. *Nöſſelt*
— ein Mann, der feit vielen Iahren auf
einer berühmten proteſtantiſchen Univer-
fität als öffentlicher Lehrer der Theologie
angeſtellt ift, der dieſes Amt mit fo vie-
lem Ruhme und zur Zufriedenheit aller
Parteyen verwaltet hat, zu dem die
Preuſsiſche Regierung fogar das Zutrauen
hatte, ihm die Ausfertigung eines Lehr-
buchs des chriftlich-proteftantifchen Glaubens zu übertragen, worüber in den ganzen Preuſsifchen Staaten die künftig an-
zuftellenden Lehrer der Religion den gelehrten Unterricht in derfelben empfan-
gen follten, der aber diefen ehrenvollen
Auftrag blofs vermöge feiner bekannten
Befcheidenheit ablehnte, ein Mann endlich,

lich, der selbst eine Vertheidigung des Christenthums geschrieben hat, — vergleichen Sie, sage ich, was dieser Mann in seiner vortrefflichen *Anweisung zur Bildung angehender Theologen* (B. 2. S. 226 und 227 nach der 2ten Ausgabe) in dieser Rücksicht sagt. Vielleicht haben Sie oder andere Leser nicht sogleich das Werk bey der Hand; ich will also den ganzen §. 155 mit einigen unwesentlichen Abkürzungen hersetzen:

»Wenn man von dem ganzen Lehr-
»vortrage der heiligen Schrift 1) al-
»les, das absondert, was entweder
»bloßes Bild, oder aus Herablassung
»zu den besondern Lesern oder Zu-
»hörern, und nach den ihnen geläu-
»figen Vorstellungen und Ausdrü-
»cken, gesagt ist; wenn man 2) das
»bey Seite oder zur gelehrten Unter-
»suchung « — wozu auch die Perfektibilität gehört — »aussetzt, was die
»heilige Schrift selbst nicht näher an-
»gegeben und bestimmt hat; und
 »wenn

„wenn man 3) gefunden hat, daſs
„viele Ausdrücke in der That nur
„einerley Begriff und Sache bezeich-
„nen: ſo gelangen wir theils zu ge-
„wiſſen *Hauptbegriffen,* theils zu ge-
„wiſſen *Hauptſätzen,* die aus ſolchen
„Begriffen beſtehen, welche das gan-
„ze in der heiligen Schrift angegebe-
„ne Verhältniſs zwiſchen Gott und
„uns, d. i. unſer Elend und Verder-
„ben, die Anſtalten Gottes zu un-
„ſerm Beſten, unſre daraus entſte-
„hende Pflichten und Erwartungen
„im Ganzen vorlegen. Dieſe Begriffe
„und Sätze ſind das *eigentliche Chri-*
„*ſtenthum,* als Lehre genommen,
„und wer dieſe für wahr annimmt,
„der iſt (ſeiner Erkenntniſs oder der
„Lehre nach) ein *Chriſt,* ſo ſehr
„ſeine Vorſtellungen von dem
„Übrigen auch von den Mey-
„nungen Andrer abgehen mö-
„gen."

Wie können Sie alſo behaupten, daſs
man bey Annahme, oder, wie dieſs bey

mir

mir der Fall ift, nur bey *Aufftellung des Perfektibilitätsgrundfatzes* zur weitern Prüfung kein Chrift feyn und heifsen könne? — Indeffen führen Sie Ihren Klagepunkt weiter aus, und fuchen ihn hin und wieder durch anderweite Gründe zu unterftützen. Es wäre freylich gut gewefen, wenn Sie diefs an einem beftimmten Orte und in einem ordentlichen Zufammenhange gethan hätten. Allein es hat Ihnen diefs nun einmal nicht gefallen; Ihr ganzes Buch ift ein verworrener Galimathias von wiederholten Schmähungen und Anklagen, ein Verfahren, das mit den Regeln meiner Logik auch nicht recht zufammenftimmen will. Ich will mir jedoch die Mühe geben, alles aus Ihrer Schrift zufammenzufuchen und zufammenzuftellen, was Sie fich als Beweis Ihrer obigen Anklage gedacht haben mögen, damit jedermann urtheilen kann, was und wie Sie bewiefen haben.

a) Sie fagen S. 116: »Niemand kann » ein Chrift heifsen, als welcher die *über-*
»*natür-*

»*natürliche* und *unmittelbare* Offenba-
»rung annimmt zur Regel feines Glau-
»bens und Lebens.« Aber, wie dürfen
Sie es wagen, Ihre Vorstellungsart über
das Faktum der Offenbarung, um es nach
feinen innern Gründen zu erklären, zur
Richtfchnur für alle Chriften, und fogar
zur Norm der Beurtheilung, ob jemand
ein Chrift fey, zu machen? Ich habe ja
in den Briefen felbft mit deutlichen Bele-
gen aus den Schriften fehr verehrter pro-
teftantifcher Theologen erwiefen, dafs
diefe fich eine andre Vorftellungsart davon
machen, und niemand hat es bis jetzt gewagt, ihnen den Chriftennamen ftreitig zu
machen. So habe ich S. 132 aus *Döderlein's* Dogmatik folgende Stelle angeführt:
»*Caeterum obfervare liceat, plurima,*
»*quae quis a fcriptore facro, ingenuo ac*
»*fide digno veritatis interprete, iufte ac*
»*caute requifiverit, propriis eorum viri-*
»*bus, paratis ad negotium tam grave*
»*tamque arduum, per numinis provi-*
»*dentiam rerumque ufum facile potuiffe*
»*praeftari. Numinis cura evenit, ut his*
»*viris*

»*viris in hoc negotio occasiones et admi-*
»*nicula praesto essent, quorum usu mi-*
»*rifice adiuvarentur ad detegendam ve-*
»*ritatem, ad decutiendum veteris erro-*
»*ris ac superstitionis iugum, ad enu-*
»*cleandam luculentius doctrinam, ad*
»*excogitandum id, quod aptum, utile,*
»*futuris quoque ecclesiis acceptum fo-*
»*ret.*« Hierbey sind noch zwey andere Stellen aus *Morus's* und *Griesbach's* Schriften zitirt, in welchen eben dieses gesagt wird. Würden nicht die beyden erstgenannten verewigten großen Männer, denen Sie durch Ihre Behauptung den Christennamen streitig machen, wenn sie von Ihrem Verdammungsurtheile im Schoße der Ewigkeit Nachricht erhalten sollten, mit herzlichem Mitleid über Ihre Verwegenheit lächeln?

b) Sie sagen ferner S. 97, ich hätte »das *symbolum apostolicum* zu den Lü-»gen gerechnet«, nennen dieß sogar eine »Gotteslästerung«, und schließen eben daraus meine gänzliche »Lossagung vom
»christ-

»chriftlichen Glauben.« Ich kann Ihnen nicht bergen, daſs ich bey diefer Stelle Ihres Sendfchreibens vor Unwillen entbrannte. Es ift in der That die allerunverfchämtefte Lüge, die Sie nur erfinnen konnten, woraus fich Ihre liebreichen Abfichten nur allzudeutlich entwickeln. Ich will Ihnen jedoch mit möglichfter Gelaffenheit antworten. Ich hatte in den Briefen S. 89—92 unter andern Fabeln aus der Kirchengefchichte auch diefe angeführt, daſs das fogenannte apoftolifche Glaubensbekenntniſs von allen Apofteln zufammengenommen wäre verfertigt worden, daſs jeder einen Theil davon ausgearbeitet, und dann wieder über das Ganze fein Gutachten ertheilt habe. Diefe von allen unparteyifchen Hiftorikern und von Ihnen felbft als fabelhaft zugeftandne Erzählung hatte ich den Behauptungen von der Vollendung des neuteftamentlichen Kanons durch den Apoftel Iohannes, von der in ftetigem Zufammenhange fortgehenden Überlieferung der Glaubenswahrheiten, **von dem untrügli-**

chen

chen Anſehen der Kirchenverſammlungen und des Papſtes, als oberſten Glaubensrichters — dieſen Behauptungen alſo, wodurch die katholiſche Kirche ihr Syſtem zu rechtfertigen ſuchte und gröſstentheils noch ſucht, hatte ich jene Erzählung zur Seite geſtellt und geſagt, daſs ſie mit der Vorausſetzung einer abſoluten Vollkommenheit der geoffenbarten Religion ſehr wohl zuſammenſtimmten. Nun ſetzte ich hinzu: »die Lüge ſey viel konſe-»quenter geweſen, als die Wahrheit,« d. h. wenn Sie anders noch im Stande ſind, vor lauter Feuereifer den Sinn von Worten, die gar keiner Zweydeutigkeit unterworfen ſind, und für uneingenommene Gemüther gar keiner Erklärung bedürfen, aufzufaſſen: die lügenhafte katholiſche Kirche ſey durch alle dieſe Behauptungen und Erzählungen ihren Grundſätzen viel getreuer geblieben, als die aufrichtigere proteſtantiſche Kirche, welche jene Behauptungen und Erzählungen als unſtatthaft verwerfe, und doch die obige Vorausſetzung beybehalte. Ob dieſe

diese beyläufige Bemerkung richtig ſey, laſſe ich an ſeinen Ort geſtellt ſeyn; es thut gar nichts zur Sache, wenn ſie auch falſch iſt. Aber das werden Sie doch offenbar ſehen, daſs ich nicht einmal jene Erzählung vom *Urſprunge* des apoſtoliſchen Glaubensbekenntniſſes eine Lüge genannt habe, ob ich gleich dieſes mit vollem Rechte hätte thun können, da ja in dieſer ganzen Stelle auf den *Inhalt* deſſelben nicht die mindeſte Rückſicht genommen wurde; ſondern indem ich nach einer bekannten Redefigur das *abſtractum pro concreto* ſetzte, habe ich bloſs das *päpſtliche hierarchiſche Syſtem* eine Lüge genannt. Daraus machen Sie nun ſelbſt die Lüge, »ich hätte das *ſym-*
»*bolum apoſtolicum* ſeinem Inhalte nach
»zu den Lügen gerechnet.« Mich ſchaudert, mit einem Manne zu thun zu haben, der die Worte ſeines Gegners ſo ganz wider alle Grundſätze der gemeinſten Auslegungskunſt verdreht. Oder haben Sie dieſs nicht abſichtlich gethan, ſo kann ich mir die Entſtehung eines
ſol-

solchen Misverstandes nicht anders begreiflich machen, als daſs Sie jene Stelle meiner Briefe halb wachend halb schlafend und von lauter Ketzerey träumend gelesen haben. Von allen Ausdrücken dieser Stelle schwebten nur diese beyden, *symbolum apostolicum* und *Lüge* vor Ihren zusinkenden Augen. Plötzlich fuhren Sie wie von einem elektrischen Schlage getroffen auf, und gossen nun den giftigen Strom Ihres Feuereifers über den unschuldigen Verfasser des Buches aus, welches mit Bedacht durchzulesen Ihrem des Nachdenkens entwöhnten Geiste viel zu lästig wurde.

Und weil denn nun einmal von Lügen die Rede ist, so erlauben Sie mir, bey dieser Gelegenheit noch einer andern zu erwähnen, deren Sie mich ebenfalls beschuldigen. In den Briefen hatte ich S. 88 gesagt, die Abschriften der biblischen Bücher wären in den frühesten Zeiten selten gewesen; auch hätte es viele unächte Evangelien und falsche Briefe gege-

gegeben — und daraus geschlossen, wenn die geoffenbarte Religion eine absolut vollkommene seyn sollte, so hätten wenigstens die ersten Christen sie nicht in dieser Vollkommenheit gekannt, weil unsre Dogmatiker ihr System nur aus der ganzen Sammlung, sogar der Schriften des A. T.; mühsam zusammensuchten. Darüber brechen Sie S. 95 Ihrer Zuschrift in folgende Worte gegen mich aus: »Sie »Hr. A. *(djuncte)* sind so erstaunlich un- »verschämt, dafs Sie, über dieses Vorge- »ben von verschwundener Vollkommen- »heit der christlichen Religion, von Ken- »nern keine andre Antwort erwarten »können, als diese, dafs Sie der frech- »ste Lügner sind.« Und ich erwiedere Ihnen dagegen: Sie Hr. A. *(lethophile)* sind so erstaunlich unwissend, dafs Sie, über dieses Vorgeben von einer frechen Lüge auf meiner Seite, von Kennern keine andre Antwort erwarten können, als diese, dafs Sie der erbärmlichste Schächer sind. Denn was die unächten Evangelien und falschen Briefe betrifft, so

I kön-

können Sie darüber in den *codicibus apocryphis N. T.,* in den hiſtoriſch-kritiſchen Einleitungen in die Schriften des N. T., und in allen gröſsern Werken über die chriſtliche Kirchen - und Religionsgeſchichte ſattſame Belehrung finden; in Anſehung der Abſchriften aber dürfen Sie ſich nur, wenn Ihre Einbildungskraft hoch ſo viel Energie hat, recht lebhaft in jene Zeiten verſetzen. Freylich wenn in unſern Tagen jemand Ihre Zuſchrift an mich oder meine Antwort an Sie leſen will, ſo darf er nur in den nächſten beſten Buchladen gehen, und ein paar Groſchen dem Herrn Soſius geben, ſo bekommt er beyde unverzüglich, weil die Exemplarien davon durch die Preſſe vervielfältigt und durch den Handel verbreitet ſind. Aber wenn zu Ende des erſten Jahrhunderts der Einwohner von Paläſtina den Brief Pauli an die Römer oder die Korinthier oder die Epheſier leſen wollte, ſo konnte er ſich weder an hieroſolymitaniſche Soſier wenden, noch an Ort und Stelle eine Okularinſpekzion

fpekzion halten; denn wenn Sie den
Cellar oder D'Anville nachfchlagen wollen, fo werden Sie bald begreifen, dafs
es von Cäfarea, wo man fich gewöhnlich
einfchiffte, bis Ephefus, Korinth oder
Rom kein Katzenfprung war. Sie fehen
alfo, dafs ich »Herz habe, Gründe und
»Urfachen anzuführen«; ich bin nun
begierig, mit was für »Unterrichte Sie
»mir hierüber dienen werden«, wie Sie
fehr gütig verfprechen, wenn ich jene
anführen würde. Doch diefs nur ὡς ἐν
παρόδῳ. Ich kehre zu Ihren Beweifen
meines Abfalls vom Chriftenthume zurück. Sie finden nehmlich

c) auch darin einen folchen Beweis,
dafs ich mich felbft an der *Perfon des
Stifters deffelben* vergriffen habe. Diefs
fuchen Sie wieder durch mehrere zerftreute Bemerkungen zu erhärten, die
ich daher ebenfalls einzeln und in der
gehörigen Ordnung aufzählen will.

α) Nach S. 103 habe ich die »Gottes-
»läfterung begangen, Iefum als Lehrer
»der

»der Welt für einen *blofsen Menschen* »auszugeben.« Nun dachte ich bey Lesung dieser Stelle wiederum, Hr. Alethophilus muſs doch aus übergroſser Wahrheitsliebe die Briefe über die Perfektibilität gar nicht aufmerkſam geleſen haben, denn S. 95 derſelben ſtehet ausdrücklich geſchrieben, daſs ich die *höhere Natur Chriſti* gar nicht zu läugnen begehre. Aber ich irrte mich dieſsmal. Sie haben jene Stelle würklich geleſen, aber was machen Sie für einen Kommentar darüber? »Sie befürchten« — ſagen Sie von mir — »wenn Sie ſich offenherzig erklär- »ten, daſs das Volk« — zu dem Sie dem Charakter nach vermuthlich auch gehören, weil es bekanntermaſsen auch einen gelehrten und vornehmen Pöbel gibt — »Sie könnte wie Koth auf der Straſse mit »Füſsen treten, aus Eifer für Ieſu Ehre.« — Wahrhaftig, ein erbaulicher Eifer! Haben Sie nicht jene Stelle im N. T. geleſen, wo die Jünger Ieſu aus Eifer für ſeine Ehre wollten Feuer vom Himmel fallen laſſen, und was ihnen Ieſus da geantwortet? —

»Sie

»Sie ſuchen« — heißt es weiter — »ein
»Lehramt in der Kirche. Daher begehren
»Sie die höhere Natur Ieſu nicht zu läug-
»nen. Wären wir ſo einfältig und däch-
»ten, Hr. A. glaubt ja die ewige Gott-
»heit Ieſu: ſo würden Sie unſrer ſpotten,
»und denken, wir ſollten ja wiſſen, daſs
»die Vernunft von der Gottheit des Men-
»ſchen Ieſu nichts wiſſe. Der Bibel aber
»glaubten Sie gar nichts, und hätten
»durch dieſes Buch Ihre Urſach ange-
»führt. Daher folgt nothwendig, daſs
»Sie auch nicht zwo Naturen in Chriſto
»ſtatuiren. Mithin iſt es nichts, als Heu-
»cheley, was Sie ſagen.« Mit Fleiſs habe ich dieſe Stelle wörtlich abgeſchrie-
ben; ſie charakteriſirt ganz Ihr liebevol-
les, chriſtlichgeſinntes Herz. Sie maſsen
ſich alſo an, ein Herzenskündiger zu ſeyn,
und wiſſen, daſs ich bloſs aus Heucheley
von einer höhern Natur Chriſti geſprochen habe. Da dieſs nun aber eine bloſse Vermuthung von Ihrer Seite iſt, ſo ſe-
tze ich derſelben von meiner Seite weiter
nichts entgegen, als die aufrichtige Ver-

ſiche-

ſicherung, daſs Ihre Beſchuldigung von Heucheley völlig ungegründet iſt. Wenn ich mich des Ausdrucks: *höhere Natur,* bediente, ſo geſchahe dieſs darum, weil bey der Frage, welche *dort* in Unterſuchung begriffen war, nichts auf die genaue Beſtimmung der höhern Natur Ieſu ankam, und weil ich nicht durch eine entſcheidende *an jenem Orte* völlig überflüſsige Beſtimmung jemanden anſtöſsig werden wollte. Ich folgte alſo hier dem Beyſpiele aller vorſichtigen und bedächtigen Schriftſteller, die ihre Grundſätze nicht durch Einmiſchung fremdartiger Dinge bey den Leſern verdächtig machen wollen. Die eigentliche Frage, worauf es dort ankam, war dieſe, ob die höhere Natur Chriſti — von welcher Art ſie auch ſey, und wie man ſich dieſelbe auch vorſtellen möge — bey Unterſuchung des Zweckes und der Beſchaffenheit ſeiner Lehre müſſe in Erwägung gezogen werden? Dieſs läugnete ich, indem ich behauptete: »Ieſus habe *auf Erden*« — mithin als Religionslehrer und als Erlöſer

fer — »gar nicht durch feine höhere Na-
»tur, oder vielmehr, diefe habe nicht in
»jenem gewürkt«. Diefs find meine ei-
gentlichften Worte, wie fie S. 96 der Briefe zu lefen find. Ich fuchte diefe Behauptung erft durch Ausfprüche der Schrift
felbft zu erweifen, und nachher auch
durch Berufung auf die Ausfprüche »ein-
»fichtsvoller und fehr rechtgläubiger
»Theologen« zu beftätigen. Über diefen letzteren Umftand erheben Sie nun
S. 107 ein entfetzliches Gefchrey. »Ich
»erkläre« — fagen Sie — »diefes ganze
»Zeugnifs geradezu für ganz falfch, er-
»dichtet und höchft gewiffenlos vor aller
»Welt. Retten Sie« — rufen Sie mir
zu — »Ihre Ehre und nennen Sie uns das
»Buch und den Ort, wo es zu finden ift:
»Iefus habe auf Erden gar nicht durch
»feine höhere Natur gewürkt; oder,
»diefe höhere Natur habe nicht in jene
»gewürkt. Da Sie nun unfehlbar diefen
»Beweis ewig fchuldig bleiben werden,
»wenn auch Ihre unzählig grofse Partey
»noch fo fleifsig fuchen hilft: fo kann
»ich

»ich Ihnen indeſſen immer das Gewiſſen
»rügen. Bis hieher habe ich nur bewie-
»ſen, daſs jeder Ihrer Beweiſe auf einem
»Trugſchluſſe und Verwirrung der Be-
»griffe beruhe. Nun iſt's aber auch er-
»wieſen (?) daſs Sie ganz falſche Zeug-
»niſſe ſchmieden, um uns zu bereden,
»Ieſu göttliche Belehrungen wären nicht
»göttlich, ſondern bloſs menſchlich und
»daher des Irrthums fähig. Wer dieſen
»Glauben auf dieſes Zeugniſs angenom-
»men, iſt in die gröſste Seelengefahr ge-
»rathen. Mithin führen Sie durch Lügen
»die Chriſten ins Verderben.« Ich muſste in der That lächeln, als ich dieſe Stelle las. Andere werden es vielleicht nicht,
weil Ihr Ton gar zu impoſant iſt. Ein
Mann, ſollte man denken, der mit ſolcher Zuverſicht ſpricht, muſs wohl ſeiner
Sache recht gewiſs ſeyn. Ich bedauerte
indeſſen nur, daſs ich Ihnen und mir dieſe
Gewiſſensrüge nicht dadurch erſpart hatte, daſs ich gleich in den Briefen ſelbſt die
Stellen anführte, welche ich im Sinne
hatte, als ich jene Worte ſchrieb. Ich
geſtehe,

gestehe, daß ich darin gefehlt habe; ich setzte aber dieselben als bekannt voraus, weil ich mir nicht einbilden konnte, daß irgend ein Theologe unsrer Zeit so gar unwissend, sogar unbelesen in den bekanntesten, geschätztesten Schriften seyn sollte, um nicht selbst jene Stellen sich sogleich in das Gedächtnis rufen zu können. Indessen wird dieses Niemanden bey unserm Hrn. Alethophilus' befremden. Dieser sagt ganz naiv: »Ich habe nicht »die hieher gehörigen Schriften gele- »sen (!!!), bin aber doch mit der nur zu »sorgfältigen *Orthodoxia*, welche kurz »vor und nach dem 16hundertesten Iahre »herrschte, so bekannt, daß« u. s. w. Ihre Wahrheitsliebe geht also so weit, daß Sie nur die dogmatischen Schriften, welche kurz vor und nach dem J. 1600 geschrieben sind, kennen, die übrigen aber nicht lesen wollen. Da kann es nun wohl seyn, daß Sie dergleichen Äuserungen nicht gefunden haben, wiewohl, wenn man nachsuchen, und jene Schriften aufmerksamer, als Sie zu thun gewohnt

wöhnt sind, durchstudiren wollte — wozu ich jedoch jetzt weder Zeit noch Lust habe, so wie es auch gar nicht nöthig ist, da Ein unverdächtiges Zeugniſs aus unsern Zeiten schon hinreicht — man vielleicht auch *mehrere Zeugnisse* aus *frühern* Schriften finden würde. Also, mein Hr. Alethophile, schlagen Sie einmal nach, wenn anders dieses Buch in Ihrer Bibliothek zu finden ist, *Morus epitome theologiae christianae*, ed. 2. p. 63. Da werden Sie folgende Worte finden:
» *Ubivis SSa de Filii excellentia sic loqui-*
» *tur, ut, quae Filius habeat, ea per Pa-*
» *trem habeat, quae det atque agat, ea*
» *Pater per eum det atque agat. Ipse*
» *quoque omnia, quae habet et agit et*
» *dat, refert dicendo et agendo ad Patris*
» δοξαν, *referrique a nobis vult eodem, et*
» *iudicando et imitando.*« Ferner p. 149:
» *In docendo plane se adstrinxit nor-*
» *mae Patris sui, proponendis his utique,*
» *quae debuerat, et sic utique, ut debue-*
» *rat: obedivit Patri suo, h. e. fecit,*
» *quod facere debuit, eoque animo, qui*
» *plane*

»*plane ſuſpenſus fuit e voluntate Dei,*
»*ſuo arbitratui nihil indulgens, et ad*
»*omnia lubens ac promtus.*« Endlich
p. 172: »*Ratio vitae Ieſu Chriſti, quam*
»*inde a natalibus ad mortem usque vixit,*
»*nominatur in ſcholis conditio humilis,*
»*ſeu ſtatus exinanitionis. Is ſtatus in*
»*ſcholis vel deſcribitur, hiſtorice, parti-*
»*bus eius recenſendis, (quas partes ap-*
»*pellant gradus): vel definitur dogma-*
»*tice notione communi.*« Hiermit vergleichen
Sie die Note No. 3. p. 173, welche
alſo lautet: »*Ea aut ſic exprimitur:*
»*uſus non plenus, non perfectus omnium*
»*attributorum divinorum Chriſti: aut ſic:*
»*abſtinentia ab uſu divinitatis et ſuſce-*
»*ptio humanae conditionis atque aeru-*
»*mnarum.*« wobey noch ein Zitat aus
Heilmann's Dogmatik ſteht. Dieſs ſind
alſo die ganz falſchen, erdichteten, höchſt
gewiſſenlos geſchmiedeten Zeugniſſe, auf
die ich mich in meinen Briefen berufte!
Ich könnte deren noch mehrere anführen,
aber ich begnüge mich mit dieſen,
und habe ſie abſichtlich gewählt. Sie wiſſen

sen nehmlich, oder sollten wenigstens wissen, daß das angezogene Buch ein von der Königl. Preussischen Regierung, welche Sie selbst wegen ihres Eifers für die reine Lehre so sehr rühmen, privilegirtes Religionsbuch ist, worüber auf allen Preussischen Universitäten gelesen werden muß, und welches auch die theologischen Fakultäten auf denselben willig, gern und mit Freuden angenommen haben. Sie dürfen also nicht sagen, daß diese Zeugnisse verdächtig seyen, und mit der Bibel (aus welcher der selige Morus ohnehin in den Noten zu den angeführten §§. sattsame und treffende Beweisstellen angeführt hat) oder unserm kirchlichen Lehrsysteme nicht übereinstimmten. Wenn Sie also sagen, daß »die erleuch-»tetsten Gerichtshöfe einem solchen Zeug-»nisse ganzer Fakultäten und einsichtsvol-»ler« — das werden Sie dem seeligen Morus nicht abläugnen wollen — »sehr »rechtschaffener« — ich hatte gesagt: rechtgläubiger; aber auch jenes Prädikat paßt ganz auf den braven, würdigen,

ächt-

ächtchriſtlichgeſinnten Morus — »Theo-
»logen von theologiſchen Wahrheiten
»weit mehr Glauben, als einem Folian-
»ten voll von Spekulazionen und Demon-
»ſtrazionen nach Kantiſchen Prinzipien
»beymeſſen müſsten:« ſo akzeptire ich
dieſes beſtens, und bin Ihnen aufs höchſte für dieſe Sicherſtellung meiner Perſon
gegen die Flammen, welche den Servetus
verzehrten, verbunden.

Sie führen aber noch zwey Stellen
meiner Briefe an, aus welchen Sie einen
Angriff auf Ieſu Perſon, und mithin meinen Abfall vom Chriſtenthume erweiſen
wollen. Ich ſoll nehmlich

β) nach S. 85 geſagt haben, »man
»könne die Lehre Ieſu nicht auf das
»bloſse Wort eines Mannes annehmen.«
Die Worte ſind etwas dunkel, indem man
nicht weiſs, ob der Mann Ieſus ſelbſt, oder
ein Apoſtel, oder Hr. Alethophilus ſeyn
ſoll; ich kann auch jene Worte nicht
gleich in meinen Briefen finden, vermuthe aber, daſs, wenn Sie darin ſtehen,
ſie

sie etwas anders mögen gestellt seyn. Ich will indessen die erste Erklärung annehmen; der Mann soll Iesus selbst seyn. Diesen Sinn scheinen auch Sie zum Grunde zu legen; denn Sie setzen hinzu: »Ver»ständige verstehen Sie ganz, ich will es »nicht erklären, sondern rufe Gott an, »daſs er nicht handele mit uns nach un»sern Sünden!« Das klingt sehr fromm, ist aber wenig verständig. Ich meyne es nehmlich so: Wenn Ihnen ein Glied Ihrer Gemeinde irgend eine Religionswahrheit aufs Wort, d. h. bloſs, weil Sie es sagten, glaubt, so hilft ihm dieses nichts. Es wird dadurch weder einsichtsvoller noch besser. Nun behaupte ich ferner: Je einsichtsvoller der Religionslehrer selbst ist, und je besser er es mit den seiner Leitung anvertrauten Seelen meynt, desto mehr muſs er wünschen, und selbst darauf hinarbeiten, daſs seine Lehrlinge sich von der Wahrheit seiner Lehren und Aussprüche durch eignes Nachdenken überzeugen. Mithin argumentire ich *a minori ad maius:* Wenn dieſs schon einsichts-

volle

volle und gutmeynende Lehrer unter den Menschen thun, wie vielmehr Iesus, der an deutlicher Einsicht und guter Gesinnung alle Menschen übertraf, der selbst ein göttlicher Lehrer war! Ich möchte wohl wissen, was ein verständiger Mann an dieser Argumentazion auszusetzen, oder wie er darin eine Erniedrigung der Person Iesu finden möchte! Es wäre denn, daſs Sie als ein Kardiognost wiederum hier tiefer, als andre Menschenkinder sehen sollten! — Ebendieselbe Bewandniſs hat es

γ) mit dem dritten und letzten Beweise, den Sie S. 54 aufstellen. Sie finden ihn hehmlich in den Worten: »Es » müſste wohl ein Paradis gegeben haben, » weil die Leute noch lüstern darnach wä- » ren.« Sie belieben wieder nicht die Stelle aus meinen Briefen anzugeben, wo diese Worte zu finden sind; indessen entsinne ich mich wohl, daſs es irgendwo steht. Nun setzen Sie aber hinzu: »Dieses ist unläugbar die bitterste Verspot- » tung

»tung unsers sterbenden Erlösers, und
»mein Herz ist voll von gerechtem Ab-
»scheu und Schauder!« Ich muſs Ihnen
aufrichtig gestehen, daſs es mir jetzt herzlich leid thut, jene Worte geschrieben
zu haben; und hätte ich nur von fern
geahndet, daſs jemand auf eine solche
Misdeutung meiner Worte fallen könnte,
ja hätte ich damals nur mit Einem Gedanken an den Zuruf unsers sterbenden Erlösers am Kreuze: »Heute wirst du mit mir
»im Paradise seyn«, gedacht, ich würde
augenblicklich jene Worte ausgestrichen
haben. Aber wie konnte es mir auch ein-
fallen, daſs irgend ein verständiger Mensch
in meinen Worten an eine Verspottung
des Erlösers denken würde. Ich hatte
das Paradis auf der Erde im Sinne, welches Moses beschreibt. Iesus hingegen
redete von dem himmlischen Paradise
oder von den Belohnungen der Ewigkeit,
deren alle gute Menschen theilhaftig werden sollen. Wo liegt nun hierin ein Spott?
Ich würde vor mir selber Abscheu und
Schauder empfinden, wenn ich boshaft
und

und niedrig genug gewesen wäre, Iesum
nicht nur überhaupt, sondern sogar in
dem erhabensten, rührendsten, für die
ganze Menschheit heilsamsten, Augenblicke seines Lebens zu verspotten. Aber
jetzt ist mein Herz, und gewiſs auch das
Herz eines jeden gutgesinnten Lesers voll
von gerechtem Abscheu und Schauder vor
einem Menschen, der boshaft und niedrig
genug ist, seinen Nächsten, dessen Person er zu lieben, und dessen Wohlfahrt er
befördern zu wollen vorgibt, auf eine so
kränkende Weise zu verläumden. Woll-
e ich Gleiches mit Gleichem vergelten,
und solche Konsequenzen aus Ihren Wor-
en ziehn, so könnte ich dieses mit weit
röſserem Rechte. Denn S. 94 sagen
ie: » die Heftigkeit der Begierde soll
jemanden so weit getrieben haben, daſs
er eine Wolke statt der Juno geschändet. Dieses ist nun nur Fabel; aber
daſs der Hr. Autor der Perfektibilität
ich selbst schändet, wenn er vermeynet,
die heilige Schrift zu schänden, dieses
ſt erwiesene Wahrheit.« Diese Ver-
glei-

gleichung der heiligen Schrift mit der Juno in einer solchen Beziehung ist doch wahrlich nicht respektvoll, und wenn einmal vom Schänden die Rede seyn soll, so ist wohl keine Frage, wer von uns beyden sich am meisten geschändet hat.

Dergleichen hämische Auslegungen meiner Worte kommen fast auf allen Seiten Ihrer Zuschrift vor, besonders wenn ich etwas in Rücksicht der Bibel gesagt habe. So behaupten Sie S. 52: »ich wollte Mosis Ausdruck *tadeln*, wel- »chen doch *Longinus*, ein griechischer »Lehrer der Beredsamkeit, als ungemein »erhaben bewundert habe; daher (?) wer- »de meine Kritik der Longinischen wohl »billig nachstehen müssen.« Allein es ist mir auch nicht im Träume eingefallen, Mosis Ausdruck zu tadeln, sondern ich habe bloß gesagt, bey Voraussetzung einer gewissen Erklärung seiner Worte sey es nicht recht begreiflich, wie er sich so über die Schöpfung habe ausdrücken können; dieses führe also den Interpreten

ten natürlich auf eine andere Erklärung, welche feinen Worten angemeſſener ſey. Was aber den Longin betrifft, ſo haben Sie wieder bloſs lauten hören. Dieſer Redekünſtler findet bloſs die Worte Gottes beym Moſes: *Es werde Licht, und es ward Licht,* erhaben, weil ſie uns in der gröſsten Kürze eine anſchauliche, und doch zugleich unſer Faſſungsvermögen weit überſteigende Vorſtellung von der Gröſse der göttlichen Allmacht geben. Ich finde dieſs ebenfalls ſehr erhaben; und lobe den Moſes, daſs er Gott ſo redend einführt; aber über Moſis Erzählung überhaupt hat Longin, ſo viel mir bekannt iſt, nie eine Kritik geſchrieben; die meinige, wenn ſie anders ſo genannt werden darf, kann alſo der ſeinigen weder vorgezogen noch nachgeſetzt werden.

Doch ich übergehe dieſen und andere Ausfälle der Art, und rechtfertige mich nur noch über den letzten der oben angeführten Punkte, nehmlich, daſs ich

nach

nach S. 33 Ihrer Zuschrift »die *Reforma-* »*tores* mit der unerweislichsten Lästerung »schände, wenn ich in den Briefen sage, »sie hätten es uns zur Pflicht gemacht, »in der Religionsvervollkommnung im- »mer weiter fortzuschreiten.« Hiermit wollen Sie also ungefähr so viel sagen, daſs, wenn ich auch allenfalls für einen Christen noch möchte gehalten werden — welches mir hoffentlich nach dem bisher Gesagten niemand mehr streitig machen wird — ich doch wenigstens kein ächt protestantischer, kein lutherisch-evangelischer Christ sey. Soll dieses nun so viel heissen, daſs ich nicht alle Lehrmeynungen unserer Reformatoren als wahr unterschreibe, so möchten Sie wohl Recht haben; allein ich fürchte, es möchte dann gar keinen ächt protestantischen Christen, und noch weniger einen solchen Theologen mehr auf der Welt geben, und zuverläſsig würde man Ihnen selbst aus dem ganzen Inbegriffe Ihrer theologischen Überzeugungen genug Abweichungen von Luthers und der übrigen

gen Reformatoren Lehrmeynungen beweifen können. Aber wenn von einem ächt proteſtantiſchen Chriſten oder Theologen die Rede iſt, ſo nehmen verſtändige Menſchen blofs auf den *Geiſt des Proteſtantiſmus*, der unſere Reformatoren beſeelte, d. h. auf den Grundſatz, von dem ſie bey ihrer Reformazion ausgingen, Rückſicht, und dieſer beſtand darin, dafs ſie ſich durch keine menſchliche Auktorität in Anſehung ihrer moraliſch-religiöſen Überzeugungen wollten feſſeln laſſen, ſondern gegen jeden untrüglichen Glaubensrichter proteſtirten. Ich habe alſo blofs ſagen wollen, die Reformatoren hätten den Perfektibilitätsgrundſatz praktiſch ausgeübt, wenn ſie ihn gleich nicht theoretiſch aufſtellten, ſie hätten uns durch Abwerfung des alten von der Hierarchie aufgelegten Joches, wodurch alle Religionsvervollkommnung unmöglich gemacht wurde, in denjenigen Zuſtand der Freyheit verſetzt, wo wir die dringendſten Veranlaſſungen und Aufforderungen zu jedem möglichen Fortſchritte in der moralisch-religiösen durch die Offenbarung uns mitgetheilten Erkenntniß hätten. Hierin wird nun niemad eine Lästerung oder Schändung der Reformatoren finden, so wenig als in meinen ganzen Briefen der Geist des Protestantismus verläugnet ist. Diesem widerspricht nehmlich ganz und gar nicht eine *freymüthige dem Publikum in Erwartung einer bessern Belehrung zur Prüfung vorgelegte theologische Untersuchung*, sie betreffe, welchen Gegenstand sie wolle. Ich kann und darf mich also mit vollem Rechte einen ächt protestantischen, einen lutherisch-evangelischen Christen nennen, und ich nenne mich so, nicht, wie Sie gehässig zu verstehen geben, weil ich ein kirchliches Lehramt zur Pflege meines Körpers suche — denn darauf will ich gerne Verzicht leisten — sondern weil ich mich *nach meiner Überzeugung* nicht anders nennen kann und darf. — Jedoch Sie lassen es nicht dabey bewenden, mir den Namen eines guten Protestanten und eines Christen überhaupt streitig zu machen; Sie sprechen mir

13) auch

13) auch den Titel eines ehrlichen Mannes, eines redlichen Wahrheitsforschers ab. Sie legen der Herausgabe meiner Briefe die allergefährlichsten, allergehässigsten Zwecke zum Grunde, und scheinen es recht absichtlich darauf angelegt zu haben, durch den Gebrauch der grellsten Farben in meiner Person das vollendete Bild eines irreligiösen und immoralischen Menschen aufzustellen. Da Ihr ganzer Brief von Invektiven dieser Art wimmelt, so hebe ich nur die merkwürdigsten aus, um dadurch den Geist Ihrer Schrift immer mehr zu enthüllen. S. 67 nennen Sie den Zweck meiner Schrift ausdrücklich einen »bösen Zweck« und finden S. 111 die Quelle davon in dem »bösen Willen«. Dieß kommentiren Sie weiter S. 84 und 112, wo Sie »Einfalt und Unverstand mit bösen ver-
»derbten Neigungen verbunden« als jene Quelle anzeigen, indem Sie behaupten, »solche Gedanken könne der bloße Un-
»verstand nicht erzeugen, sondern es ge-
»höre auch viel Bosheit und Haß gegen

K 4 »die

»die Wahrheit und gegen Iesum dazu.«
Daher schreiben Sie mir S. 54 »ein gegen
»Gottes Wort und Menschenwohl feind-
»seliges Herz«, und S. 56 gar »Haſs ge-
»gen Gott selbst« zu. Diefs malen Sie
weiter aus durch folgende Tirade S. 63
und 64. »Sie« — nehmlich der Verf.
der Briefe — »Hr. Kant, und alle, wel-
»che den verdammlichen Unglauben pre-
»digen, *sehen im hellesten Lichte,* daſs
»die geoffenbarte Religion durchaus gött-
»lich und wahrhaftig, und mit Philoso-
»phie unbestreitbar sey, *weil alle ihre*
»Philosophie erwiesener Irrthum ist, wel-
»che mit der Schrift streitet« — Welche
herrliche Konsequenz in dem Räsonne-
ment des Hrn. Alethophilus, aber auch
zugleich welche Verstockung in Hrn.
Kant's und meinem eignen Herzen!
Wenn dieſs nicht der Zustand der *Sünde wider den heiligen Geist* ist, so gibt
es überall keine solche Sünde! Daher
sagen Sie denn auch S. 37 ausdrücklich,
»nur durch vorsätzliche grofse Verschul-
»dung sey es möglich, daſs ein Gelehr-
»ter

»ter unter Chriſten leben, und ungläubig
»ſeyn« — d. h. nicht wie Sie glauben —
»könne«, und zu dieſen Ungläubigen
rechnen Sie auch diejenigen, welchen
eingefallen iſt, »eine Perfektibilität zu
»ſchreiben.« Daher nennen Sie S. 18
die Herausgabe meines Buches »ein ge-
»wiſſenloſes Verfahren, eine ſchreyende
»Ungerechtigkeit,« (nach S. 86 gar die
Laſterthat eines böſen Menſchen) und
das Reſultat der darin angeſtellten Unterſuchung »ein gottloſes Urthel.« Fragt
man nun, welches denn der böſe Zweck
des böſen Verfaſſers von dem böſen Buche über die Perfektibilität ſey, ſo gibt
uns hierüber unſer Wahrheitsfreund folgende Aufſchlüſſe: Nach S. 6 iſt »gänz-
»liche Vertilgung der Religion, Zerſtö-
»rung und Verächtlichmachung des von
»Gott gelegten Grundes unläugbar mei-
»ne Abſicht.« Nach S. 10 »will ich die
»Chriſten zu meiner troſt- und kraftlo-
»ſen philoſophiſchen Religion verführen,
»und mit mir in eine unſeelige Unge-
»wißheit ziehen.« Dieſs wiederholen Sie

K 5   S. 18.

§. 18. 30. 31. 49. 109. u. a. m. O., wo Sie
einmal über das andere fagen, »alles fey
»nur auſs Betrügen angelegt, es fey mein
»hartnäckiger Vorfatz, und meine fträf-
»liche Abficht, die Wahrheit liftig zu un-
»terdrücken, und Unwiffende und Schwa-
»che zu meiner Partey zu ziehen, um fie
»auf eine unvermerkte Weife in den Un-
»glauben und das Verderben, ja felbft in
» die Hölle zu ftürzen.« Alfo eine teuf-
lifche Bosheit! Doch ich brauche Sie
nicht zu kommentiren; Sie fagen es felbft
S. 121 mit dürren Worten; denn da fprechen Sie in offenbarer Beziehung auf mich
von »Leuten, welche es fo übel mit den
»Menfchen meynten, und ihnen ihre
»Freude und Troft zernichteten, ohne
»dafs fie felbft davon andern Nutzen
»hätten, als welchen die *böfen Geifter*
»haben, wenn fie Menfchen ins Verder-
»ben mit fich ftürzen. Diefen glichen
»daher jene Leute durch Verführung zu
»allen Sünden und Laftern am mehr-
»ften.«

Was

Was ich Ihnen nun hierauf antworten, wie ich mich gegen folche Anklagen rechtfertigen foll, das weiſs ich in der That nicht. Da ich in meinen Briefen überall die gröſste Achtung gegen das Chriſtenthum zu erkennen gebe, fo hätten Sie Beweife anführen follen, durch die es wenigſtens wahrſcheinlich würde, alle meine Äuſserungen diefer Art feyen nicht aufrichtig gemeynt. Allein Sie bringen auch nicht das Geringſte bey, was nur einem folchen Beweife ähnlich fähe. Ich kann alfo weiter nichts thun, als einen Mann für mich fprechen laſſen, den Sie felbſt, als Vertheidiger des Chriſtenthums, fo hoch fchätzen. Vernehmen Sie alfo, was Hr. D. *Storr* in feiner Abhandlung: *Über den Geiſt des Chriſtenthums,* (welche im 1ſten St. von *Flatt's Magazine für chriſtliche Dogmatik und Moral* zu finden iſt,) in Beziehung auf die fo oft zur Verächtlichoder Gehäſſigmachung Andrer gemiſsbrauchten Wörter: *Orthodoxie* und *Heterodoxie,* und in Beziehung auf den

von

von Ihnen gebrauchten Kunstgriff, Andersdenkende als boshafte Menschen zu verschreyen, sagt. Hier heifst es S. 137 und 138 folgender Mafsen:

»Bey den so sehr verschiedenen Fä-
»higkeiten, Hülfsmitteln und Kennt-
»nissen der Menschen ist es gar nicht
»zu verwundern, dafs selbst diejeni-
»gen Christen, *welche bey der Er-*
»*werbung und Prüfung ihrer Reli-*
»*gionskenntnisse moralisch gut ver-*
»*fahren,* in manchen Meynungen
»verschieden sind, und die Irrenden,
»wenn auch ihrer Meynung freymü-
»thig und gründlich widersprochen
»wird, nicht immer eines Bessern
»überzeugt, und auf eine höhere
»Stufe der christlichen Erkenntnifs
»befördert werden können. Recht-
»schaffne Christen müssen also Chri-
»sten von einer andern Denkungsart
»und Partey dulden, ihren Wider-
»spruch ertragen, und ihnen zwar
»durch keine Gleichgültigkeit gegen
»ihre

»ihre eignen Überzeugungen fchmei-
»cheln, aber auch *durch harte und*
»*verächtliche Urtheile* (Röm. 14, 3),
»die mit einer freymüthigen Behau-
»ptung unferer Überzeugung (v. 14.)
»in keiner nothwendigen Verbindung
»ftehen, *nicht wehe thun.*

Diefer in einem ächt chriftlichen Sinne gefchriebenen Stelle fügt nun Hr. Storr noch folgende Note bey, die Sie, Hr. Alethophile, ganz auswendig lernen, und in Saft und Blut verwandeln follten, damit dadurch die böfen Dünfte vertrieben würden, welche aus Ihrem Herzen ausftrömen, und jeden, der fich Ihnen mit einer andern Meynung nähert, als Sie felbft hegen, Tod und Verderben drohen:

»Weil die Wörter *δοϰειν* und *δοξα*
»nicht das *moralifche Verhalten* bey
»der Beftimmung unferer Meynun-
»gen, fondern die *Meynung felbft*
»bezeichnen: fo fcheint es der Ety-
»mologie, wie dem Sprachgebrau-
»che,

»che, gemäſser, ορθοδοξια von der
»(logiſchen) *Richtigkeit der Meynun-*
»*gen,* nicht von dem *moraliſch rich-*
»*tigen* (rechtmäſsigen) *Betragen in*
»*Feſtſetzung* der Meynungen zu ver-
»ſtehen.*) Ich möchte alſo nicht ſa-
»gen, daſs die ορθοδοξοτατοι in eben
»derſelben Sache verſchieden denken
»können, ob ich gleich zugebe, daſs
»beyde Theile *wahrheitsliebend* ſeyn
»können. Der *Inhalt* ihrer Meynun-
»gen iſt zu widerſprechend, als daſs
»alle *richtig* denken könnten, wenn
»ſchon die *Entſtehung* ihrer abwei-
»chenden Meynungen bey allen *mo-*
»*raliſch untadelhaft* ſeyn kann. Da
»Menſchen über die Moralität der in-
»nern

*) Hr. Storr ſtreitet zwar hier gegen eine gewiſſe Behauptung des Hrn. D. *Paulus* in ſeiner bekannten *orat. de notione nominis orthodoxiae;* allein dieſs thut hier nichts zur Sache. Die Äuſserungen des Hrn. Storr können auch ohne dieſe Beziehung verſtanden, und von jedem, der einen *guten Willen* hat, richtig angewendet werden.

»nern Handlungen, wodurch die Mey-
»nung ihres Mitmenschen entstanden
»ist, überhaupt selten urtheilen kön-
»nen: *so überläſst man diese Frage
»am sichersten Gott und eines jeden
»eigenem Gewissen.* (Röm. 14, 10-12.)
»Aber den *Inhalt* fremder Meynun-
»gen muſs ich oft beurtheilen, um
»in einer Sache, die mir nicht gleich-
»gültig ist, mein eigenes Urtheil be-
»richtigen oder befestigen zu kön-
»nen. Und hier ist es nun natürlich,
»daſs ich diejenigen, die mit meiner
»Meynung übereinstimmen, in dieser
»Sache für *richtig* denkend (ορθο-
»δοξυς), und diejenigen, welche an-
»ders denken, als ich, für *anders,*
»*als richtig,* denkend (ἑτεροδοξυς)
»ansehe. Meine Meynung wäre ja
»nicht die *meinige,* wenn ich sie
»nicht für die *richtige* hielte. Wenn
»ich anders Denkende *nicht ver-*
»*damme,* sondern nur für *nicht über-*
»*einstimmend* mit dem, was nach
»meinem Urtheile wahr ist, ansehe;

»so

„so handle ich, wie ich wünsche,
„daß sie gegen mich auch handeln.
„Denn eben darum, weil ich ihre
„Meynung für *unrichtig* halte, will
„ich ja *nicht für gleichdenkend* mit
„ihnen gelten, ich will ihnen, ἑτερο-
„δοξος ſeyn, wie ſie es mir ſind. Wenn
„alſo auch eine chriſtliche Partey die
„andere für *heterodox* erklärt, ſo
„liegt darin an ſich weder ein *nach-*
„*theiliges Urtheil über den morali-*
„*ſchen Charakter der diſſentirenden*
„*Chriſten,* noch die *Anmaſſung ei-*
„*ner untrüglichen Entſcheidung über*
„*die ſtreitigen Religionslehren.* Die
„Partey, welcher die andere hetero-
„dox iſt, hält ſich freylich für *ortho-*
„*dox.* Sie wäre ja den Meynungen,
„welche ſie vorzieht, nicht zugethan,
„wann ſie ſie nicht *für richtig* hiel-
„te. Da ſie aber die andre Partey
„nicht hindern kann, ſich eben ſo-
„wohl *für orthodox zu halten:* ſo
„begreift ſie wohl, daß ihre Ortho-
„doxie von andern Parteyen nicht
„aner-

»anerkannt, fondern nur als *fubjek-*
»*tives* Urtheil von den ftreitigen
»Meynungen aufgenommen wird.
»Das Urtheil über Orthodoxie und
»Heterodoxie ilt *hiftorifch.* Wenn
»*Proteftanten* einen Gegner der Gott-
»heit Chrifti *hetreodox* nennen, fo
»*erzählen* fie, dafs diefe Perfon von
»einer Lehre abweiche, die *von Pro-*
»*teftanten* für wahr und richtig *ange-*
»*fehen* werde, und einen Theil ih-
»res Lehrbegriffs ausmache. Wenn
»diefelbe Perfon von einem *Sozinia-*
»*ner orthodox* genannt wird: fo er-
»klärt der letztere, dafs *er und feine*
»*Partey* die Gottheit Chrifti eben-
»falls läugne, und dafs jener Gegner
»der Gottheit Chrifti *in* Abficht auf
»diefe Frage *dem fozinifchen Lehr-*
»*begriffe gemäfs* denke.«*)

Hieraus werden Sie nun fchon vorläufig
einfehen können, wie die beffern Menfchen

---

*) Ob ich gleich in der Erklärung der Wörter *ortho-*
dox und *heterodox,* als bezeichneten fie blofs

L die

ſchen von Ihrer eignen Partey über Sie urtheilen werden, und daſs meine obige Prophezeyhung in dieſer Rückſicht wahr ſey. Wäre es möglich, daſs eine an ſich ſo unbedeutende Schrift, wie die Ihrige, von Folgen für das ganze theologiſche Publikum ſeyn könnte, ſo müſste man ſagen, daſs Sie dadurch Ihrer eignen

Par-

die ſubjektive Überzeugung des einen Individuum's in Beziehung auf die des Andern, dem Hrn. D. Storr nicht beypflichten kann, wie aus meiner Abhandlung *über Orthodoxie und Heterodoxie*, welche einer Vorleſung *über den weſentlichen Charakter der praktiſchen Philoſophie* (Jena 1796. 8.) vorgedruckt iſt, erhellet, ſo ſtimme ich ihm doch von ganzem Herzen in allem demjenigen bey, was er zur Erläuterung ſeiner Erklärung hinzufügt. In Beziehung aber auf den in der obigen Stelle zuletzt berührten Umſtand, und in Beziehung auf dasjenige, was weiter oben nach No. 12. litt. c. α. über die Anklage, als läugnete ich die Gottheit Ieſu, geſagt worden iſt, ſey es mir erlaubt, hier noch eine Stelle aus Hrn. Storr's Abhandlung anzuführen, welche ſich S. 133 findet, und alſo lautet: »Bey

» dem

Partey einen tödtlichen Streich versetzt hätten.

Indessen scheinen Sie sich auch nicht mit einer blos wahrscheinlichen Vermuthung eines bösen Herzens bey mir begnügen zu wollen; des Ausspruchs eingedenk: *an ihren Früchten sollt ihr sie erkennen,* wollen Sie es auch

14) aus
»dem Kenner der Geschichte muſs allerdings »der Wunsch sehr lebhaft worden seyn, daſs »die Lehre von der *Person Iesu* nie möchte »zum Anlaſse *gemiſsbrauchet* worden seyn, »eben so *unchriſtliche als unvernünf-* »*tige Leidenschaften* zu befriedigen. Aber »man braucht kein tiefer Forscher zu seyn, um »einzusehen, daſs der Miſsbrauch den rechten »Gebrauch nicht aufhebt, *und es eben nicht* »*nothwendig ist, bey jeder Spekulazion über* »*die Person Iesu unmoralisch gegen An-* »*dersdenkende zu handeln,* oder gar *beſtimm-* »*te Vorstellungen von der Person Iesu* »*bey dem Ausbruche feindseliger und* »*stolzer Gesinnungen gegen Andre bloſs* »*zum Vorwande anzuführen.«*

14) aus meinen *Handlungen* beweisen. Was thun Sie also? Nachdem Sie, gleichsam *captandae benevolentiae caussa,* und um den Leser zu überreden, Sie seyen recht unparteyisch, mir vorläufig S. 101 ein bescheidenes, demüthiges, gefälliges Betragen, welches jedoch bereits in Stolz und Trotz auszuarten anfange, zugeeignet haben, so unterhalten Sie S. 122 den Leser mit einer *Weiberklätscherey,* woraus erhellen soll, daſs ich ein sehr unehrbarer und gottesvergessener Mensch in meinem Wandel sey. Die Mähre ist folgende: »Zwey glaub-
»hafte Personen« — es waren zwey Damen, eine alte und eine junge — »wa-
»ren mit einem erklärten Naturalisten in
»einer zahlreichen Gesellschaft. Der Ei-
»ne« — muſs heiſsen: *die* Eine, vermuthlich die junge — »urtheilte, der Na-
»turalist habe sich sehr ehrbar betragen;
»der Andre« — eigentlich *die* Andre,
»unstreitig die alte — »sprach: eines sol-
»chen Mannes Gesellschaft sey für Gott-
»seligkeit und Tugend, was die Pest für

»die

„die Gesundheit sey. Der Beweis wurde
„also geführt. Der naturalistische öffent-
„liche Lehrer A. verspottete einen Stu-
„denten B., welcher ihn sehr hochschätz-
„te, über sein Kirchengehn, und versi-
„cherte, daſs man ihm eine namhafte
„Summe Geldes bieten könnte, unter
„der Bedingung, daſs er alle Sonntage
„in die Kirche gehen sollte, er müſste
„sie ausschlagen. Hr. B. war Sohn und
„Enkel von zwey ungemein frommen
„Pfarrherrn, welche ihm, wie bey die-
„ser Art Menschen gewöhnlich ist, kein
„zeitliches Vermögen hinterlassen hat-
„ten, aber Gottes reichen Seegen, wenn
„er Gott fürchtete. Dieser Seegen äu-
„serte sich auch schon dadurch, daſs
„ein eben so gelehrter, als frommer Ba-
„ron ihn auf seine Kosten studiren lieſs.
„Hier siehet man klar, daſs nach ächt-
„christlichen Grundsätzen Hr. A. auf das
„zeitliche und ewige Wohl des B. und
„der groſsen Gesellschaft keinen boshaf-
„tern Angriff machen konnte; und doch
„ur-

»urtheilt man von Hrn. A., daſs er ein
»ehrbares Leben führe.«

Daſs hier der — nehmlich von Hrn.
Alethophilus dafür — *erklärte Naturaliſt
A.* meine Wenigkeit ſeyn ſoll, iſt wohl
keinem Zweifel unterworfen; der Student B. aber iſt ſo gut gezeichnet, daſs
in ihm einer meiner Freunde, welcher
jetzt von mir entfernt lebt, und deſſen
zeitliches und ewiges Wohl ich von ganzem Herzen wünſche, nicht zu verkennen iſt. Die Erzählung ſelbſt aber nenne ich eine *Mähre,* weil das Faktum,
worauf ſie ſich bezieht, entweder durch
ein elendes Geſchwätz der Perſonen des
andern Geſchlechts, von welchen allein
Sie können berichtet worden ſeyn, oder
durch Sie ſelbſt vorſätzlich entſtellt iſt.
Die Sache verhält ſich eigentlich ſo ! Es
war die Rede von einer Kirche — ob
dieſelbe würklich irgendwo anzutreffen
iſt, oder von der Geſellſchaft nur hypothetiſch angenommen wurde, thut nichts

zur

zur Sache — deren Prediger feine Gemeinde alle Sonntage mit dem erbärmlichſten dogmatiſchen und polemiſchen Gewäſche, das noch dazu alljährlich auf dieſelbe Manier wiederkommt, unterhält; der aus einem ohnehin unerbaulichen Geſangbuche gewöhnlich gerade die unerbaulichſten Lieder auswählt, vielleicht aus einem verdorbenen Geſchmacke, vielleicht auch abſichtlich, damit der Geſang mit der Predigt nicht zu ſehr kontraſtiren ſoll; der die *Sacra* mit dem unverzeihlichſten Leichtſinne adminiſtrirt; der noch überdieſs als ein unverträglicher Kollege, als ein leidenſchaftlicher Spieler, als ein ſchmutziger Geizhals, als ein Pflaſtertreter und Familienklätſcher ein ſo muſterhaftes Leben führt, daſs bey der allgemeinen Geringſchätzung, in der er bey ſeiner Gemeinde ſteht, der gute Saamen, der etwa noch in ſeinen Predigten zuweilen aus Bayer's und andern Magazinen erborgt anzutreffen iſt, völlig erſtickt wird, und keine Wurzel faſſen kann. Bey einem ſolchen Man-

Manne — in deſſen Gemälde aus Achtung und Schonung gegen den an ſich ſo ehrwürdigen, heilſamen Predigerſtand bloſs einige Züge fehlen, die aus örtlichen, geheimen und ſkandalöſen Chroniken entlehnet werden müſsten — bey einem ſolchen Manne alſo alle Sonntage in die Kirche gehen zu müſſen, dieſs hielt ich für eine ſo fürchterliche Pönitenz, daſs ich laut erklärte, mich derſelben um keinen Preis unterwerfen zu wollen. Nun ſagen Sie ſelbſt, mein Herr, ob Sie darin etwas Anſtöſsiges finden? Wollten Sie wohl bey einem ſolchen *Confratre* alle Sonntage in die Kirche gehen? Bey Gott, Sie müſsten gar nicht wiſſen, was der Zweck des Kirchengehens, was Erbauung iſt, wenn Sie ſich einen ſolchen Kirchenzwang auflegen wollten. Aber geſetzt einmal, Ihre ganze Erzählung ſey buchſtäblich wahr, (bis auf das Verſpotten, welches immer unrecht geweſen wäre, aber dort gar nicht möglich war, weil es nicht würde treffend geweſen ſeyn, da der Student B. als ſo-

genann-

genannter *Canonicus* für ein kleines Äquivalent an Gelde in die hiefige Schloſskirche alle Sonntage ging, welcher Umſtand eigentlich das ganze Geſpräch veranlaſste), wäre es denn ein ſo groſses Verbrechen, ſich nicht *für eine Summe Geldes* zum Kirchengehen verbindlich machen zu wollen? Iſt denn das Kirchengehen ein Hofedienſt, wofür man ſich kann bezahlen laſſen? Freylich, wer ſo wie Sie nach S. 88 das bloſse Kirchengehn für »eine Pflicht vom er- »ſten Range« hält — vielleicht weil auch das Beichten mit darunter begriffen iſt, und viele Kirchen- und Beichtſtühle, wenn die Beſuchung derſelben, ganz vom freyen durch die Vortrefflichkeit des Lehrers beſtimmten Willen der Gemeindeglieder abhinge, leer bleiben würden — wer auf die moraliſche Tendenz der Religion und des religiöſen Kultus ſo wenig Rückſicht nimmt, als man nach verſchiedenen Äuſserungen in Ihrer Zuſchrift bey Ihnen vorausſetzen muſs: der muſs allerdings in jener Äuſserung von mir eine

eine Vergessenheit Gottes oder vielmehr eine Vergessenheit seines anmafslichen priesterlichen Stellvertreters finden. Aber ich bitte Sie, kann denn *das* Kirchengehn Gott wohlgefällig seyn, das nicht in der Achtung und Liebe zu ihm, sondern in einem äufsern Lohne, als wär's ein blofses *opus operatum,* seinen Grund hat? Und können nicht zufälliger Weise an einem Sonntage dringendere Geschäffte vorfallen, um welcher willen selbst der gewissenhafteste Gottesverehrer sich ohne Bedenken von der Besuchung des Gottesdienstes dispensiren wird? Setzen Sie z. B. dafs jemand von einem liebevollen Menschen in einer öffentlichen Zuschrift so hart verklagt würde, dafs er, wenn er durch Stillschweigen den Anklagen des Letztern einigen Schein der Wahrheit gäbe, um seine Ehre und staatsbürgerliche Existenz kommen könnte; setzen Sie, dafs der Beklagte ein Lehramt zwar nicht öffentlich verpflichtet und dafür besoldet zu verwalten hätte, aber doch aus Neigung oder Pflichtgefühle

gefühle ordentlich abwartete, und deshalb in den Wochentagen mit feinen Berufsarbeiten fo befchäfftigt wäre, dafs er an feine nothgedrungene Selbftvertheidigung nicht eher als den Sonntag denken könnte: fo werden Sie nicht in Abrede feyn, dafs — wenn es nach dem Ausfpruche Iefu dem an ftrenge Zeremonialgefetze gebundenen Juden erlaubt war, einen Stier aus der Grube zu ziehen, in die ihn fein unglückliches Schickfal hatte fallen laffen — es vielmehr einem Menfchen, der unter der Freyheit des Evangelium's fteht, vergönnt feyn müffe, fich felbft aus dem Abgrunde des Verderbens zu reifsen, in das ihn ein boshafter Verläumder zu ftürzen drohte. Übrigens kann ich Ihnen verfichern, dafs ich fehr gern eine wahrhaft erbauliche Predigt mit anhöre, und dafs ich infonderheit nichts Rührenderes und Herzerhebenderes kenne, als einen guten Kirchengefang, wo eine ganze gleichfam im Angefichte Gottes verfammelte chriftliche Gemeinde ihre Stimme im Einklange ge der Gemüther zu dem Allwiſſenden erhebt, ſich ſeiner Wohlthaten freut, und zu guten Geſinnungen wechſelſeitig zu beleben ſucht. Doch — wozu dieſe Verſicherung? Ich darf allenfalls ſtolz darauf ſeyn, daſs Sie keine triftigern Gründe zum Beweiſe meiner Unehrbarkeit und Gottesvergeſſenheit anführen, und verzeihe Ihnen deshalb gern die Vergleichung mit dem D. Bahrdt. So demüthig und wehmüthig ich auch die mancherley Schwächen und Mängel anerkenne, mit denen die moraliſche Kraft in mir noch immer zu kämpfen hat; ſo ſehr ich auch die Nothwendigkeit fühle, Gott ſelbſt um verborgener Fehler willen täglich um Verzeihung zu bitten: ſo darf ich doch getroſt Sie auffordern, gültigere Beweiſe davon beyzubringen, daſs ich nach S. 121 »in Lüſten des gottloſen Le-»bens wandle«, darf mit Zuverſicht hoffen, daſs Sie dieſelben ſchuldig bleiben werden, woferne Sie mir nicht etwa auch daraus ein Verbrechen machen wollen, daſs ich mich nicht mönchiſch

und

und licht- und leutefcheu unter Bücherftaub vergrabe, fondern — fo weit es meine Umftände und Berufsgefchäfte erlauben — die Gefellfchaft guter, gebildeter und froher Menfchen zur Erholung von der Arbeit fuche; dafs ich nicht mit gefenktem Blicke und herabhängendem Kopfe einhertrete, als wünfchte ich mich aus Furcht vor den Vorwürfen eines böfen Gewiffens und vor dem Anblicke der verführten oder unterdrückten Unfchuld in der Erde verkriechen zu können, fondern ungeftört von Neckereyen aller Art meinen geraden Weg fortwandle, und (die Augenblicke einer ftillen Schwermuth über das Gefühl der Ohnmacht beym beften Willen, und eines unruhigen Sehnens nach Befriedigung unfchuldiger Wünfche — diefe Augenblicke, fage ich, die keinem menfchlichen Herzen fremd find, ausgenommen) ftets mit heiterem Angefichte in Gottes freye Welt hinausfchaue, und mit frohem Herzen der Zukunft diefseits und jenfeits des Grabes entgegenfehe.

Weil

Weil ich denn nun nach Ihrer Meynung ein fo gar arger Menfch bin, und fo gar arge Abfichten hege, ja weil überhaupt jetzt die Welt fehr im Argen liegt, und nach S. 88 und 101 eine geheime Verbindung unter den Gelehrten gefchloffen ift, deren Zweck in nichts Geringerem befteht, als »alles Gefühl »für Religion auszurotten, durch Trug »fchlüffe, welche ihre Beweiskraft erhal- »ten « — foll vermuthlich heifsen: durch Schlüffe, welche ihre Beweiskraft durch Trug erhalten — »und durch eine Men- »ge Büchergerichte, welche alle einig »find, die chriftliche Religion zu ftür- »zen«: fo ilt es gar kein Wunder, dafs Sie endlich

15) auch den *weltlichen Arm*, ja fogar die *göttlichen Strafgerichte* gegen den Perfektibilifmus auffordern. Es ift diefes eine fo gemeine Wendung, welche gewiffe Obfkuranten nehmen, wenn fie auf keine andere Weife mit ihren Gegnern fertig werden können, dafs ich mich

mich gar nicht dabey aufhalten würde,
wenn nicht der Leser hier noch mancherley lehrreiche Betrachtungen anzu-
stellen Gelegenheit finden dürfte. Daſs
Sie weislich hie und da die französische
Revoluzion einmischen, und dieselbe mit
der Perfektibilität sehr geschickt zusam-
menstellen, ist schon oben gelegentlich
bemerkt worden, und wir erkannten
schon dort *ex ungue leonem*. Sie lassen
es aber, um Ihre Leser hierüber nicht
in Zweifel zu lassen, dabey nicht bewenden, sondern sagen S. 119 ausdrücklich,
daſs man durch Annahme des Perfekti-
bilismus nicht bloſs »ein Unchrist, und
»also (?) ein lasterhafter, unseeliger
»Mensch werden«, sondern daſs auch
»bey grosser Ausbreitung dieses Unglau-
»bens selbst der *Staat in unsäglichen*
»*Jammer* gerathen müsse.« Dieſs suchen
Sie auch nach Ihrer Art zu beweisen;
denn nach S. 123 »vertilgt die Verbrei-
»tung dieses Irrthums alle Begriffe von
»Recht und Unrecht.« Das Wie? lassen Sie jedoch unerörtert, und fahren
bloſs

bloſs S. 124 alſo fort: »Aus der Obrig-
»keit muſs er« — nehmlich der Naturaliſt, oder, welches nach Ihrem Sprachgebrauche einerley iſt, der Perfektibi-
liſt — »ſich machen, was er will; nach-
»dem er nicht mehr um der Bibel wil-
»len ſie für Gottes Gabe und Ordnung
»hält (?), kann er ſie nicht ſcheuen
»noch lieben. Und dieſes ſind die ganz
»unausbleiblichen Folgen des Unglau-
»bens, wie wir aus den Begriffen es her-
»leiten können, und aus der Geſchich-
»te der franzöſiſchen Revoluzion erſe-
»hen, und unſre Nachkommen ganz un-
»fehlbar erfahren werden, wenn Gott
»nicht den Apoſteln des Unglaubens und
»der Ruchloſigkeit *bald und kräftig* Ein-
»halt thut.« *) Bald darauf reden Sie
von

---

*) Merkwürdig iſt es doch, daſs die Schreyer aus
allen Sekten einander ſo gleich ſind. Die
Stattler's, die Weiſſenbache, die Hofſtätter's,
die Hofmanne führen dieſelbe Sprache. Man
ſehe die Berl. Monatsſchr. J. 1795. Januar. S. 61
ff. Hr. *Hofmann* inſonderheit verunglimpft
in

von »Menſchen, welche allen bürgerli-
»chen Wohlſtand durch Untergrabung
»des wahren Grundes aller obrigkeitli-
»chen Gewalt über den Haufen werfen
»fen wollen«, und nennen dieſs eine
»*ſtrafbare* Bosheit, von welcher man ge-
»wiſs vorherſehen kann, daſs, *wenn es*
»*ſo fort geſtattet wird,* ſelbige die Chri-
»ſtenheit an den Rand des Verderbens
»bringt — Daher würde auch keine
»Zucht

in ſeinen *höchſt wichtigen Erinnerungen zur
rechten Zeit über einige der ernſthafteſten Angelegenheiten dieſes Zeitalters* (Wien 1795. 8.)
unſern ehrwürdigen, verdienten, groſsen Luther
auf folgende energiſche Weiſe: »Was hat das
»einzige Talent eines Luthers angerichtet?
»Ein unüberſehbares Unglück, welches alle
»künftigen Geſchlechter der Erde noch empfin-
»den werden. — Der Geiſt der heutigen Frey-
»heit, ſagen wir lieber, der frechſten Zügello-
»ſigkeit, iſt durch das Talent Luthers erzeugt
»worden; denn das Talent dieſes Genies war
»das Talent der Läſterung, der Unverſchämt-
»heit, und des unbändigſten Trotzes gegen Gott
»und Menſchen. Er gab das heut ſo beliebte
»und

M

„Zucht und Ordnung, vielleicht nicht einmal Menschlichkeit, können erhalten werden. Folglich kann man — nicht — die hohe Obrigkeit zurückhalten, daſs ſie nicht gebührenden Ernſt brauche. — Will man einen groſsen Brand löſchen, ſo müſſen die, welche Feuer anlegen, entfernt, und die, welche löſchen können, ermuntert, und von Hinderniſſen erlediget werden. Beydes

und ſo treu nachgeahmte Beyſpiel, wie die Genies den Gehorſam gegen die Obrigkeit wegwerfen, wie ſie ihre Obrigkeit in den Staub treten, wie ſie ihre verwegenen Hände zum Umſturz der Throne und Altäre gebrauchen müſſen." Bekanntlich klagten zu den Zeiten der Reformazion die Feinde derſelben Luthern auch als Urheber des Bauernkriegs an, ſo wie noch jetzt von katholiſchen Schreyern die Reformirten in Frankreich als die Hauptanſtifter der dortigen Revoluzion angegeben werden. Da nun die *proteſtantiſchen Hofmanne* das letztere nicht füglich thun können, und doch auch gerne ſchreyen wollen: ſo müſſen es die armen Philoſophen entgelten.

„des ist bisher nicht geschehen. Doch
„zur grosen Ehre Sr. Preuss. Majestät
„muſs es die Christenheit rühmen, daſs
„Sie unter den Monarchen zuerst in bey-
„den Stücken Ihre landesväterliche Sorg-
„falt auf eine Sache gerichtet, die
„Deutschland mehr Gefahr drohet, als
„kein Krieg. Gott erwecke alle Köni-
„ge, Fürsten und Regenten, daſs sie kei-
„nem Apostel des Satans weiter gestat-
„ten, Christum und sein Evangelium zu
„lästern; wahre Christen, die Christum
„den Gekreuzigten predigen, auf die
„Kanzel stellen, auch gute Schriften"
(z. B. diese des Hrn. Alethophilus),
„welche das Evangelium vertheidigen,
„und die elenden Sophistereyen der Na-
„turalisten ins gebührende Licht stellen,
„fördern. — Ich unterstehe mich daher,
„die Wünsche meiner christlichen Amts-
„brüder laut zu sagen. Sie gehen dahin,
„daſs man den neuen Philosophen nicht
„gestatte, von Änderung der christlichen
„Religion und Regierung anders, als *la-*
„*teinisch,* zu schreiben, und daſs man das

höchst

»höchſt billige Preuſs. Religionsedikt *in*
»*ganz Deutſchland* annehme, und *ſcharf*
»*aufs genaueſte* beobachte.« Nachdem
Sie auf ſolche Weiſe Ihr Geſchäfft in den
Kabineten der Fürſten geendet haben,
ſo ſetzen Sie ſich auch auf den Richter-
ſtuhl Gottes, und ſprechen aus eigner
Machtvollkommenheit folgende Sentenzen aus: S. 65, »wie wird Gott dieſe «
— nehmlich meine — »That ahnden!«
S. 113, »Gott wirds zu ſeiner Zeit ge-
»bührend ahnden.« S. 99, »alle, wel-
»che Chriſti Kirche verlaſſen, und Per-
»fektibiliſten oder Philoſophen werden,
»gelangen in das unſelige Reich, welches
»die Schrift die Obrigkeit der Finſterniſs
»nennt; denn nur Ungläubige und ge-
»ſetzloſe Menſchen, ſammt den verwor-
»fenen Geiſtern, machen dieſes Reich
»aus«, und dieſe Leute werden nach
S. 121 »ein ſchnell Verdammniſs über
»ſich führen.«

Was nun zuvörderſt die geheime Verbindung zum Umſturze des Chriſtenthums
betrifft,

betrifft, von welcher Sie sprechen, so versichere ich Ihnen ganz aufrichtig, daſs wenigſtens ich für meine Perſon gar nichts von einer ſolchen weiſs, und ich vermuthe auch mit groſser Wahrſcheinlichkeit, daſs ſie überall nicht, auſser nur in Ihrem und andrer Obſkuranten Gehirne, exiſtire. Ich habe zwar das Glück, mit mehrern gelehrten Männern unſers deutſchen Vaterlandes in nähern oder entferntern Verbindungen zu ſtehen; allein dieſs ſind, ſo weit ich ſie kenne, ſehr rechtliche Männer und redliche Wahrheitsfreunde. Sie ſuchen das Gute überall zu fördern, und muntern auch mich auf, dieſs in meinem kleinen Würkungskreiſe nach meinen geringen Kräften zu thun. Ich weiſs aber von keiner Ordensregel, von keinen Ordensinſignien, von keinem Ordensmeiſter, weder einem ſichtbaren noch einem unſichtbaren. Es iſt eine ganz freye Verbindung, die von je her unter allen denen beſtand, welche Wahrheit ſuchten,

und

und Gutes würkten, wo und so viel sie konnten.

Ihre Aufforderung der Könige und Fürsten zur Steuerung des vorgespiegelten Unfugs muſs jeden Leser an die Voſsische Fabel: *der Kauz und der Adler,* erinnern, die ganz im prophetischen Geiste auf diesen Fall gedichtet zu seyn scheint, daher auch der Dichter ausdrücklich mag erinnert haben, es sey: *Keine Fabel.* Da dieses schöne Gedicht, mir noch im frischen Andenken, Ihnen aber vermuthlich nicht zu Gesichte gekommen ist, so erlauben Sie mir, daſs ich es zu Ihrer und aller Leser Erbauung hier sogleich anfüge:

Ein *Kauz,* in düstern Synagogen
Des *Ober-Uhu's* auferzogen,
Kam früh in grauer Dämmerung
Zum *König Adler* hergeflogen.
»Treu« — krächzt' er — »treu der Huldigung
»Rüg'

"Rüg' ich den gellenden Trompeter
"Der unglücksschwangern Aufklärung,
"Den *Hahn*, Dir, König, als Verräther.
"Wenn sanft Dein wohlbeherrschter Staat
"Noch schläft und träumet und verdauet,
"Und unser Lied, was wacht, erbauet:
"Schnell kräht uns der *Illuminat*
"Die Sonn' empor, um aufzuklären,
"Und Ruh' und Andacht uns zu stören.
"Fink, Lerche, Schwalb' und Meis' empören
"Gefild' und Wald in freyen Chören;
"Man kann sein eigen Wort nicht hören.
"Die tolle Rotte singt gar Hohn
"Der mystischen Religion,
"Die wir *in heilgem Dunkel* lehren,
"Und König, *strafst Du nicht*, so drohn
"*Aufruhr* und *Hochverrath* dem Thron.
"Herr König laſs Dir doch gefallen
"(*Wir Kauz' und Eulen* flehn gesammt)
"Dem Hahn und seinen Schreyern allen
"Zum Bändiger im Zensoramt.
"Den *frommen Uhu* zu bestallen!"

Der Adler that, als hört' er's nicht,
Und fah ins junge Morgenlicht.

So weit der Dichter. Ich habe die Ehre, Ihnen in trockner Profa zu fagen, daſs es fehr viele brave Fürſten gibt, welche, wenn ihnen auch Ihre Aufforderung kund werden follte, es wie der Voſſiſche Adler machen, und nicht nur darüber als über eine alberne Zumuthung felbſt lächeln, fondern auch ihre getreuen Unterthanen, welche aufrichtige Freunde der Wahrheit find, in Stand fetzen werden, Ihre Drohung als *vanàm fine viribus iram* zu verlachen. Ja ich fürchte, lieber Hr. *Alethophil,* es werde Ihnen mit Ihren Rathfchlägen, die zur Unterdrückung aller Denkfreyheit und Aufklärung allerdings fehr zweckmäfsig gewählt find, eben fo gehen, wie es dem *Ahitophel* mit feinen Rathfchlägen ging, die ebenfalls fehr gut ausgefonnen waren, um den guten David vom Throne zu ſtofsen, und hernach felbſt unter dem Ufurpator als ein kleiner Tyrann zu herrfchen. Gott verhüte nur, dafs Sie nicht aus Verdruffe über die Verwerfung Ihrer Rathfchläge zu einem ähnlichen Attentate gegen fich felbft verleitet werden mögen!

Was endlich die Gottheit betrifft, die Sie gleichfalls zur Rache gegen mich auffordern, fo wird diefelbe gewifs in unparteyifcher untrüglicher Waagfchale Ihre und meine Bemühungen zur Förderung der Wahrheit und des Weltbeften abwägen. Dem Urtheile derfelben vorzugreifen, wagt mein fchwacher Verftand nicht; indeffen hoffe ich, dafs Gott nach feiner weifen Fürfehung alles zum Beften wenden werde.

 Ich könnte mich nun noch über viele einzelne Stellen Ihrer geehrteften Zufchrift ausbreiten, und mit leichter Mühe zeigen, wie feicht und anmafsend Ihre Urtheile über die Sachen, wie allen guten Sitten hohnfprechend Ihre Äufserungen über die Perfonen find.

Aber es ist genug. Ich bin des Kämpfens müde, und die Zuschauer des Kampfes dürften wohl auch des Zuschauens müde seyn. Ich eile also zum Schluße meines Briefes und zur letzten Propoſizion, die ich Ihnen noch zu machen habe, nehmlich zu der Aufforderung, daſs Sie, da Sie durch Ihre Zuschrift einen ehrlichen Mann an dieser seiner Ehre ſo tief und noch dazu im Angeſichte des ganzen gelehrten Publikums gekränkt haben, Ihre *Verunglimpfungen meiner Person* auch öffentlich zurücknehmen mögen. Wohl zu merken, nur diese. Sie sollen nicht Ihre *Meynungen über die Falschheit und Gefährlichkeit der Lehre von der Perfektibilität* wiederrufen. Diese können Sie fortwährend behaupten, auch mit neuen Gründen, wenn Sie wollen, unterstützen. Es ist mir daran gelegen, daſs, wenn jene Lehre ein Irrthum und noch dazu ein gefährlicher Irrthum ist, dieses mit der möglich höchsten Evidenz dargethan, und ſo der Irrthum von Grund aus ausgerottet

tet werde. Aber die *Injurien*, welche Sie sich in Ihrer Zuschrift gegen mich erlaubt haben, diese sollen Sie zurück nehmen. Und damit Sie bestimmt wissen, was ich dahin rechne, so folgen sie hier nach der Reihe. Sie nennen mich nehmlich bald direkt, bald indirekt, jedoch so, daſs man es mit Händen greifen kann, wer gemeynt sey.

1) einen *Naturalisten* und *Sozinianer*, Namen, die fast auf allen Seiten Ihrer geehrtesten Zuschrift vorkommen, daher es nicht nöthig ist, besondere Beweisstellen anzuführen. Nun halte ich zwar nicht dafür, daſs diese Namen, wenn sie einen Mann andeuten sollen, der aus redlichen Absichten und aus Liebe zur Wahrheit in die Irrthümer der dadurch bezeichneten Parteyen verfallen ist, und dieses freymüthig eingesteht, an sich entehren können. Allein da ich nach meinem besten Wissen und Gewissen zu diesen Parteyen nicht gehöre, und Sie mir ungefähr eben so, wie man

in

in Frankreich einen *Citoyen*, den man recht empfindlich kränken und verdächtig machen will, eiuen *Chouan* nennt, jene Namen beylegen, indem Sie mich zugleich auch einen *Feind des Evangelium's und des Kreuzes Christi*, einen *Abtrünnigen von der chriftlichen Religion* nennen, der in der *böfen Abficht*, das Chriftenthum auszurotten, und die Chriften *durch Betrug* ins Verderben zu ftürzen, gefchrieben habe: fo mufs ich die Benennung eines Naturaliften und Sozinianers als eine würkliche Schmähung und Befchimpfung durchaus verbitten.

2) einen *Erzböfewicht*, für welchen gemeine Schandthaten zu gering feyen, (S. 91), und bald darauf (S. 98) auch einen *Höllenbrand*, dergleichen auch jeder andre durch Annahme der Perfektibiltät, werde.

3) den *frechften Lügner* und *gröfsten Gottesläfterer*, S. 57. 95. 96. 97 und 103.

4) ei-

4) *einen Erzketzer,* S. 92. Sie brauchen zwar dieses Wort nicht ausdrücklich, allein es ergibt sich doch, da Sie diese Art von Wortbildung lieben — z. B. S. 47, wo Sie von *Erzphilosophen* reden, welche gar keine Religion haben — sehr natürlich aus Ihren Worten, da Sie behaupten, *alle Ketzer zusammengenommen hätten nicht so viel Böses gethan, als ich durch meine Briefe.* Daher bezeichnen Sie auch mich und alle, welche diese Schrift billigen, mit dem neuen Sektennamen der *Perfektibilisten,* z. B. S. 24. 48. 68 und 99. Sie werden aber wohl wissen, dafs man Niemanden einen solchen Namen, wodurch er als ein Erzketzer gebrandtmarkt werden soll, geben dürfe.

5) einen *Apostel des Teufels,* S. 89. Und da Sie kurz darauf sagen, in meinen Briefen sey alles vereinigt aufgestellt, was bey den übrigen Teufelsaposteln, die das trostlose Reich der Finsterniſs eifrig auszubreiten suchten, nur einzeln

zu finden war: fo folgt hieraus wiederum fehr natürlich, dafs Sie mich fogar einen *Erzteufelsapoftel* nennen; daher Sie mich denn endlich auch

6) mit dem Titel einer *Peft der menfchlichen Gefellfchaft* (S. 116 und 122) beehren.

Nun werden Sie leicht von felbft einfehen, dafs diefes alles offenbare Beleidigungen meiner Perfon find, und dafs ich mir mithin wegen folcher in unfern Zeiten faft unerhörten fchriftftellerifchen Injurien felbft auf dem Wege Rechtens die vollgültigfte Genugthuung verfchaffen könnte. Denn Sie dürfen nicht glauben, dafs man wegen Ihres Anftrichs von Rechtgläubigkeit und Eifer für die Religion folche Ungerechtigkeiten gegen einen Ihrer Mitbürger ungeahndet laffen würde, wenn der Beleidigte darüber Klage führen wollte. Vergebens würden Sie fich mit der Hoffnung fchmeicheln, dafs, weil mir der Zutritt zum Lehrftuhle der Theologie verfagt ift, mir auch der

Zu-

Zutritt zum Tribunale der Gerechtigkeit verfagt feyn möchte. Jene Mafsregel war, wie alle, welche hiervon unterrichtet find, wiffen, blofs eine Mafsregel der Klugheit und Vorficht. Man kannte den neuen Ankömmling noch nicht hinlänglich, und konnte alfo auch nicht wiffen, ob er nicht fo indiskret feyn, und Meynungen, die er eigentlich blofs zur Prüfung dem gelehrten Publikum vorgelegt hatte, bevor fie gehörig geprüft, und gewürdigt wären, auf das Katheder bringen, und dadurch mehr Schaden als Nutzen ftiften würde. Aus der Freyheit zu lehren, die ich auf dem philofophifchen Katheder uneingefchränkt behielt, aus der Erlaubnifs, noch jetzt meine philofophifchen Vorlefungen ununterbrochen und zwanglos fortzufetzen, können Sie fchliefsen, dafs man, im Ganzen genommen, mit meiner Lehre und meinem Betragen zufrieden ift, und, wenn ich fehlte, dasjenige, was nun nicht mehr zu ändern ift, als jugendliche Übereilung vergeffen wird, ohne es weiter auf eine

Art

Art zu ahnden, wie Sie es zu wünſchen und zu hoffen ſcheinen, und daſs daher auch der Ausgang eines förmlichen Injurienprozeſſes für Sie nicht ſehr vortheilhaft ſeyn dürfte. Indeſſen da ich eben ſo ſehr ein Feind von Prozeſſen, als ein Freund der Publizität und Preſsfreyheit bin: ſo mag ich Sie nicht bey der bürgerlichen Geſellſchaft wegen Beleidigungen in Anſpruch nehmen, die Sie nicht als Mitglied von jener, ſondern als ein freyer Bürger der Schriftſtellerrepublik mir zugefügt haben. Es wird mir daher genügen, wenn Sie, Hr. *Alethophilus,* ſich auch als einen *Dikäophilus* zeigen, und *bloſs unter jenem Namen* eingeſtehen wollen, daſs Sie Ihr Eifer für die gute Sache zu den obigen Ungerechtigkeiten gegen meine Perſon verleitet habe, und Sie daher dieſelben *bona fide* zurücknähmen. Wollen Sie meiner gekränkten Ehre auch nicht einmal dieſes kleine Opfer bringen, da ich Ihnen ein gröſseres freywillig erlaſſen habe: ſo werde ich mir wenigſtens *die*

Genug-

Genugthuung verschaffen, daſs ich dem Publikum in einigen der gelesensten Zeitschriften Ihren wahren Namen und Charakter, welche nicht schwer zu erforschen seyn dürften, bekannt mache, damit jedermann wisse und beherzige: *Hic niger est, hunc tu, Christiane, caveto.*

Übrigens bitte ich Gott, daſs er Sie gegen alle Unfälle des menschlichen Lebens in seinen heiligen Schutz nehme, und nenne mich mit der Achtung, die ich Ihnen als Mensch, und mit der Liebe, die ich Ihnen als Christ schuldig bin,

Mein Herr,
Ihren

Wittenberg,   ergebenen Diener
den 22sten Jun. 1796.   *Krug.*

Ein paar Worte an das Publikum anstatt der auf dem Titel versprochenen Nachschrift.

Der Verfasser des vorstehenden Sendschreibens war anfangs gesonnen, demselben eine weitläufigere Nachschrift folgen zu lassen, worin er theils sich über den Inhalt und Zweck der vor zwey Jahren herausgegebenen 16 ersten Briefe über die Perfektibilität der geoffenbarten Religion ausführlich erklären, und den Missverständnissen, welche ihm in Hinsicht derselben anderweit bekannt worden sind, entgegen kommen, theils sich wegen dieses 17ten und letzten Briefes, welcher nichts mehr und nichts weniger als eine Ehrenrettung des Verfassers gegen die von einem einzelnen Mitgliede

gliede der gelehrten Republik, demselben gemachten Vorwürfe und Anklagen enthält, bey dem Publikum entschuldigen wollte, weil dieses gegenwärtig eine solche Abneigung gegen alle literarische Fehden zu haben scheint, daß es vielmehr denjenigen in Anspruch nimmt, welcher einen ausgeworfenen Handschuh aufnimmt, als den Herausforderer zum Kampfe. Da indessen der Verfasser in diesem Briefe schon hin und wieder Gelegenheit gehabt hat, Erklärungen der ersteren Art, soweit es für den vorliegenden Fall nöthig war, beyzubringen, und ohnehin nächstens eine neue Auflage der ersten Briefe erscheinen wird, so hat er das Übrige, was in jener Hinsicht noch zu bemerken seyn dürfte, bis dahin versparen wollen. Was aber den zwey-

zweyten Punkt betrifft, fo wird ein jeder, der des Verfaſſers Lage kennt, ihn gern deshalb von ſelbſt entſchuldigen, diejenigen aber, welche davon nicht unterrichtet ſind, mögen, wenn ihnen dieſe Schrift zu Geſichte kommen ſollte, die Worte beherzigen, welche unlängſt der *Genius der Zeit* in dem ihm gewidmeten Journale (April. 1796. Nr. 8. *Etwas über Schriftſtellerwürde und rechtliche Ordnung*) unſerem Zeitalter nicht mit Unrecht zu Gemüthe geführt hat: »Wer ſeine Leidenſchaften gereizt fühlt« — ſagt der Verfaſſer jenes Aufſatzes in Beziehung auf die Frage, ob ein ehrlicher Mann öffentliche Schmähungen unbeantwortet und ungeahndet laſſen ſolle? — »der laſſe ſie würken und handle »als ein rechtſchaffener Mann; als ſol-

»cher

»cher beurtheile er sein Recht, halte
»sich streng an daſſelbe, erlaube sich
»nicht mehr, als ihm zukommt, rede
»und würke dann aber mit aller Wär-
»me seiner empörten Leidenschaft, und
»schäme sich nicht der Mensch zu seyn,
»der er ist. — In einer Welt, wo Mor-
»den, Raubsucht, und Unterdrückung zu
»Haufe gehört — sollte man die Energie
»nicht zu schwächen suchen, die zum Wi-
»derstande gegen die Geißeln der Mensch-
»heit nöthig ist, sollte man nicht das Un-
»recht, was würklich Ahndung verdient,
»ungeahndet laſſen, und nicht das Recht
»tadeln, was an sich untadelhaft ist. Men-
»schen! bleibt in dem Wege der *Ord-*
»*nung,* der *Wahrheit* und des *Rechts,*
»stört keines Menschen Frieden, noch
»weniger die Ruhe aller! *Rechtwollen,*

N 3 »*Recht-*

»*Rechtwissen, Rechtglauben* sey immer
»euer fester Vorsatz! Besonnenheit und
»Gerechtigkeit, Wachsamkeit über die
»Kälte der Köpfe und über die Wärme
»der Herzen überall! Menschen! seyd
»*gutmüthig!* Nichts in der Welt macht
»froher als Gutmüthigkeit, nichts haben
»wir mehr nöthig, als gutmüthig behan-
»delt zu werden. Aber Menschen! seyd
»*männlich* und *gerade!* Schlaffheit ist
»nicht *Gutmüthigkeit*, Lauigkeit ist nicht
»*Friede*, Gleichgültigkeit ist nicht *Wahr-
»heit*, Fühllosigkeit ist nicht *Gerechtig-
»keit*, Schweigen ist nicht *Weisheit*.« —
Geschrieben zu Wittenberg, den 26sten
August, 1796.

Gedruckt bey Chr. Philipp Meltzer.

Verkaufspreis 12 ggr.

X VIII.89

X 6194

X VIII.89

X 6194